中国社会科学院
经济研究所
INSTITUTE OF ECONOMICS

经济所人文库

戴园晨集

中国社会科学院经济研究所学术委员会 **组编**

中国社会科学出版社

图书在版编目（CIP）数据

戴园晨集/中国社会科学院经济研究所学术委员会组编．
—北京：中国社会科学出版社，2019.1
（经济所人文库）
ISBN 978 – 7 – 5203 – 3506 – 5

Ⅰ.①戴…　Ⅱ.①中…　Ⅲ.①经济学—文集
Ⅳ.①F0 – 53

中国版本图书馆 CIP 数据核字（2018）第 251475 号

出 版 人	赵剑英
责任编辑	王　曦
责任校对	孙洪波
责任印制	戴　宽

出　　版	中国社会科学出版社
社　　址	北京鼓楼西大街甲 158 号
邮　　编	100720
网　　址	http://www.csspw.cn
发 行 部	010 – 84083685
门 市 部	010 – 84029450
经　　销	新华书店及其他书店

印刷装订	北京君升印刷有限公司
版　　次	2019 年 1 月第 1 版
印　　次	2019 年 1 月第 1 次印刷

开　　本	710×1000　1/16
印　　张	21.25
字　　数	286 千字
定　　价	99.00 元

中国社会科学院经济研究所
学术委员会

总　序

作为中国近代以来最早成立的国家级经济研究机构，中国社会科学院经济研究所的历史，至少可上溯至 1929 年于北平组建的社会调查所。1934 年，社会调查所与中央研究院社会科学研究所合并，称社会科学研究所，所址分居南京、北平两地。1937 年，随着抗战全面爆发，社会科学研究所辗转于广西桂林、四川李庄等地，抗战胜利后返回南京。1950 年，社会科学研究所由中国科学院接收，更名为中国科学院社会研究所。1952 年，所址迁往北京。1953 年，更名为中国科学院经济研究所，简称"经济所"。1977 年，作为中国社会科学院成立之初的 14 家研究单位之一，更名为中国社会科学院经济研究所，仍沿用"经济所"简称。

从 1929 年算起，迄今经济所已经走过了 90 年的风雨历程，先后跨越了中央研究院、中国科学院、中国社会科学院三个发展时期。经过 90 年的探索和实践，今天的经济所，已经发展成为以重大经济理论和现实问题为主攻方向、以"两学—两史"（理论经济学、应用经济学和经济史、经济思想史）为主要研究领域的综合性经济学研究机构。

90 年来，我们一直最为看重并引为自豪的一点是，几代经济所人孜孜以求、薪火相传，在为国家经济建设和经济理论发展作出了杰出贡献的同时，也涌现出一大批富有重要影响力的著名学者。他们始终坚持为人民做学问的坚定立场，始终坚持求真务实、脚踏实地的优良学风，始终坚持慎独自励、言必有据的学术品格。他们是经济所人的突出代表，他们的学术成就和治学经验是经济所最宝贵的财富。

抚今怀昔，述往思来，在经济所迎来建所90周年之际，我们编选出版《经济所人文库》（以下简称《文库》），既是对历代经济所人的纪念和致敬，也是对当代经济所人的鞭策和勉励。

《文库》的编选，由中国社会科学院经济研究所学术委员会负总责，在多方征求意见、反复讨论的基础上，最终确定入选作者和编选方案。

《文库》第一辑凡40种，所选作者包括历史上的中央研究院院士、中华人民共和国成立后的中国科学院学部委员、中国社会科学院学部委员、中国社会科学院荣誉学部委员、历任经济所所长以及其他学界公认的学术泰斗和资深学者。在坚持学术标准的前提下，同时考虑他们与经济所的关联。入选作者中的绝大部分，都在经济所度过了其学术生涯最重要的阶段。

《文库》所选文章，皆为入选作者最具代表性的论著。选文以论文为主，适当兼顾个人专著中的重要篇章。选文尽量侧重作者在经济所工作期间发表的学术成果，对于少数在中华人民共和国成立之前已成名的学者，以及调离经济所后又有大量论著发表的学者，选择范围适度放宽。为好中选优，每部文集控制在30万字以内。此外，考虑到编选体例的统一和阅读的便利，所选文章皆为中文著述，未收入以外文发表的作品。

《文库》每部文集的编选者，大部分为经济所各学科领域的中青年学者，其中很多都是作者的学生或再传弟子，也有部分系作者本人。这样的安排，有助于确保所选文章更准确地体现作者的理论贡献和学术观点。对编选者而言，这既是一次重温经济所所史、领略前辈学人风范的宝贵机会，也是激励自己踵武先贤、在学术研究道路上砥砺前行的强大动力。

《文库》选文涉及多个历史时期，时间跨度较大，因而立意、观点、视野等难免具有时代烙印和历史局限性。以现在的眼光来看，某些文章的理论观点或许已经过时，研究范式和研究方法或许已经陈旧，但为尊重作者、尊重历史起见，选入《文库》时仍保持原貌而未加改动。

《文库》的编选工作还将继续。随着时间的推移，我们还会将更多经济所人的优秀成果呈现给读者。

尽管我们为《文库》的编选付出了巨大努力，但由于时间紧迫，工作量浩繁，加之编选者个人的学术旨趣、偏好各不相同，《文库》在选文取舍上难免存在不妥之处，敬祈读者见谅。

入选《文库》的作者，有不少都曾出版过个人文集、选集甚至全集，这为我们此次编选提供了重要的选文来源和参考资料。《文库》能够顺利出版，离不开中国社会科学出版社领导和编辑人员的鼎力襄助。在此一并致谢！

一部经济所史，就是一部经济所人以自己的研究成果报效祖国和人民的历史，也是一部中国经济学人和中国经济学成长与发展历史的缩影。《文库》标示着经济所90年来曾经达到的学术高度。站在巨人的肩膀上，才能看得更远，走得更稳。借此机会，希望每一位经济所人在感受经济所90年荣光的同时，将《文库》作为继续前行的新起点和铺路石，为新时代的中国经济建设和中国经济学发展作出新的更大的贡献！

是为序。

于2019年元月

编者说明

《经济所人文库》所选文章时间跨度较大，其间，由于我国的语言文字发展变化较大，致使不同历史时期作者发表的文章，在语言文字规范方面存在较大差异。为了尽可能地保持作者个人的语言习惯、尊重历史，因此有必要声明以下几点编辑原则：

一、除对明显的错别字加以改正外，异形字、通假字等尽量保持原貌。

二、引文与原文不完全相符者，保持作者引文原貌。

三、原文引用的参考文献版本、年份等不详者，除能够明确考证的版本、年份予以补全外，其他文献保持原貌。

四、对外文译名与今译名不同者，保持原文用法。

五、对原文中数据可能有误的，除明显的错误且能够考证或重新计算者予以改正外，一律保持原貌。

六、对个别文字因原书刊印刷原因，无法辨认者，以方围号□表示。

作者小传

　　戴园晨，男，1926年7月12日生于浙江海宁，1980年进入经济所工作。

　　戴园晨之父戴菊农，为电报局职员；之母汤秀文，为小学教员。1937年，戴园晨从海宁袁花小学毕业，考入浙江省立杭州初级中学。1942年考入内迁至福建三元的江苏省立江苏学院，在政治系学习。1946年7月毕业后，在国民政府考试院任科员。1947年到国民政府财政部上海货物税局任检察员。1949年5月上海解放后参加革命队伍，12月到华东财政部税务管理局办公室任科员。1954年10月大行政区撤销，调至中央财政部，在税务总局办公室研究组任职。1956年财政部财政科学研究所成立，税务总局研究组并入财科所。"文化大革命"期间下放至五七干校从事农业劳动。1975年9月调回财政部农业财务司。1980年中国社会科学院招考研究人员，考入经济研究所政治经济学研究室，从事宏观经济研究工作。1991年开始任经济研究所宏观经济研究室主任。1999年5月办理退休手续后，仍继续从事经济研究工作。2006年8月被推选为中国社会科学院荣誉学部委员。

　　戴先生是我国计划经济和改革开放两个时期的亲历者，既有实际工作经验，又兼具理论素养，为我国经济建设和经济理论研究做出了突出贡献。戴先生在中华人民共和国成立前就开始写作财经文章，抨击当时的物价飞涨、民不聊生。在国民经济恢复和计划经济时期，戴先生主要从事税收和税制改革方面的研究，即对苏联式经济体制的弊端有所认识，开始探索"企业相对独立论"。改革开放后，戴先生在 1983 年 2 月加入国务院物价小组，研究和推动价格改革；1985 年 7 月参加了在长江"巴山轮"上举行的"中国宏观经济国际研讨会"，处在我国宏观调控理论和实践的最前沿；1986 年 5 月参加国务院振兴上海工作组，调查研究上海的经济转型问题；1991 年参加深圳发展战略研究课题组，提出深圳应该继续发挥"四个窗口"的作用；1992 年组建中国社会科学院民营经济调查与评价中心，任理事长兼主任，赴海南、温州调查民营经济发展情况。可以说，戴先生的研究总是和我国的经济现实紧密结合，也一直处在相关研究领域的前沿阵地。在科研之外，戴先生还长期从事经济学教学工作。1983 年起即在中国社会科学院研究生院讲授社会主义宏观经济学，也是南开大学、武汉大学、山东大学、天津大学等高校的兼职教授。

戴先生的研究工作大致可以分成三个阶段。第一阶段是"文化大革命"之前，也就是 40 岁之前。此时戴先生在实际部门工作，经济理论研究和写作属于"业余爱好"，但是已经表现出了较强的理论素养和分析能力，这在当时环境中是难能可贵的；同时，也表现出了一种初出茅庐的锐气，和马寅初、骆耕漠和杨坚白等经济学家均有商榷和驳难。第二阶段是 20 世纪 80 年代，大致在 55 岁到 65 岁。此时戴先生加入了我国经济研究的"国家队"——中国社会科学院经济研究所，研究领域是宏观经济，研究主题主要聚焦于价格问题和价格改革。这是戴先生研究工作的鼎盛时期，也是我国改革开放经济思想最激荡的年代。第三阶段是 20 世纪 90 年代到 21 世纪初，也就是戴先生 65 岁到 80 岁的时候。随着改革开放的深入推进，戴先生的研究范围也有了很大扩展，从财政货币和价格问题，进而涉及地区发展、民营经济和股票市场。2006 年，也就是 80 岁之后，戴先生由于身体原因逐渐淡出科研工作。

戴先生从事经济学研究逾半个世纪，所涉领域广泛，著作等身。从理论层面讲，戴先生的贡献主要体现在从宏观经济角度对市场化改革和体制转轨的探索，尤其是对价格问题和价格改革的深入分析。"让价格回到交换"，"改革价格必须改革价格管理体制"，"放开价格，转变价格形成机制"，以及价格要"从模拟市场转向实实在在市场"等论断，无不闪耀着深刻的理论光芒。当然，戴先生的研究更多的是面向实际经济问题，这一定程度上限制了他在理论上做更深入的思考。在 2006 年出版的《戴园晨集》的前言中，老先生坦言，"我虽然在宏观经济理论以及经济行为选择等方面提出一些新的问题和见解，却没有坚持下来做更深入的展开，得失之际寸心自知，应该说是限制了向深层次的提高"。不过，这种局限很大程度上也是时代造就的。处在改革的汹涌洪流之中，处在思想激烈碰撞的年代，面对接踵而来的各种问题，能够潜心进行理论研究和理论思考已属不易，要求理论的深刻完满便是苛求了。

目　　录

商品交换和产品交换[*]

　　有些同志认为，人民公社现在已经是全民所有制或者马上就可以过渡到全民所有制了，商品生产和商品交换已经没有必要或者马上就可以取消了。这些想法是不正确的。因为，在今天生产力水平还相当低的情况下，过早地使人民公社转变为全民所有制和取消商品生产，将意味着农民把全部的、但是并不丰足的产品交给国家，国家有权来直接支配这些产品；同时，也就要求国家保证满足公社在生产和生活各方面的需要。然而，按今天工农业生产的发展水平，要满足这些需要还有困难，而这样就会使农民认为取消商品生产是对他们的剥夺，就会破坏工农联盟，就会伤害五亿农民的生产积极性。这样，我们就会在中国革命的基本问题即如何对待农民的问题上，犯严重的错误。所以，想在一个早上使人民公社转变为全民所有制和取消商品生产，这些虽然是善良的愿望，但是过早地那样做却是脱离实际的空想。在目前的条件下，也就是在目前的生产力发展水平和人民的觉悟水平上，还不可能使人民公社从集体所有制转变为全民所有制，在两种所有制之间商品生产和商品交换还是必要的。还有人说，公社的生产范围扩大了，实行工农业并举，可以样样不求人了，由此得出结论说，公社商品生产将趋于消亡。这也是不正确的。我们认为，公社向综合经营发展，这是我国的创举，但是，综合经营并不排斥社会分工，并不排斥商品生产和商品交换。

---

[*]　合作者：王琢。

我国有些同志承认集体所有制同全民所有制之间存在商品交换，但是，只限于消费品。他们说生产资料不是商品，他们总是想把商品范围缩得越小越好。这是相信不相信农民会在工人阶级领导下走向共产主义的问题。从我国的情况看，机械地把生产资料放到商品交换范围之外，是不正确的，不利于促进社会生产力高速度发展，也不利于引导农民过渡到全民所有制和共产主义，不利于清除城乡、工农之间的严重差别。所以是不正确的。

当然，国家和公社之间的商品交换的关系，并不是要永远保留下去，如同人民公社将会逐步从集体所有制转变为全民所有制一样，国家和公社之间的商品交换也将逐步为产品交换所代替。应该指出，目前国家和公社的关系中，并不是只是商品交换者的关系，已经存在着产品交换的因素。国家领导公社发展生产，目前公社要把自己收入中的一部分通过财政包干任务上缴给国家，国家集中了这些收入之后，又根据需要和可能给予公社以经济上的支持，县联社还可以向公社提取一定比例的资金，这是根据各个公社的不同积累情况来提取的，提取的资金是用于全县或者更大范围的生产建设事业或者社会福利和文教事业。我们可以看到，在通过这个方面所进行的交换中，也就是公社上缴给国家或者县联社，国家或者县联社下拨给公社的过程，并不像商品交换那样通行着等价交换的原则。这些表明，"妈妈肚里有娃娃"，在国家和公社进行商品交换的时候，就已经孕育着产品交换的因素了。当然，这个部分在目前所占的比重还是比较小的。

有些同志认为，这里所说的产品交换是指产品分配。他们对于产品交换有另外不同的解释。有人认为通过货币的交换是商品交换，不通过货币的交换（例如"物物交换""易货"）是产品交换；还有人认为计划外的交换是商品交换，而根据国家计划进行的交换则是产品交换，例如通过"预购""统购统销""合同制"等所进行的交换是产品交换。按照这些解释，目前国家与公社之间的交换绝大部分是根据计划来进行的，也有不少是采取了"易货"

方式，那就好像产品交换在今天就已经超过或者代替了商品交换，商品交换就已经在趋于消亡了。另外有人认为两种所有制之间的交换都是商品交换，而产品交换是指全民所有制的国营企业之间的交换。按照这种说法，目前国家和公社之间根本不存在什么产品交换因素。但是，在事实上，我们之所以要用两个不同的名词，是要说明两种不同的社会关系。所谓商品交换，是指两个不同的所有者通过买卖相互交换自己的生产物，从而相互交换自己的活动的关系，它是以等价交换为前提的。这就是说，双方都必须以社会所公认的价格来出售和买进商品，因为尽管有价格和价值的偏离，然而这已经随着价格为社会所承认而认为价格就是价值的货币表现，按照社会公认的价格来出售和购买就是等价交换了。至于产品交换，则是由代表全民的经济机构以上调下拨的方式，来使各个生产单位相互交换活动的关系，它已经不再以等价交换为前提了。显然，把这种产品交换关系简单地理解为只是产品分配，认为在今后分配将吞没交换，这是不正确的。因为有生产、有生产的分工总就有交换，交换是永恒的范畴，所以在商品生产消亡之后也总还是会有交换，在同一生产单位里人们直接交换自己的活动，在不同的生产单位之间人们通过产品的交换来相互交换自己的活动。对于这种人们相互交换活动的关系，是不能简单地用分配的概念来代替的。

正如前面所说，目前国家和公社的关系并不单单是商品交换的关系，它已经孕育着产品交换的因素了。在今后，随着工农业生产的发展，公社将有大量的农产品和工业品生产出来，国家工业将能够生产大量的工业品来供应公社，人民公社中的生产资料和产品的全民所有制成分将随着生产的不断发展而不断增加。在这时候，自然可以相应增加公社向国家上缴和向县联社上缴的比重，增加产品的全民性部分。公社向国家上缴的增加和国家对公社的经济上的援助的增加，由县联社集中支配的积累的增加和兴办一些公社所无力举办的事业，这些都将使产品交换的范围大大扩大。由于那是在生产力比今天又有进一步发展的基础上进行的，它就能和新的生产力相适应，推动生产的继续高涨。但是，只要当人民公社还是集体所有制的时候。不管公社的生产资料的全民性部分有了多大的增加，公社产品中能由国家统一分配的部分有了多大的增加，国家也就还不能支配人民公社的全部产品，国家和人民公社之间也就不能完全用产品交换来代替商品交换。公社要搞商品生产，国营企业也要搞商品生产。我们知道，商品生产总是互相交换活动两方面的关系。从这个意义上说，国营企业的生产也是商品生产（当然，国营企业内部还有企业相互之间交换活动的关系）。只有当生产力发展水平大大提高，人民觉悟水平大大提高，把人民公社由集体所有制转变为全民所有制，实现了全面的社会主义的全民所有制的时候，国家和公社间才不再需要以等价交换为前提的商品交换，而是排斥了等价交换的产品交换的关系。

当我国人民公社从社会主义的集体所有制过渡为社会主义的全民所有制，实现了全面的社会主义的全民所有制之后，从所有制关系来说，代表全民的国家有权支配人民公社的全部产品，商品交换就将为产品交换所代替。那时候社会将通过代表全民的国家上调下拨来实现这种产品交换。我们将会看到在人民公社之间也同现在的国营企业之间一样，它们之间相互交换自己的活动实际上已经脱离了等价交换的原则，由商品交换变为产品交换了。

但是，这是不是等于说人民公社之间，人民公社和国营企业之间的交换就不再采取商品交换的形式呢？我们知道，目前国营企业之间的交换实际上是产品交换的关系，因为通过代表全民的国家所进行的上调下拨，实际上已经使交换不再是商品交换了。但是，尽管如此，目前国营企业之间的交换还是采取了商品交换的形式，而且这种形式还是反映了目前国营企业之间的相互关系，并不是空空洞洞没有任何意义的形式。我们又知道，实现全面的社会主义的全民所有制，并不等于实现了由社会主义过渡到共产主义。由社会主义过渡到共产主义，需要经过更长得多的时间。因此，在实现了全面的社会主义的全民所有制之后，目前国营企业之间所采取的商品交换的形式，将会适用到人民公社之间以及人民公社同国营企业之间。从现阶段国营企业之间的交换关系来看，我们认为是可以作这样设想的。

我国现阶段的生产，也如一切人类社会的生产一样，是社会的生产，但是，我国现阶段的生产，也如一切发展了的社会生产一样，是有社会分工的生产。各个生产企业，都是社会生产分工的一个单位，要进行生产，就要同社会生产的其他企业单位交换活动。在社会经济发展的一定阶段，在私有制的条件下，这种交换劳动是通过商品交换的形式实现的，在社会主义集体所有制和社会主义全民所有制并存的条件下，这种交换活动也是通过商品交换的形式实现的（它是在公有制基础上，有计划进行的商品交换，同一切私有制商品交换是根本不同的）。在全民所有制内部的各个国营企业之间，由于分工所引起的相互交换活动，从它们相互关系的实质来说，是通过产品交换来实现的。例如，目前国营企业生产的成果，除了补偿生产中的物质消耗和扣除工人工资外，全部上缴国家，然后再由国家把它下拨给各个国营企业，用于再生产和扩大再生产。通过国家的上调下拨，实现了各个企业之间的产品交换。但是，在这种实质（所有制关系）上是产品交换的过程中，国营企业相互之间的联系，相互交换活动，仍然是通过商品交换的形式进行的。在商品交换的时候，仍然要讲"等价交换"，要"亲兄弟、明算账"。这种商品交换形式和等价交换原则，从国家范围来看，是自己同自己做"买卖"，自己同自己讲"等价"，所以这是形式上的"买卖"，形式上的"等价"。但是，从这个企业同别的企业之间的关系来看，它们之间的"买卖""等价"，对促进社会生产力的发展，却是一件有意义的事情，反映了社会经济发展特定阶段上一定的经济关系。而且，这种商品交换形式和等价交换原则，并不是谁喜爱它而任意把它塞到社会主义的全民所有制国营企业相互之间的联系里来的，它是社会一定生产力发展水平、文化发展水平和劳动者觉悟水平所必需的。

首先，生产力还没有那样高度的发展，整个国民经济的共产主义改造还没有完成，社会基层单位——公社，在经济上还没有高度发展起来，社会分工十分复杂，人们相互交换的关系也十分复杂，在这种情况下，社会生产和相互交换活动，尽管是通过国民经济计划进行的，但是，在实行计划的同时，利用商品交换的形式，作为组织社会主义生产者之间相互交换活动的一种方式，不仅不妨碍实现这种分工协作关系，而且有利于组织这种分工协作关系，商品交换形式，不仅不阻碍生产力的发展，而且是生产力发展所需要的。其次，在社会主义阶段，社会产品还不那么丰富，人的道德品质和政治觉悟还没有极大地提高，劳动还没有普遍地成为生活的第一需要，利用商品交换的形式和等价交换的原则，作为监督劳动和考核成绩的工具，就成为社会生产力发展的客观要求了。再次，在社会主义阶段，还没最后消除体力劳动同脑力劳动之间、简单劳动同复杂劳动之间的严重差别，社会劳动的消耗，还不能直接以劳动时间来计量，还有利用价值形式核算劳动消耗的客观必要，商品、价值、价格、货币还要起它的积极作用。这也是社会生产力发展所要求的。这里还要指出，利用商品、价值、价格、货币进行经济核算，在一定条件下，是完全必要的，但是，经济核算是永恒的，社会永远要核算，而利用商品、价值、价格、货币形式，则是一定阶段上的事情。但是，经济核算的社会形态是会变化的，将来随着经济核算的社会形态的变化，商品、价值、价格、货币将会成为不必要的东西而趋于消亡。由此可见，商品生产和商品交换的生命，同人类已有的历史和还将继续写下去的历史比较，好像划过长空的彗星一样，是一个短暂的过程。当我们进入共产主义社会后，人们将根据生产力发展的客观要求，根据当时对于组织生产和平衡、监督劳动和核算劳动效果的要求，来审查要不要保留商品交换和交换价值的形式。我们可以设想，在人类社会发展的一定阶段上，商品交换和交换价值的形式将会因阻碍生产力的发展而消亡。到那时，不仅是商品交换早已为产品交换所代替，交换价值为使用价值所代替，而且，产品交换将卸下它的商品交换形式的上装，使用价值将卸下它的交换价值的上装，从而显示人们相互交换活动的本来面目。这些将会为社会生产力的高速度发展，带来极大的好处。

（写于 1958 年 12 月 28 日，原载《经济研究》1959 年第 1 期）

论社会主义制度下商品的个别成本和社会成本

一

成本，是生产中的耗费。但并不是一切的生产，其所耗费的都会成为成本。只有商品生产中的耗费，才是成本。我们自己在庭院里种花草、植瓜果，当然要费种子、花劳动，如果要把这些耗费叫做成本，那并不是政治经济学意义上的成本。只有花店里出售的鲜花，菜摊上叫卖的瓜果，才有成本，也才需要核算成本。生产耗费而成为成本，是商品经济的产物。

成本，是商品生产中的劳动消耗与物质消耗之和。因此，从商品生产来看，商品的生产成本也就是商品的生产费用。但是，在资本主义制度下，生产商品所费的东西，和生产商品所费于资本家的东西，是两个完全不同的量。"商品价值中由剩余价值构成的部分，是无所费于资本家的，因为它所费的，是劳动者的无给劳动。"[①] 只有商品生产过程中所消耗的生产资料和所使用的劳动力，才需要资本家垫支资本，所以，也只有在资本主义经济中，商品成本才由已消耗的生产资料的价值和劳动者必要劳动创造的价值两个部分所构成。而且，补偿价值固然是成本的基础，成本却始终表现为资本家所费去的垫支资本，从而是补偿价值的货币表现。它是用价格来计量的，资本家支付的商品生产中所消耗的生产资料的价

---

① 马克思：《资本论》第 3 卷，人民出版社 1953 年版，第 6 页。

格，加上所使用的劳动力的价格即工资，构成商品的成本价格。

在社会主义制度下，由于存在着生产资料社会主义公有制的两种形式，全民所有制经济和集体所有制经济之间，还要通过商品交换来相互交换自己的活动，进行经济上的联系，社会主义企业出售给农村人民公社的生产物是商品。在全民所有制国营经济内部，由于企业实行经济核算制，企业在国家集中领导下在经济上和业务上具有相对独立性，这种经济关系使得国营企业之间相互交换自己的活动，供应生产物以进行经济联系，也要当作商品交换来相互对待。这样，社会主义企业除了满足自己需要的一部分自给性产品之外，普遍地、无例外地是商品生产。既然普遍地无例外地存在着商品生产，自然也普遍存在着价值、价格、成本、利润这一系列经济范畴。认为在社会主义经济中不存在成本这一经济范畴，将价值和成本等同起来等论点，我认为是不正确的。至于在未来的共产主义社会中，商品生产和商品交换消失了，按需分配代替了按劳分配，生产产品的劳动时间是否将成为"唯一的成本尺度"，又如何成为"唯一的成本尺度"，那是另外的问题了。

在社会主义企业中，已消耗的生产资料是当作商品购入的，是以价格计算的；在社会主义按劳分配还采取工资形式的情况下，尽管工资并不是劳动力的价格，但对活劳动的工资支付，也同样是企业生产费用的组成要素，并用货币来计算。至于劳动者为社会的劳动亦即剩余劳动所创造的价值，尽管它已经是归全体劳动人民所有，不再反映资本剥削劳动的关系，但是从企业经济核算来看，它并不是企业生产费用的支付。因此，在社会主义企业中支付和计算的成本，还是用价格来计算的商品生产费用，还是由已消耗的生产资料价格和工资支出所构成。它的实质，还是由已消耗的生产资料价值和劳动者必要劳动创造的价值两个部分所构成。

把商品价值中构成商品成本的价值部分独立化，决不如有些人所设想的仅仅在企业的账簿上存在，只有"核算上"的意义。它对于现实的生产，会发生重要影响。我们知道，商品成本是企业生产中的资金支出，经济核算制企业以自己的收入抵偿自己的支出，最低限度是必须不亏本。否则，就会出现资金短缺；就会出现商品的销售收入，不能再购回在生产上消费的各种生产要素。再生产的规模，就将不断缩小。当然，单单不亏本还不够，因为社会还要有行政管理，还要发展科学、文化、教育、卫生等事业，从而还要支出一大笔费用；社会也还需要发展生产，从而要有资金积累。所以，企业必须收入大于支出，为社会提供积累。把构成商品成本的价值部分独立化，把收入和支出进行比较，是考察企业生产是否有利所必需的，对于督促企业改善生产经营、力争赢利有重要意义。商品成本，有个别成本和社会成本之别，各个企业不断降低自己的个别成本，是社会成本不断降低的重要因素。在社会主义制度下，已经不再存在个别成本和社会成本之间的资本主义性质的矛盾，但是个别成本和社会成本的比较，对于组织社会生产仍然具有重要的意义。

用价格来反映的商品成本，同构成商品成本的价值部分，由于生产中消耗的生产资料的价格和价值相背离等原因，两者在量上往往不相一致。在实际经济生活中呈现在人们眼前的，是前者而不是后者。商品的企业个别成本，同商品的社会成本不相一致，在实际经济生活中呈现在人们眼前的，又是前者而不是后者。因此，最近在有关企业经济核算和成本问题的讨论中，有人只承认各个企业中用价格来反映的商品成本，不承认商品成本由已消耗的生产资料价值和劳动者必要劳动创造的价值两个部分所构成。他们主张商品成本只是商品的企业生产费用，只是企业各种实际支出的总和，只是商品的企业个别成本。他们认为，社会主义制度下，不存在作为经济范畴的社会成本，只有作为统计概念的部门平均成本。我认为，这种论点也是不正确的。

商品成本是以货币、价格来表现的，但是，它是什么东西的货币表现呢？否认商品成本由商品价值中补偿价值所组成，那就看不到以货币、价格所反映的究竟是什么了。至于商品的社会成本，正是商品社会价值中的组成部分，那是有别于商品的企业个别成本的。我们不能因为在自己的眼睛里没有看到社会成本，便否认有个别成本和社会成本之别。而且，尽管商品的社会成本，是中等水平的企业成本，是相近于部门的平均成本，但那也并不是一个统计概念，仅仅在统计上反映和计算中存在；而是客观存在的经济范畴，在现实经济生活中起着作用。抹杀企业个别成本和社会成本的区别，将使我们不能从全社会来考察成本水平的变动；否认社会成本的存在，将否定从整个国民经济范围来安排成本水平的必要性。这种论点，不论对理论研究或经济生活的实践，都是不利的。

二

十个指头不会一样齐。在社会主义经济中，生产同一种商品的许多企业，其个别成本不会没有高低。有的高于社会成本，有的低于社会成本。使企业个别成本高于或者低于社会成本的，既在于客观条件的不同，也在于主观努力的好坏。从客观条件来说，主要有以下几方面：

第一，企业的技术装备水平。生产同一种商品的不同企业，技术装备水平不可能完全相同。企业规模有大小，机械化程度有高低，生产的技术方法也多种多样。一般的情况是：技术装备好，机械化程度高，生产技术方法先进，商品的生产成本便低；反之，则成本较高。由于我国原来的经济基础是机械化大生产与手工劳动同时并存，企业的技术装备水平参差不齐，我们对于技术设备比较落后的企业同样要充分发挥其潜力，在生产发展过程中再逐步进行技术改造；在我国经济建设过程中，必须实行大中小和洋土并举的方针，以调动一切积极因素，更迅速地发展社会生产力。这样，各个企业技术装备程度不等的情况，不仅在今天存在，在将来也仍然存在。因而企业成本水平有高低是必然的。

第二，企业的设置地点。生产同一种商品的不同企业，因为设置地点不同，成本水平也会有高低。譬如，企业的位置距离原材料供应地点有远近，从而购运原材料的价格、进行协作的条件，都不尽相同，生产成本因此而有高低；企业的位置距离销售市场有远近，商品销售的运输费用和包装费用，会因此而有差别，从而影响销售成本的高低。同时，企业所处的自然条件也不相同。农场的土地有肥沃和贫瘠之别，矿山的资源有贫矿富矿和开采难易之分。国家为了充分利用资源，肥地、瘠地都要尽可能地耕种，贫矿、富矿都要尽可能地开采。而由这些缘故引起企业个别成本的高低，也是不可避免的。

第三，原材料的供应。各个企业生产同一种商品，所利用的原材料不尽相同，原材料的供应条件不尽相同，协作关系的安排不尽相同，购进原材料的价格有时也有高低。从而，会在一定程度上影响企业成本的高低。国家要妥善安排企业的原材料供应条件，但决不可能把这些条件都拉平，因而由此形成的企业成本的差别，也难以避免。

第四，劳动者的技术熟练程度。在社会主义经济中，生产不断发展，新的企业不断建成投入生产，新职工也不断培养出来。有些新企业中新职工多，技术不熟练，劳动生产率低，生产中废次品损失多，商品成本也就较高。由于各个企业中新老工人多寡不一，平均技术等级有差别，对于企业商品成本水平的高低不能没有影响。我们常常看到有些老工业基地的老企业，设备虽然陈旧，成本反而低于有先进设备的新企业，就是这个缘故。

此外，国家的生产部署和生产计划安排妥善与否，对企业成本水平也有影响。譬如，企业的生产任务多变，就难以避免半制品的积压、损失，难以避免专用工具、刀具重新添置，流水线局部调整，等等增加的支出。这样，同生产比较稳定的企业相比较，成本当然会较高。又如，企业的生产任务如果偏高，或者生产任务不足，通常也都会使商品成本增高。这样，和生产正常的企业相比，成本也会较高。

除去各种各样影响企业成本水平的客观因素，企业的主观努力程度，也时刻会在企业成本水平的升降上反映出来。企业生产经营管理好，职工劳动干劲足，劳动组织合理，有较高的劳动生产率；企业在生产中注意原料、材料、燃料等物质消耗的节约；充分利用机器设备，注意维修保养，节省修理支出和降低单位产品中折旧所占比重；严格控制工资基金的支出，消灭各种窝工停工损失；厉行勤俭节约，大力压缩企业管理费用和各种非生产性开支；诸如此类，都能使成本降低。反之，企业生产经营管理如果作得不好，当然不能不导致成本的提高。

企业个别成本的高低，既在于企业主观努力的好坏，又在于各种客观因素的影响，而在社会主义制度下，并不能消弭企业间主客观因素的差别。因此，企业间成本水平不可能等同，个别成本和社会成本总有差别，个别成本和社会成本的矛盾，仍然存在。

但是，在社会主义制度下个别成本和社会成本的矛盾，完全不同于资本主义制度下个别成本和社会成本的矛盾。在盲目竞争、大鱼吃小鱼的资本主义经济中，个别成本低于社会成本的企业，可以获得超额利润；而个别成本高于社会成本的企业，则面临着被扼杀的威胁。在社会主义制度下，一方面，为了充分满足需要，对于技术装备水平等具体条件不同的企业，都还要尽可能地利用，允许它们同时并存。另一方面，社会成本并不是统计概念而是在现实经济生活中起作用的经济范畴。企业的个别成本高于社会成本，即使仅仅由于技术装备程度等客观因素，企业本身极重视勤俭节约，那还是表明社会利用这些企业生产商品，要比别的企业多消耗物资和劳动力，这就使它不能有强大的生命力。在社会主义制度下利用个别成本和社会成本的矛盾，督促企业寻找个别成本高于或者低于社会成本的原因，动脑筋，找窍门，就能有力地推动成本水平的降低。

影响企业个别成本高低的客观因素，在企业说，虽然是客观的外来影响，但从社会说，则往往是组织安排的结果。因此，除了不断督促检查企业改善经营管理，降低企业成本外，还必须认真研究与不断改进整个国民经济范围的生产的组织安排，从战略部署上促使社会成本的不断降低。不论在基本建设的安排上，如技术装备水平的确定，生产力的合理配置；还是在生产组织上，如企业间协作关系的组织，原材料供应的组织，熟练劳动力的有计划培养，以及不断改进生产计划的安排，尽可能使企业稳定而正常地进行生产；等等，都是使企业个别成本降低，使社会成本降低的重要措施。在这些方面重视和妥善安排，可以更好地利用社会的物质资源和劳动资源，以更少的物质消耗和劳动消耗创造出更多的物质财富，不断地降低社会成本耗费的水平，提供更多的剩余产品。而忽视国民经济范围内生产的组织和安排，或者安排不善，也不可避免地引起社会成本水平的提高，在商品售价和职工工资都稳定的情况下，就会引起归社会支配的剩余产品的减少。实践证明，在不同时期，企业个别成本的升降往往伴随着社会成本水平的升降，而社会成本水平的升降又往往和社会生产的组织安排相关。所以，不断改进这些方面的工作，认真研究形成社会成本水平的战略部署，是十分重要的。而从长远来说，先进的技术生产方法的采用，技术装备程度的改善，是提高劳动生产率的关键，从而也是不断降低社会成本的最根本途径。

三

在社会主义制度下还存在个别成本和社会成本的差别与矛盾，企业个别成本高于或者低于社会成本，不完全在于企业主观努力的好坏，还要受各种客观因素的影响。忽视客观因素的影响，对条件不同的企业等量齐观，只拿着社会成本这一把尺子来衡量，提出千篇一律的要求，是不对的。夸大客观因素的影响，把它当作企业经济核算的外部条件，也是不对的。在经济理论讨论中，前一种论点固然有，后一种论点近来却有更多的人主张。在这里，我想就后一种论点稍作剖析申论。

　　主张这种论点的同志认为，企业经济核算，必须有一定的外部条件，这包括要有恰当的生产部署和生产计划，要妥善安排原料、材料的供应和产品的销售，要合理地规定产品的出厂价格，等等。其所想说明的不外乎两点：其一是说，所列举的各项是企业能不能实行经济核算的外部条件；另一是说，所列举的各项是企业经济核算搞得好坏的外部条件。

　　但是，事实上他们列举的各项，只是影响企业个别成本高低、资金占用大小、利润数额多寡的客观因素。关于资金占用、利润数额等方面，这里不谈了。以下，我们仅仅从成本方面来作一些考察。我认为，尽管所列各项确实是影响企业个别成本高于或者低于社会成本的客观因素，但并不足以说明他们所想说明的两点。

　　首先，我们不能把影响企业个别成本高低的客观因素，当作是企业能否实行经济核算的外部条件。如前所述，影响各个企业之间个别成本有高低的客观因素，是始终存在、不能消弭的。从各个企业看，总会有些企业因客观因素影响而使自己的个别成本较高，也会有另一些企业因不同的客观因素影响而有较低的个别成本。但是，我们不能说客观条件较差的企业，就不能采取经济核算。如果是那样，由于各个企业所处的具体条件总不可能相同，生产规模、技术装备程度以至原材料供应状况等，总有差别，总会有一些客观条件较差以至个别成本较高的企业，因而也就总会有不能采取经济核算的企业了。而且，影响企业个别成本高低的客观条件在不断变化，如果必须具备生产计划比较稳定、原材料供应比较正常等条件，才能实行经济核算，那么，企业能否实行经济核算也就在不断变化了。现实经济生活完全不同于这种论断。社会主义企业实行经济核算是客观经济规律的要求，尽管影响各个企业成本水平的客观因素有差别，各个企业个别成本有高低，各个企业还是无例外地要实行经济核算。而且，事实上正是因为企业实行了经济核算，要以自己的收入抵补自己的支出，要核算成本，然后才把影响企业成本高低的客观因素明显地暴露出来，促使人们研究和改善在这方面的组织安排工作。

如果要谈企业能不能实行经济核算的外部条件，那么最主要的在于有没有给企业以独立的资金。如果企业没有独立的资金，消耗的物质资料和职工的消费品都由上级拨给，制成的产品都交给上级，那么企业便不可能以自己的收入抵补自己的支出，不可能自己负责生产的周转，企业所实行的便不是经济核算制，而是供给制。促使企业精打细算、勤俭节约、努力改善经营管理的，只是政治责任心，而不是经济力量。只有企业有了归自己支配的独立资金，然后企业才能作为具有相对独立性的经济单位来和外界进行经济上的联系，才能以自己的收入来抵补自己的支出，不间断地进行生产周转，并且比较收入和支出；然后，才能一方面依靠革命热情，依靠政治责任心，另一方面还要由这种不同于供给制的经济关系所形成的经济力量，促使企业改善经营管理，精打细算，力争赢利。可见尽管外部条件的名词并不恰当，如果要使用这一名词，那么给企业以独立的资金，才是保证经济核算这种经济关系所必要的外部条件。

其次，我们也不能把影响企业个别成本高低的客观因素，当作是企业经济核算搞得好坏的外部条件。应该指出，人们在这里说的经济核算，看来是指经济核算制企业基于其经济关系，必须对自己的不亏本负完全责任，是指在实现自己的经济责任时，精打细算、勤俭节约，努力改善经营管理所做的主观努力。这样，事情很明显，企业不能因为影响自己个别成本高低的客观因素如何，而放松自己的主观努力。企业应当在已有的各种具体条件的基础上，尽自己的努力，力争降低自己的成本水平。这正是社会主义经济核算的经济关系所要求的。企业经济核算搞得好坏，终究在于企业主观努力的程度，而不在于客观因素的差别。那种把一切责任都归于客观因素的想法，认为如果计划安排、原材料供应等条件不好，企业经济核算就没法搞好，是不正确的。而把影响企业个别成本高低的客观因素，名之曰经济核算的外部条件的论点，客观上可能为放松自己经济责任的错误想法提供了理论根据。社会主义经济是计划经济，社会主义企业并不是在盲目竞争的大海里游泳，国家应当为每个企业的降低成本作出有计划的安排。但是，如果把社会主义企业当成是温室里的花朵，汲汲寻觅温室培养的各种必备条件，要具备了条件才能搞好经济核算，我认为这终究是对于社会主义经济核算的不正确的理解。

有人问，企业个别成本高于或者低于社会成本，不完全在于企业的主观努力，还要受各种客观因素的影响。这时，企业因为客观条件有利，个别成本低于社会成本，岂不是表现为经济核算的成果大，经营管理好么？反之，岂不是表现为经济核算的成果小，经营管理差么？这些影响企业成本高低的客观因素，岂不是影响企业经济核算好坏的外部条件么？其所以有这一疑问，是因为没有认识到正确处理社会主义制度下个别成本和社会成本的矛盾，和正确考核企业经营管理的好坏，是性质不同的两回事情。对于前者，通过个别成本和社会成本的比较，分析原因，就能正确处理，改进整个国民经济生产和流通的安排，推动社会成本的降低。对于后者，却并不能从企业个别成本高于或者低于社会成本来衡量企业经济核算的成果，来比较企业经营管理的好坏。对于后者，只能从计划和实际的比较来考核。我们现在实行的办法，就是以企业产品成本降低计划的完成情况，来进行考核，并作为企业提奖的依据之一。

从计划和实际的比较来进行考核，能够大体上排除客观因素的影响，正确衡量企业经营管理的好坏。因为，尽管各个企业在规模大小、技术生产方法、技术装备水平、企业的位置和自然条件、原材料供应状况、工人技术熟练程度等方面有差别，尽管各个企业因为国家计划的安排，而使生产能力的利用程度等方面有差别，但是在企业编制和国家核定企业的成本计划时，已经把这些因素考虑在内了。国家对于各个具体条件不同的企业，可以规定不同的生产定额、不同的原材料消耗定额、不同的设备利用率以及不同的劳动生产率，并且规定相应的可比产品成本降低率。这时，企业的成本计划完成情况，就可以基本上反映企业改善经营管理的状况，从而，也就不至于混淆客观因素和主观努力，不会由此而对企业经济核算的好坏作出不公正的判断。

国民经济是在不断发展变化的，实际的发展总和原来计划的预期有出入。我们依据企业的具体条件，考虑了各种因素，分析了企业进一步挖掘内部潜力的可能性，拟订企业成本计划，提出企业可比产品成本的降低幅度。在企业生产的实践中，条件和因素会起变化，会出现缩减成本耗费的新的可能性，也会出现增加成本耗费的可能性。但这时，衡量企业经营管理好坏的也正在于此。企业充分利用缩减成本耗费的新的可能性，克服足以引起成本耗费增加的不利因素，正是充分发挥主观能动性的表现。何况，对于某些由国家规定而变更的因素，如原材料调拨价格提高影响成本增加等因素，还允许在考核时调整剔除，使考核更切合实际。

说到这里，需要指出目前在经济核算理论的讨论中，有一种脱离实际的议论。这种议论，忘记了计划与实际的比较是考核企业经营管理好坏的标志；忘记了个别成本和社会成本的比较乃是做好国民经济范围内生产和流通的组织安排工作，从战略部署上促使社会成本不断降低所需要掌握和考察的。这种议论，错误地以为我们是以企业赢利数额多寡、赢利水平高低、成本水平高低，来衡量企业经济核算成果的。看来，把影响企业个别成本高低以及影响资金占用和利润数额的客观因素，当作是企业经济核算外部条件的论点，是与上述议论有关的。而提出各种各样以资金利润率来作为考核企业经营成果的论点，企图让肥瘦不同的体型，穿一个尺码的衣服，看来也与此有关。他们没有想到，经济效果大小是由多种因素形成的。把企业的经济效果大小，等同于企业经济核算工作的好坏，理论上的混淆，也就随之而来了。

（原载《经济研究》1962 年第 9 期）

论企业成本的考核

社会主义国营企业要实行经济核算，就要核算资金、收入、成本、利润等几个方面，成本核算是企业经济核算的重要一环。企业成本直接反映着企业在商品生产和流通中消耗的多寡，它是企业经营活动质量好坏的重要标志。而且，在商品价格既定的情况下，成本的降低或者提高，会直接影响到企业利润的增加或者减少。我国国营工业企业成本和商业企业流通费用每降低或者提高一个百分点，都关系着国家成亿元的收入，它会直接影响到社会主义扩大再生产和更好地满足人们的物质和文化需要。因此加强企业经济核算，必须加强成本核算。

要加强企业成本核算，就不能仅仅限于记录和计算成本耗费了多少；还要通过成本的计划、考核、分析，促使企业成本不断降低。对企业成本的考核，在督促企业不断改善经营管理、加强经济核算中有重要意义。因为，通过对企业成本的考核，可以从成本耗费方面了解企业经营管理的质量，可以在各个企业之间进行比较，掀起比先进、学先进、赶先进、帮后进的热潮，推动生产经营的改进。通过对企业成本的考核，可以检查企业成本计划的完成情况，检查企业各种生产消耗定额的实现状况，从而使计划与考核、评比相结合，起到积极促进作用。通过对企业成本的考核，可以找出降低成本的具体环节，以便采取措施，降低消耗，厉行节约，更好地挖掘企业的潜力。

成本考核的几种方法

对企业成本的考核，在目前的讨论中比较流行的说法，是从各个企业成本利润率的比较来进行考核。但是，要充分发挥对企业成本考核所应该起的作用，成本利润率的考核只能是辅助的，不可能是主要的方法。在实际工作中人们通常采用的，大体上有以下几种方法：其一，企业产品成本计划完成情况的比较；其二，可比产品成本降低率的比较；其三，生产同类产品的企业成本的比较。这几种方法，从不同角度来考核企业的成本消耗，反映企业的生产经营状况，都有一定的促进作用。而由于我们国家对实行经济核算制的国营企业，采取的是计划管理的方法，企业是在国家的集中领导和统一计划下，进行独立经营、独立核算的，所以按企业产品成本降低计划完成情况来进行比较，是实际工作中考核企业成本的主要方法。目前企业奖励基金的提取，就是以此为依据的。同时，由于每一种考核方法都有一定的角度，都有一定的局限性，这就不能着眼于一种方法，还必须相互参证，更全面地来考核。同时，还需要认识各种方法所能考核的方面及其局限性，才能正确运用，判别利弊，更好地通过成本考核，来引导企业挖掘潜力，降低成本。

现在，我们就这几种成本考核的方法，作一些探讨。

（一）成本利润率的比较

在经济核算理论讨论中，比较多的意见，是主张以成本利润率的比较来进行考核。看来，这种意见是有一定道理的。因为，成本是企业生产中的消耗；利润是产品价格和产品成本的差额，是剩余劳动所创造的产品价值部分，也是归社会的积累。成本利润率综合反映了成本和利润的关系，综合反映了生产消耗和生产成果之间的关系，综合反映了企业以尽可能少的生产消耗来取得尽可能大的经济效果的状况。如果把技术装备程度等因素对企业成本的影响舍去不谈，如果把产品价格、税金等因素对企业利润的影响舍去不谈，那么，成本利润率高的企业，总是生产经营得好的企业；成本利润率低的企业，总是生产经营得差的企业。而人们也就由此而把成本利润率的比较，作为考核企业成本的主要方法乃至唯一方法。

但是，在实际工作中，成本利润率的比较，却很少用来作为考核企业成本、考核企业生产经营质量好坏的依据，这又是什么缘故呢？这是因为，在理论讨论中为人们舍象的许多因素，在实际工作中却很难加以舍象。从产品价格对企业利润的影响来看，有的产品价高利大，有的产品价低利小，税金也有高低，从而使生产不同产品的企业，成本利润率高低悬殊；而产品价格的变化，企业生产品种的变化，税率的调整，等等，又都足以引起企业成本利润率的变动。再从企业技术装备程度等因素对企业成本的影响来说，各个企业的生产设备有新有旧，有洋有土，有效率高效率低。各个企业的生产过程也很不相同，有的是连续生产的全能厂，如钢铁联合企业从铁矿石炼成铁，到炼制成钢、轧成钢材，又如棉纺织印染厂从棉花纺纱，再到织布、印染花布；有的则只从事生产中的一个过程，如铁厂只炼铁，钢厂只炼钢，轧钢厂只轧制钢材，纱厂只纺纱，布厂只织布，印染厂只印染花布。各个企业即使生产同一种产品，所使用的原材料也很不相同，同样是制造硫酸，有的用硫黄做原料，有的用硫化铁做原料；同样是制造烧碱，有的是用食盐电解，有的是用纯碱改制。各个企业购进原料、材料、燃料的价格很不相同。各个企业因为离原料产地、成品销地的远近，所支付的运输费用也不相同。凡此种种，情况千差万别，使得形成企业成本利润率高低的因素十分复杂，很难排除。这样，企业成本利润率的高低，不一定能如实地反映企业生产经营的好坏，也不一定能反映企业主观努力的好坏。有时甚至还会出现相反的情况。正因为这样，在比较企业生产经营质量好坏，而对企业成本进行考核时，并不采用成本利润率的对比。

然而，这决不是说成本利润率的比较，就没有任何意义了。以成本利润率的比较，来考核企业生产经营的质量好坏，固然是不妥当的，但是，在财政经济的领导工作中，成本利润率仍然是观察和分析问题的依据之一。因为，合理地组织企业生产，不仅需要企业的主观努力，也还需要有相应的客观条件。客观条件过差，以致企业即使竭尽精打细算之能事，成本利润率仍然还低于同类企业，甚至还有亏损，那么，从社会来说，使这些企业增加生产总是所获不大的。而在安排整个社会生产时，就要考虑这些方面的因素，以便在整个社会内，能够最合理地利用社会生产力，用尽可能少的社会生产消耗来取得尽可能多的经济效果。这表明，企业成本利润率的比较，仍然有它的意义。而对于产品成本利润率的比较，在研究产品定价，设计产品税率，考虑产销安排等方面，也都有一定的参考价值。

（二）企业产品成本计划完成情况的比较

这是在实际工作中考核企业成本的主要方法。因为，以此来进行考核，可以比较切合实际地反映企业改善生产经营的状况，反映企业主观努力的状况。我们知道，企业编制和国家核定企业的成本计划，是考虑到了企业技术装备程度、原材料的供应、使用和价格状况、运输条件等客观因素，是考虑到了产销条件可能有的变化。各个企业的具体条件不同，企业的成本计划可以有相应的差异。这样，企业的成本计划完成情况，大体上反映了企业在降低成本方面所作的主观努力状况；企业之间成本计划完成情况的比较，大体上反映了各个企业生产经营的好坏。同时，以企业产品成本降低计划完成情况的比较来进行考核，也适应加强计划管理的要求，有利于督促企业力争完成成本降低计划。所以，从企业财务管理来谈企业成本的考核，通常总是指企业产品成本降低计划完成情况的考核。企业完成了成本降低计划，和完成利润计划、新产品试制计划等一样，都可以提取企业奖励基金。而这又从物质鼓励方面，促使企业关心成本计划的完成。

以企业产品成本降低计划完成情况进行考核，由于成本计划的制订考虑到了各方面的具体条件，可以比较切合实际地反映企业生产经营的好坏。但是，这也只能是相对的，大体接近实际。因为，成本计划由人们所制订，制订时对各种具体资料的分析，对有利因素和不利因素的判断，都不一定能完全符合实际，计划订得积极些，完成成本计划就要作较大的努力；计划订得保守些，完成成本计划可能就比较容易。同时，经济情况在不断发展变化，年度的成本计划是根据上年年末或者本年年初的主客观条件并预计可能有的变动因素制订的，在执行过程中，还可能有新的变化，不论是产销计划、原材料供应条件和供应地点等，都有可能变动而影响企业成本的升降。正因为这样，我们在运用这种考核方法的时候，应当认识这种方法所可能产生的问题，看到它是和成本计划紧紧结合在一起的。必须不断改善成本的计划管理，采取相应的措施。如不断改善成本计划的编制与审核，使成本计划做到既积极又可靠。再如研究成本计划执行过程中影响成本变动的各种客观因素，充分利用降低成本开支的新的可能性，克服足以引起成本提高的不利因素，力争成本计划的完成。对于某些客观情况变化所引起的成本变动，允许作必要的调整，等等。这样，就能更加切合实际，就能更好地发挥成本考核所能起的作用。

（三）可比产品成本降低率的比较

企业成本计划完成情况的考核，是从可比产品成本降低计划和全部产品成本计划的完成情况来考察的。同时，人们也常常从企业本年度产品成本较过去年度产品成本降低的程度，来考核企业的生产经营较之过去，有了哪些改进、提高。这种历史的比较方法，便是可比产品成本降低率的比较。如所周知，生产是长年不断的连续生产，企业生产经营总是在原有基础上逐步提高。所以，通过可比产品成本降低率的比较，揭示企业在这方面较过去改进提高的程度，也很必要。而且，通过对可比产品成本降低率的分析，还可能发现在总的成本降低的情况下，有些产品的成本较过去年度反而提高，有些项目的成本开支反而增加，这也就是在某些方面反而后退了。既然过去能够做到，现在为什么不能做到呢？而不同时期的可比产品成本降低率的变化等，也莫不有其原因。人们就可以循此而发现问题，采取措施。从而，通过成本的考核，推动企业不断改进生产经营。

企业可比产品成本降低率的对比，是企业在所考核的一段时期里生产经营改进的标志。如果按部门、地区以至按全国范围来计算时，这一标志又可以扩大到部门、地区乃至全国范围。这样，我们就可以考察部门、地区以至全国范围的几年甚至更长时期产品成本降低的状况，从可比产品成本的降低或者提高，从降低幅度的变化，等等，来观察问题，研究和改进工作。

但是，可比产品成本降低率的比较，也有它的局限性。局限主要在于"可比产品"的代表性。在有些企业中是并不存在这一问题的。如发电厂的可比产品成本和全部产品成本是一致的；煤气厂、啤酒厂、面粉厂、纺纱厂等，产品品种变化较少，可比产品成本和全部产品成本也基本一致。然而，采用"可比产品"的成本来比较，却正好是因为有些企业，所生产的产品经常变化，如机械工业的新产品产值一般都比较大。由于不同的品种，劳动工时消耗和原料、材料、燃料消耗都不便比较，才需要用上年生产而本年仍旧生产的产品成本，来作比较。这样"可比产品"的代表性问题，也就是可比产品成本占全部产品成本的比重问题，被提出来了。如果可比产品所占的比重很小，代表性不足，可比产品成本降低率的比较，就不一定能反映企业生产经营的真实面貌，有时相反，还可能引起错觉。如某机械厂可比产品成本较上年降低20%，但因为可比产品在企业生产的产品中所占比重小，并不能代表企业成本耗费的状况，企业的全部产品成本并没有降低，反而增加，这时如果把可比产品成本降低的幅度当作企业降低成本工作情况的标志，就会因为"可比产品"代表性不足，而引起错觉。

可比产品成本降低率的比较，还存在着一些值得注意的问题。首先，由于企业生产的品种不断以新代旧，构成"可比产品"的具体产品品种，也在不断变化。例如某厂在1959年时，生产的甲产品是可比产品，乙产品是新产品；到 1960 年，甲产品不再生产，乙产品继续生产，是可比产品，丙产品是新产品；到 1961 年、1962 年，可比产品又是另外几个品种。这样，以本年度和上年度相比较，可比产品成本降低率反映了这些产品成本降低的幅度；但从几年相比，逐年的可比产品成本降低率则并不反映产品成本连续降低的程度。逐年的可比产品成本降低率，并不可比。人们有时忽略了这一点，看到机械工业每年可比产品成本降低率一般在 10% 以上，逐年循环相比，算出五六年来成本水平降低了一半还多。但实际上，按万元产值的成本来比较，降低的幅度并不大。这就告诉我们，在运用可比产品成本降低率进行比较时，必须注意年度间的可比性。发电厂、棉纺厂等，产品品种基本不变，可以逐年循环相比；而有些企业产品品种多变，不能把可比产品成本降低率逐年循环相比。其次，由于新产品试制时和初期小批生产时，生产成本一般比较高，第二年大量生产，成本便能大幅度地降低。所以构成"可比产品"的具体产品品种年年变动的企业，可比产品成本降低率一般比较高。而长时期始终生产同一产品的企业，其降低成本的潜力固然是挖掘不尽的，却很少有可能逐年都大幅度地降低，可比产品成本降低率一般就比较低。这样，就不同企业来比较时，需要作具体分析。假如条件大体相同的企业，如同是发电厂、同是机械厂，其可比产品成本降低率的高低，可以用来判断生产经营的好坏，而条件不同的企业如发电厂和机械厂之间，却未必能作这种判断。再次，在企业的可比产品只是全部产品的一部分的情况下，企业的成本开支要摊提分配到可比产品和不可比产品上，一般来说，生产产品的直接费用诸如原料、材料的消耗，可以分别计算工时的工资支出等，在计入产品成本时，只要有完整的原始记录，就不会混淆，但生产产品的间接费用，如何分别摊入各个产品的成本之中，却大有讲究。至于原材料和工时消耗的原始记录不完整，可比产品和不可比产品之间的成本分摊，就更有讲究。摊提分配不合理，某些成本开支，少摊或者不摊入可比产品成本之中，往往会影响到可比产品成本降低率的正确性，并由此而出现可比产品成本降低而全部产品成本提高的情况，这也是不能不加注意的。

如前所述，用可比产品成本降低率的比较，来考核企业成本，有作用也有局限性，这就还需要用对全部产品成本的考核相印证，作补充。全部产品成本囊括了企业全部的成本耗费，比可比产品成本降低率更全面地反映了企业生产的面貌。通过对企业全部产品成本的考核，人们就可以知道企业生产一定产值的产品，其成本耗费降低了多少，或者增加了多少。由于按全部产品成本来进行考核，往往有生产品种变化所引起的成本水平变化的因素掺杂在内，它也需要和可比产品成本降低率的考核相结合，才能更好地反映企业降低成本的状况。

（四）生产同类产品的企业成本的比较

在成本考核上，还常常用不同企业生产的同一种产品的实际成本，如同是 20 支棉纱、同是低碳钢的成本，来相互比较。这是各个企业个别成本的相互比较，而当与中位水平的、相近于部门平均成本的企业成本相比较时，也正是企业个别成本和社会成本相比较。由于用前几种办法，或者只能看出企业完成成本计划的情况，或者只能看出企业当前的成本消耗较之过去降低了多少，至于在企业之间，生产同一产品，究竟谁的成本高，谁的成本低，差距多大，就还需要对实际成本进行比较。从而，通过成本排队，成本评比，分出优劣，推动企业相互学习，尽可能使自己的个别成本低于社会成本，促使社会成本不断降低。这种方法，特别是和成本分析相结合，既比较了几个厂同样生产一米棉纱、一吨钢材、一辆自行车所耗费的实际成本的高低；又具体分析成本高低是原材料消耗多，还是工资支出大、抑或企业管理费用高，逐项解剖，往往能找出关键，有力地推动企业学习先进经验，降低消耗，挖掘潜力。

用生产同类产品的企业成本来比较，也有它的局限性。因为，这只有同类产品才能相互比较，不同的产品，同类产品而质量、规格不同，都不好比较。甲企业生产一吨钢成本耗费多少元和乙企业生产一件棉纱成本耗费多少元，是很难比较的。这样，能作相互比较的范围比较窄。同时，生产同一种产品的企业，生产条件不尽相同，如果要由此而判断企业生产经营谁好谁差，就必须考虑客观因素对成本高低所起的影响。

成本考核和成本的调整、分析

成本的考核，有各种不同的方法。不论采用哪一种方法来考核比较，都要求切合实际，剔除那些影响正确比较的因素。因此，如何作适当的调整，如何进行分析比较，也是需要探讨的问题。

用产品成本降低计划完成情况来考核时，由于计划拟订在先，在实际执行过程中，客观情况往往会发生变化，例如原材料价格变动等，引起成本的升降。为了更好地考核企业完成成本计划所作的努力，反映企业生产经营的真实情况，就要在考核时允许企业对成本作一定的调整剔除。一种方法是：国家调拨价格及国营商业部门供应的农产品及国外进口物资合同价格的变化、电价的变动、固定资产的重估价及财政部规定的综合折旧率的变动、费用划分范围的改变，等等，都可以作相应的调整。例如企业生产的原材料的调拨价格提高了，往往会出现单位产品的原材料消耗有节约，而原材料成本反而提高的情形，考核时允许剔除涨价因素，便能使考核更切合实际。另一种方法是：企业成本计划完成情况的计算，虽然不剔除这些客观因素，但是在计算企业利润实现情况，以提取企业奖励基金时，允许作相应的调整。

企业成本计划编订以后，出现新的情况而影响成本升降的客观因素很多，所以，即使在允许调整计算时，也不能是调整漫无限制，以利于对企业财务的管理。例如，企业生产所用的原料、材料、燃料采用了新的代用品，对这种客观因素变化，就不能调整。这时实际支出的原料、材料、燃料成本和计划数的比较，包括了品种变化、消耗数量变化和价格变化等多种因素，它并不仅仅反映消耗数量的增减。由此引起的成本增减，用来考核企业节约原材料使用的情况，固然不尽确切，但它却反映了利用代用品的经济价值。例如公共汽车原来用汽油做燃料，以后改用天然气做燃料，以实际燃料成本和计划成本相比较，可以反映利用天然气能够节约多少。这种考核和对消耗定额变化的考核，同样有其积极意义。

用产品成本降低计划完成情况来进行考核，关系到企业工作质量的评价，关系到企业奖励基金的提取，如何调整要由国家统一规定。至于用其他方法来进行考核，也需要根据具体情况，或者作适当的调整，或者从计算方法上作适当安排，以便于比较。例如，用各个企业生产的同类产品的实际成本来相互比较时，有些全能厂的成本核算采取所谓连续核算法，如棉纺织印染厂从棉花进厂、纺成纱、织成白布、印染成花布出厂，其生产过程中的各个环节，都是按实际成本转账，利润集中表现在印花布上。而非全能厂的印染厂是购进白布再印染成花布出厂，白布按调拨价格作价，其中包括纺纱厂、织布厂的利润。这样，全能厂和非全能厂的原料成本因为作价方法不同，相差很大，两者的成本不能比较。这时，如果在计算方法上作适当安排，改用分部核算法，全能厂织布用的纱，染布用的白布，都是按调拨价格转账，各个环节的成本反映各个环节本身的经营成果。全能厂和非全能厂之间印花布成本的比较评比，就因为口径一致，而行得通了。而如果不采用分部核算法，那就要作必要的调整。应该看到，由于企业和企业之间的具体条件不同，本年和上年的具体条件不同，不论采用哪一种方法来考核，都有必要作适当的调整，减少不可比的因素，使成本的考核更好地发挥促进推动的作用。当然，调整又只限于荦荦大者，完全排除各种不可比因素，又是不可能、不现实的。

成本的考核，还必须和成本的分析相结合。我们知道，成本是企业生产中所支出的工资、原料、材料、燃料等生产消耗的综合反映，它把"千根线"拧成了"一股绳"，它集中反映了企业在生产消耗方面的工作情况。按企业成本进行考核是十分重要的。但是，企业或本计划完成情况之所以好或者坏，企业的可比产品或者全部产品成本之所以较上年提高或者降低，企业之间生产同一种产品的实际成本之所以有高低，其关键在哪里？这都有待于对成本进行分析，按各个成本项目作考察，按各个项目消耗定额的完成情况作比较，才能找到具体的环节。从而，弄清楚进一步降低成本，主要是抓压缩工时定额，提高劳动生产率呢，还是从降低原料消耗或者材料、燃料消耗入手。这样，通过对成本的分析就具体地为改善生产经营提出了方向。例如通过成本分析，找出了成本高在于废品损失多，这就可以进一步从生产经营上来检查，寻找降低废品损失的途径，采取相应的措施。成本考核和成本分析相结合，使企业心明眼亮，使企业之间比先进、学先进、赶先进、帮后进有更明确具体的目标，更有力地推动了企业厉行经济核算和改善经营管理，不断降低成本。实践表明，用一个笼笼统统的"率"，是不够的。经济工作越做越细致，所要求于我们的就是要对具体事物作具体的分析。成本分析是成本考核的深入化和具体化，它和成本考核是不可分的。

（原载《经济研究》1962 年第 10 期）

国家财政的后备力量

毛主席教导我们："增产、节约、多留后备力量，是巩固国家预算的可靠的三道防线。"① 这一指示，对于我们组织国家预算工作，具有极其重要的意义。我们必须正确认识财政后备的作用，重视建立和运用财政后备，保证国家建设事业的高速度发展。

组织预算平衡和预算、信贷、物资的平衡，必须有财政后备

财政后备，是财政上分配于专门建立国家物资后备的资金，以及集中起来而财政上未分配使用于建设或者消费的资金。这些资金，是财政调度的后方，是收支平衡的屏障。建立了必要的财政后备，使财政巩固、金融稳定有了相应的保证。因此，财政后备是组织国家预算收支所必需的。

在我们社会主义国家里，国民经济是有计划按比例地发展的。国家预算是国家动员资金和分配资金的计划，是国民经济计划的重要组成部分。国家预算的编制，有计划地组织了收入和支出的平衡，是国民经济平衡的重要组成部分。巩固国家预算，力争增加收入、节约支出，是促使国民经济有计划按比例发展的重要方面。但是，由于我国农业技术装备水平较低，抵御自然灾害的能力还不够

---

① 邓小平：《关于 1954 年国家预算草案的报告》（摘要），《人民日报》1954 年 6 月 18 日。

强大，农业丰歉还在比较大的程度上受天时好坏的影响；在我们的工业生产和其他各项工作中，也可能发生某些意外和不相衔接的情形；我们编制的计划，也可能因为情况掌握不全面、思想认识不足，而和客观情况有差异；我们编制的计划即使是完美无缺，由于计划执行过程中新的条件的出现，也会使实际的发展和计划的预期结果有距离。这样，一旦出现天灾和各种意外事件，便会使收入不能够按照计划实现，而且会发生新的支出需要，要求有一定的后备财力，用来及时弥补缺口，保证预算收支的平衡。而在上年发生严重自然灾害的时候，下年预算的编制既要保证平衡；又要保持必要的建设规模，也需要有一定的后备财力。所以，我们必须注意节约，积攒下必要的后备资金，以便在国家预算执行发生缺口的时候，及时弥补，巩固国家预算收支的平衡；特别是在年景较好、财源丰裕的日子里适当多留一些，做到以丰补歉，使国家建设的进行和各项事业的发展，不至于因为财力不继而受到影响，使国民经济能够有节奏地协调地发展，最终是加快了经济发展的速度。

国家的财政后备力量，不仅有利于巩固预算收支平衡，而且有利于巩固国家预算和银行信贷之间的统一平衡。因为，财政后备除了拨交国家物资储备部门的资金以外，其余的都是国家财政未动用的资金，在银行经办金库业务的情况下，存放在国家银行里。而国家银行当然不会把这些资金搁置起来，不加运用。运用的办法，一是成为国家银行储存的外汇和黄金，作为国际贸易支付的后备；一是成为银行信贷资金的来源，由银行贷放给企业，变成企业的物资库存。当然，企业的物资库存、企业的流动资金，并非全是后备。而物资的积压，也不能认为是后备。但是，由于商业、粮食和物资供应部门的储备，不能仅限于正常流通的需要，还必须有一定的后备，以防各种意外。而由于建立这些后备的资金，还未和流动资金相区分，并且通常都名之曰流动资金，通常又都由银行信贷资金供应，因此，存放在银行里的财政后备，是被作为建立这些后备的信贷资金的来源。这样，国家财政的后备力量，不仅为国家银行提供了一项重要的信贷资金来源，而且是国家银行巩固信贷平衡和巩固货币流通的有力保证。一旦预算支出大于收入，信贷放款大于存款，财政后备既有利于保持预算平衡，也正是回笼货币、稳定金融的力量，它对于组织预算和信贷的统一平衡，有重要意义。

国家财政的后备力量，还有利于组织预算，有利于信贷和物资间的平衡。我们知道，有计划按比例地发展我们的国民经济，不仅要求国家预算的收入和支出平衡，国家预算的收支安排要与银行信贷资金的来源和贷放统一平衡，而且，由于对物资有支付能力的需要，有很大一部分是由国家预算分配的；银行信贷的农业贷款等，也提供了一部分有支付能力的需求，而银行信贷资金又是在流通过程中的物资的重要资金来源。因此，还要求国家预算、银行信贷和物资供应需求之间相互适应、相互衔接，做到资金和物资相平衡。这也就是说，一方面要使通过国家预算和银行信贷所分配的有支付能力的需求数量，不超过物资供应在这一方面所能提供的数量，即所谓数量上的平衡；另一方面，还要使分配用于购置第一部类、第二部类物资的资金数量，和第一部类、第二部类物资的供应数量相平衡，即所谓部类构成上的平衡。然后，才能做到有钱有物、分配资金和供应物资相结合，保证国家建设计划的实现。对此，我们在安排计划时，固然要反复核对口径，力求做到钱和物相平衡，但实际情况不一定能够和计划的安排完全一致。尤其重要的是，物资种类繁多，产供销情况千变万化，有支付能力的需求和物资供应之间，在部类和品种上，难免有些出入。因此，要不断从多方面采取措施，来组织和巩固平衡，运用后备，就是其中一个重要的方面。由于财政后备是物资后备的资金来源，设立财政后备必然会形成相应的物资后备，积累了一定的后备力量，犹如建立了一个调节供求的蓄水池，而当年的财政后备和相应的物资后备，也使人们有了可供回旋的余地。当数量上不平衡时固然可以用来弥补缺口；当数量上平衡而部类构成上不平衡时，也可以挹此注彼。如第一部类物资有余而第二部类物资不足，就可以增储第一部类物资而投放第二部类物资。反之也是如此。这样，财政后备资金的数额并无缺损，银行信贷资金的总额也并不因此而有消长；然而却通过调整财政后备所代表的物资构成，通过调整银行信贷资金分配的使用方向，便利了生产和流转的调度，巩固了预算、信贷和物资之间的平衡，保证了生产建设和各项事业、按照计划来实现。所以，如果要稍作强调，也未尝不可以说，无后备不足以言平衡，有后备方能够保平衡。

适度的财政后备力量，在社会主义的我国是十分必要的。留有后备固然意味着有一些资金暂时没有安排使用于建设，意味着有一定程度的生产剩余。然而，这是必要的、有计划地安排的生产剩余。马克思曾经指出：资本主义的再生产形态一旦废止，一方面，必须有一定量的固定资本，比直接需要的更多；另一方面，并且特别是原料等物品的储存，也要比直接的常年的需要更大（这一点，对生活资料方面说，是尤其适合的）。这种过剩生产，等于是社会对于它自己的再生产所需各种物质资料的控制器。但在资本主义社会内，这种过剩是一个无政府的要素。而恩格斯也曾经告诉我们，资本主义生产方式废止后的生产剩余是：超出社会当前需要的生产余额不但不会引起贫困，而且将保证满足社会全体成员的需要，将引起新的需要，同时将创造出满足这种新需要的手段。这种生产余额将是进一步前进的条件和刺激，它会实现这种进步，同时也不会因此（像过去那样）而造成整个社会秩序的周期性混乱。事情正如马克思和恩格斯向我们教导的，这种由生产剩余的物资、由未分配的物资构成的国家财政后备，提供了应付天灾和其他意外事件的财政力量，提供了及时弥补缺口，防止再生产过程可能发生某些中断的财政力量，巩固了预算收支平衡，以及预算、信贷和物资间的平衡，有利于及时消除国民经济中可能发生的某些不协调现象。适度的财政后备力量，在保证国民经济有计划按比例地发展和保证社会主义扩大再生产的顺利实现中，起着极其重要的作用。它不仅不会阻滞国民经济的发展，相反，还可以使国民经济有节奏地、协调地前进，加快前进的步伐。

财政后备力量的几种形式

在社会主义国家里，财政后备力量十分重要。同时，组织财政后备力量还要采取各种不同的形式，如国家预算拨付的储备资金、国家预算的结余资金、国家预算的预备费、国家预算的周转金。采取这些不同的形式，在于更好地适应各种不同情况下的后备需要。从而，既有主导和辅助，又互相补充互相联系，在不同方面和不同程度上起着各自的作用，组织起完整的后备防线。

现在，就简单谈谈财政后备的不同形式：

其一，国家预算拨付的储备资金。在我们社会主义国家每年安排国家预算的时候，都要拨出一定的资金，用于建立国家的物资储备。周恩来总理在党的第八次代表大会上《关于发展国民经济的第二个五年计划的建议的报告》中指出：“像我们这样一个经济落后人口众多的国家，在相当长的时期内，各种物资的缺乏是经常的现象，而物资的多余是暂时的现象。这就需要我们更加注意增加后备力量，建立物资储备制度，由国家储备必要的物资，特别是比较缺乏的重要物资。”① 正说明了国家物资储备的必要性。

国家预算拨付的储备资金，不同于别的财政后备形式。从它所代表的物资说，作为较长时期的物资储备，要和周转性的物资储备有所区别；从所起的财政后备作用说，它只能在发生重大情况时才能动用，不能在通常情况下用来平衡预算收支。它的动用，必须有严格的程序和集中的批准权。否则，资金随拨付随收回，物资随储存随动用，到了真正发生重大情况的时候，就缺乏应付的力量了。国家的物资储备资金，当积累起一定数量的时候，是国家最主要的、具有决定意义的后备力量。但是，它的作用仍有一定的范围和一定的方面。我们不能以为有了储备资金这种后备形式，就可以取

---

① 《中国共产党第八次全国代表大会文献》，人民出版社1957年版，第120、121页。

消和代替其他的后备形式。

其二，国家预算的结余资金。在我们社会主义国家里，由于国家预算执行中，采取了增加生产、提高企业赢利水平和各种积极组织收入的措施，预算收入有可能超额完成：各地方和各部门精打细算、兢兢业业、注意节约，预算支出也可能有所剩余；再加上预备费未必全部动用。因此，除了发生灾害和意外，会有一定数额的预算结余。这也是国家财政的一项后备力量。

但是，国家预算的结余资金，并非全部都属于财政后备性质。因为，预算结余存放在国家银行里，业已由银行作为信贷资金来运用。银行的信贷资金，有一部分用于工业生产增长和商业流通扩大对银行信贷资金增长的正常需要，如果除了其余的信贷来源之外，预算结余中也有一部分用在这一方面的需要，那便在实际上已经被安排使用，失去了后备的性质，不能再动用了。如果再动用，实际上是动用正常周转所必需的流动资金，有可能带来生产下降和流通缩小的不利影响。银行的信贷资金，还有一部分用于建立粮食、商业和物资供应的后备，代表这一部分物资的预算结余，则是真正的后备。尽管商业、粮食、物资供应部门的周转储备和后备所需的资金，通常都被叫做流动资金，尽管银行的信贷资金，通常未就用于流动资金和用于后备资金作出区分；但是，预算结余资金之被占用，却确实有这两种不同的情况。它并非全部都是后备，但又并非全部都不是后备，只有作区分、画界线，才能作出正确的判断。

关于预算结余的处理，曾经有一种设想是，预算结余除了保证工商企业正常周转对信贷资金增长需要的部分，保证银行由此而形成的信贷差额得到弥补以外，其余的部分则可以列入下年预算加以使用。其理由则是，这样能加强预算结余处理的计划性，并且充分运用资金，加速建设事业的发展。但是，预算结余用于弥补工商企业正常周转扩大而需要增长的信贷资金的部分，实际是把结余用于补充流动资金；而超过的部分，又正是已经形成的后备力量。如果动用，实际上是动用了积累起来的后备；并且是以把上年结余中属于后备性质的部分列入本年预算的方法，取消了预算结余这种后备。更重要的是，国家预算的编制，一般都是收支平衡的，预算有结余，特别是结余较多，往往是由于工业生产超过计划和秋后农业有了丰收。这时，第二年的预算收入也比较充裕，再动用结余所形成的后备，这便是补丰而不是补歉。应该指出，国家预算拨付的储备资金只有在发生重大突然事变时才能动用，国家预算的预备费只是当年后备的性质，国家预算的周转金只用于周转调度的需要。因此，对于财政安排上瞻前顾后以丰补歉，主要是通过预算结余所形成的一部分财政后备来调节。而预算结余所形成的财政后备又由银行放贷给工商企业，变成了物资库存，动用结余总不免要减少物资库存，因此，动用预算结余必须慎重。

预算结余中有中央预算结余和地方预算结余的区分。地方预算结余如何处理，涉及预算管理体制，涉及如何鼓励地方增加收入、节约支出的积极性等问题。不同的做法各有利弊得失，需要根据各个时期的具体情况来判断利多还是弊多，不能够拘泥执一。不过，地方也应该建立自己的后备，以保证本地区的建设事业有计划地发展。地方预算结余如果归地方支配，也应该用于增加地方的物资后备，用于增加地方预算的周转金或者增拨地方企业的流动资金。由于预算结余资金大都是弥补银行信贷资金差额的，如果地方动用上年结余来进行各项建设或者事业开支，那么还需要考虑是否会由此而挤了一部分生产和流通必需的信贷资金，由此而造成缺口，必须由中央预算另外拨一笔钱才能保证银行信贷资金增长的需要。如果是这样，那实际上无非是中央预算拨一笔与此相等的资金，归地方自己支配。而中央预算不作这样的安排，则会削弱财政后备力量，乃至影响预算和信贷间的统一平衡。这种做法的利弊，可以在研究地方预算管理问题时另作探讨，而资金运转中的曲折和最终归结，却不可不察。

其三，国家预算的预备费。我们每年编制国家预算，总要留一定数额的预备费。这是国家财政的当年后备。由于预算是事前安排的，在执行过程中，往往会发生一些必不可少的新的支出需要；而且，旧的事业的支出安排，也不可能把各项支出需要都计算得丝毫不差，事后不再追加。因此，在当年预算中留一笔未作分配的资金，准备用于各种临时的追加支出，是必需的。

国家预算的预备费，有国家的总预备费和省、市、自治区的地方预备费。国家预算的总预备费是由中央掌握，用来弥补当年国家总预算的临时支出需要；地方预算的预备费则是由地方掌握，用来保证它们本身预算收支的平衡。预备费是预备用于各种支出的追加，但是不能以为有此可恃，便无所恐，任意追加。因此，必须有所控制，追加要按规定的程序，核批要有手续，既实事求是地保证必不可少的追加，又保证国家计划和国家预算不被打乱。否则，任意对所属单位乱出题目、乱派任务，不考虑资金来源和物资供应，纵有预备费，预备费甚至很多，也不足以应付层出不穷的新的需要。至于在各级预备费的处理上，地方预算有追加支出的需要，必须先使用自己的预备费，再有不足，才能向中央申请追加，动用总预备费。从而，为总预备费的动用组织起防线，使总预备费能够用于最必需的新的支出，巩固预算收支平衡。

国家预算的预备费之作为财政后备力量，在于为预算执行防备意外。因此，如果预备费中有一部分在事先本已作了安排，只是暂时列在预备费这一科目之中，那么，这部分资金事实上不是预备费，不能起后备作用。所以，在编制各级预算时，必须反对把一些本来可以考虑到的必需支出不作安排，而是准备在事后申请追加的想法和做法。这种造成既成事实、强迫追加的做法会削弱国家后备，使国家遭受损失，不是顾大局、识整体的做法。

国家预算的预备费，在年度内一般都要动用，因此，它只是在年度以内，起着弥补必需的追加预算支出需要，巩固预算收支平衡的作用。如果到了年末还有剩余，它又已转化成为预算结余，成为财政后备的另一种形式，在另一个方面起作用了。

其四，国家预算的周转金。这是国家财政在国家银行里专门储存、用于周转调度的资金。由于国家预算收入和支出在年度里、在总额上平衡了，而收入和支出的时间却不可能紧密衔接。从一个年度看，国家预算收入有淡季旺季的差别，在农业还对财政收入有重大影响的情况下，淡旺季节的差别还相当显著。一般说，下半年度的收入要多于上半年度。然而，国家预算支出的拨付却不可能完全与收入的淡旺相适应。经常性维持费的拨付比较均衡，它不随收入季节的淡旺而有增减。基本建设投资、事业费的拨付，也不一定能够随收入季节的淡旺，而有较大的增减，年度基本建设投资总额确定以后，建设用款就要陆续拨付，季度间有些高低，但不能都集中到收入旺季再拨。从季度、月份看，也可能出现收入是季末多、月末多，而支出则比较均衡的情况。正因为这样，我们在组织国家预算收支的时候，既必须重视国家预算执行中季度、月份的收支平衡，以月供季，以季保年，同时又必须有适当的调剂，不能机械地扣住季、月的收支平衡。这时，国家预算的周转金，就是周转调剂的后备力量。它在收少支多的时候支用出去，又在收多支少的时候归流回来。它随时被占用，但最后并不短少。在调剂收支时间不衔接时，发挥它作为财政后备力量的作用。

国家预算的周转金只能用于周转调度的需要，不能直接用于各种新的支出。从能否动用的意义上看，它不能算做财政后备。但是，如果没有周转调度的资金，在收少支多的日子里，就将使财政调度发生困难，就不能保证各项计划的执行，或者将别的形式的财政后备挪用于周转，甚或会影响收支的平衡。可见，周转金虽然不能被直接分配使用，却是其余的后备形式的缓冲，是国家后备不致被挪用而形同虚设的保证。因此，它实际是一种特殊的缓冲后备。研讨财政后备力量问题时，是不能把它置于视野之外的。

财政后备有不同的形式，在不同方面起着作用。同时，它们彼此间又互为补充，互相联系。任何一种后备形式的削弱，都会冲击到别的后备形式；而任何一种后备形式的加强，又足以成为支援和加强别的后备形式的力量。这是因为，财政后备毕竟是一个整体，采取不同的形式，在于便利管理、合理运用。它们既有各自不同的作用，又互相配合联系，是财政后备整体中不可分割的部分。

财政后备的数量界限和建立方法

我们要把国家的财政资金充分而且及时地用于生产建设，是为了迅速发展国民经济。我们要从国家财政资金中抽出一部分，留充后备，又正是为了解决某些事前预料不到的开支，使国民经济能有计划有节奏地前进，能够始终迅速发展。两者是统一的。但是，由于国家的财政资金有一定的数量。如果建设资金安排过多，使后备过少甚至没有，固然将会使我们像没有后方的军队一样，在发生意外时陷于被动，而不适当地保留过多的财政后备，也势必减少用于生产建设的资金，阻滞建设事业的发展。所以，重要的事情，是发展建设事业必须根据实际的可能，财政后备的积累要有正确的数量界限。而且，积累财政后备，既要有长远的目标，也要有各年的具体安排。由于各年的年景不同，生产发展速度不同，财政资金收入多寡不同，就要根据当年的具体情况来作具体安排。我们在年景丰稔、财政收入多的岁月里，固然可以多安排一些支出，也有必要多留一些后备。然后，在年景平常的岁月里就可以少留一些，在遇到各种自然灾害的岁月里也可资应付。在这里，瞻前顾后的战略思想是重要的。我们将在经验不断积累的过程中，更好地把握它的规律，分析当年具体情况来作具体运用，不断改进调度的艺术，而不拘执于某个固定不变的数额和比例。当然，这又是对年度里留的后备总额说的，具体到各种后备形式，那么，国家预算的预备费和周转金，又大体可以根据经验，分析情况，计算出必需的数额。

在国家财政后备力量的数量界限上，值得注意的是，国营保险企业的存废，对于后备数额的多寡有一定的影响。如果存在国营保险企业，那么，某些灾害的预防措施，某些范围较小的自然灾害如失火、牲畜病疫、运输事故、地震等所造成的损失赔偿，都是国营保险企业从它所收入的保险费里来支付的。因此，它就成为国家财政后备的缓冲力量。保险企业已经支付了赔偿受损财产的资金，用不到再由预算来弥补。同时，国营保险企业所形成的保险基金，又成为国家财政后备的另一种形式。如果不存在国营保险企业，那么，就不再有原来以保险费形式集中起来的基金；原来由保险赔偿金所弥补的支出，也有不少要由国家预算来承担，国家财政后备力量的数量，就要求相应地增大一些。否则，扣除了这些开支，便实际上减少了预想的后备数额。在这里，对于由国营保险企业的存废所引起的财政后备力量的数量要稍小一些或者稍大一些，不能不加审查。

除了合理安排后备的数量界限之外，还必须采取正确的建立后备的方法。我们要迅速发展我国的国民经济，从根本上改变一穷二白的面貌，就必须以足够的资金支援生产建设事业的发展。以所需兴办的事业和所能积累的资金相比较，资金在比较长的时期内都不会很富裕。我们不能因为需要后备而连必须办、亟待办的建设业也不积极去办。因此，除了每年在编制国家预算时，要分配一定的储备资金和保留一定的预备费之外，做到既积累后备又满足当前生产建设发展资金需要的最根本、最主要的途径，是厉行节约，力争花钱要少、办事要好。要勤俭建国、勤俭持家、勤俭办一切事业，穷家穷过，不摆阔绰。本来要花十个钱才能办的事，要想方设法，精打细算，花九个钱、八个钱把它办好，把一个钱、两个钱积累起来。这样，就既不影响建设事业的发展，又积累了必要的后备。由于预算结余是增产节约，花钱少、办事好，节省下资金的最终表现，因此，预算结余的积累，不能不在我国积累财政后备力量的过程中，有重要意义。

储存，总是以备需用的。国家的财政后备和由这一资金所形成的物资后备，在平时为巩固货币流通，巩固预算、信贷、物资的平衡和三者之间的统一平衡，为促进国民经济有计划按比例地发展，都起了一定的作用，而在自然灾害给我们带来严重困难的时刻，它更显示出了"有备无患"的好处。我国在克服连续三年的严重自然灾害的过程中，过去积攒的后备起了它所应起的作用。现在情况，一年比一年好。我们应当遵循党的八届十中全会公报所昭示的："全国城乡人民必须注意勤俭建国，勤俭持家；注意节约，注意保留一定的储备，以便逐步富裕起米，并且为天灾或者其他意外事故的需要而有所准备。"继续兢兢业业、克勤克俭，节省每一分资金，聚沙成塔，集腋成裘，是一刻也不能放松的。

（原载《财政》1963 年第 1—2 期）

试论信用膨胀

近来，人们对于全国经济形势很好，同时又潜伏着危险，有了比较深刻的认识。人们正着力于改变长期以来基建投资超过国力负担可能的不正常情况，平衡财政收支，消灭财政赤字。但是，财政赤字和信用膨胀，是引起通货增发的两个口子。在堵住财政赤字那个口子的同时，堵住信用膨胀这个口子，才能较快地制止通货膨胀。如果财政紧缩了，而信用并未紧缩，力量抵消，就会延缓稳定通货物价、稳定经济的过程。

正因为这样，在探索财政赤字问题的同时，还有必要对信用膨胀问题，作一些探索。

一　从财政紧张而银行宽松说起

通货膨胀，通常是由财政赤字引起的。财政有赤字，便要动用历年的结余；结余用完，金库里没有钱，则要向代理金库业务的银行透支。本来历年的财政结余，已经由银行当作信贷基金来使用，贷放给工商企业，成为生产和流通中的流动资金，动用结余要抽回这部分贷款；如果无法抽回，便要增发票子。财政向银行透支，银行要有相应的资金来源，否则也要压缩生产和流通中的流动资金，以至增发票子。

但在 1958 年时，曾经出现过假象。那时候，银行搞大存大放，无条件地供应资金，支持工商企业"大干快上"，即所谓"见生产就促，见计划就上"，"生产什么，收购什么"，"收购多少（商品），供应多少（资金）"，对残次无用的东西也当作商品，由银行贷款商业部门购进，甚至"指山买树""指塘买鱼""划地买矿"，即对还没有生产出来的商品也贷放了收购资金。这样工商企业上交的税收和利润中，有部分是虚假的。财政上搞大收大支，把这部分虚假的收入安排使用，成为实在的支出。从财政看，1958 年账面结余 33 亿元，1959 年账面结余 25 亿元，1960 年账面有赤字动用结余也仅 19 亿元，似乎日子并不紧张；而银行则因为贷款有呆账，信贷资金逐渐周转不灵，同 1957 年的工商企业贷款相比较，1958 年增加 158 亿元，1959 年增加 369 亿元，1960 年增加 522 亿元，三年里增加了两倍多，信贷收支出现很大差额，被迫增发票子，感到日子难过，资金紧张。所以当时说里面有"鬼"，要捉"鬼"。到以后核销国营企业的物资盘亏，银行的贷款呆账，商业部门的赊销预付呆账，总额达到 300 多亿元，这才真相大白。剔除收入的虚假因素，实际有不小的财政赤字。

这两年的情况则与此相反，财政上支大于收，赤字不小，日子很紧。但财政分配出去的资金，有相当数额没有花掉，只能存入银行。这包括扩大自主权后归企业支配的各种专项基金存款、地方预算外存款、基本建设单位和机关、团体、部队的存款，其数额在 1979 年较上年增加 67 亿元。另外，通过国民收入初次分配，城乡居民收入增长，储蓄存款也较上年增加 97 亿元。这些钱，财政特别是中央财政已经无权支配，存款虽多而中央财政的日子仍很紧张。但从银行来说，存款多，信贷资金的来源似乎也多了，银行的日子似乎很宽松。财政赤字虽然相当大，货币发行却没有预想那么多，似乎出现新的规律，可以使人乐观，引申出"赤字无害论"。

实际上，银行显得宽松，票子增发不多，这不过是由财政赤字向通货膨胀演化过程中的暂时假象。因为地方、部门、企业在银行存款的增加，因素固然很多，有钱买不到东西，自有资金花不出去，想办的事情没有办成，是一个主要原因；城乡居民储蓄的增加，固然和收入的增加、节俭的传统相关，也和买不到东西，储币待购相关。所以把公私存款的增加，说成是对财政赤字的"缓冲"，才是确切的。正因为这只不过是缓冲，它自始至终是对市场的压力，一有机会，随时会花掉。那时银行信贷资金的来源没有了，银行不会再感到宽松，而财政透支尚未归还，于是企业和居民的提存，便会转化为增发票子。缓冲只不过起延缓作用，最终冲击仍要到来。正因为这样，个别年度的财政赤字和连续出现的财政赤字大不一样。个别年度出现财政赤字，第二年扭转了，缓冲能真正起到缓冲的作用。连续出现赤字，对于信贷资金和货币流通的压力，将不是数学的等量增加，而是几何的倍量增加，我国 1980 年的财政赤字小于 1979 年，而增发的货币是大于 1979 年，便是这个缘故。如果财政赤字持续下去，这一趋势将更加明显。

归根到底，出现财政宽松而银行紧张，或者财政紧张而银行宽松，都不过是假象。这是以信用为中介，信用制度在起着作用，模糊了人们的观感。其实在我们社会主义国家里，财政银行紧密相连。陈云同志指出的财政信贷必须统一平衡，"只要财政收支和信贷是平衡的，社会购买力和物资供应之间，就全部来说也是平衡的"，这是非常正确的。

二 信用膨胀是怎样产生的

有的同志不承认社会主义经济中会有信用膨胀，其理由是我国不存在证券交易和证券抵押贷款，贷款必须有物资保证，而且是先有存款才能贷款，这不会产生虚拟存贷，也就不会有信用膨胀。还有的同志只承认财政赤字派生的信用膨胀，认为基建挤财政，财政挤银行，银行靠发票子，确实造成了资金运动和物资运动的脱节，但不承认银行本身信用活动中会产生信用膨胀。如果事情确是那样，当前调整国民经济必须达到的三大平衡，即财政、信贷、物资平衡，其中的第二条岂非是第一条的重复了么？

从我国多年的实践看，在社会主义的信用活动中，同样可以创造出虚拟的信贷资金来源，再贷放出去，存款和贷款都相应虚增，从而形成信用膨胀。从信用膨胀和财政赤字的关系来说，持续的、长期存在的财政赤字，还是由信用膨胀派生的。1958 年那段不再说了，从"文化大革命"以来，也仍然是在生产和流通领域中，存在着大量的超储积压以至报废物资，隐藏的损失十分严重，这些产品从生产单位说税收和利润都已"实现"，上缴财政后形成了虚假的财政收入，其资金来自银行，这是信用膨胀的主要方面。经过 1972 年清产核资以后，这些年来仅国营工业企业物资盘亏和损失，要求核销的就近 60 亿元，已经超过 1973 年到 1978 年的累计财政结余，1979 年年末全国 16 种主要原材料和机电产品库存达到 863 亿元，1980 年处理了一些，但又增加了新的积压。据推算，在 600 多亿元机电产品库存中有 30% 多，在近 60 亿元农机库存中大约有 40%，都是超储积压的。在商业外贸 1000 多亿元的库存中，也有一些不合格、不对路的产品。这些物资盘亏和超储积压，占用的都是银行信贷资金，是由信用膨胀派生的财政虚收实支。由此造成的损失究竟有多大，还有待于核实。至于由财政赤字派生信用膨胀，从这两年发生的情况看，财政有赤字向银行透支，财政资金拨到用款单位又存入银行，就成了虚拟的信贷资金来源。在 1979 年这类归企业、机关、团体、部队支配的存款，就较上年增加 67 亿元。如果银行把此类存款再贷放出去，便会形成"虚存实放"了。

信用膨胀也可以脱离财政赤字而独立存在。银行在没有财政性资金来源的情况下，用信贷资金发放了财政性贷款，不管这是领导单位乱批条子而被迫发放，还是银行主动发放，其性质都属于信用膨胀。银行贷放出去的资金尚未使用，转化成存款，成了银行的信贷资金来源，又可以再贷放。货币发行量增加以后，回笼货币的储蓄存款，又可以成为银行信贷资金来源。甚至企业的经济活动，如实物收据可以向银行办理托收承付时，托收无承付的收款时，有赊销预付时，此类商业信用本来是银行信用的延伸，如果商业信用并无相应的物资保证，也可以引起信用膨胀。总之在经济活动中，由于种种错综复杂的经济关系，会使得银行各种存款余额中，有不少属于派生性存款，特别是在有钱无物，钱花不掉情况下增加的存款，往往会被人们误解为信贷资金来源充裕，可以多发放贷款，从而推波助澜，加剧信用膨胀，加剧资金运动和物资运动的脱节，扩大了支付手段和商品物资供给间的差距。信用膨胀是隐蔽的，容易被人们忽略，甚至造成有害的错觉，这就更加值得警惕。

对于信贷收支基本平衡，有着如何正确理解的问题。银行信贷的资金来源和资金运用间的联系是：自有资金 + 存款 + 发行 = 贷款。银行发放的任何一笔贷款都可以立刻转化为相等数量的存款，所以这个等式在任何情况下都可以相等，即在信贷适度和信用膨胀情况下，信贷资金的来源和运用之间都同样保持着相等的对应关系。正因为信贷资金运动有这样的特点，组织信贷收支基本平衡，就不能简单地理解为信贷资金的来源和运用之间的平衡，而要着眼于控制信用膨胀。

在这里，还有必要把随着经济发展而扩大的正常的信用活动，同"虚拟存贷"的信用膨胀作出区分。马克思说过：生产过程的发展促使信用扩大，而信用又引起工商业活动的增长。在社会主义经济中，需要通过信用广泛动员和集中社会的闲散资金和间歇资金，来为生产的发展和流通的活跃服务。如果因为要制止信用膨胀，连正常的信用扩大也横加否定，是不妥当的。区分信用扩大和信用膨胀，从理论上说界限是清楚的，即前者有物资保证，而后者属于"虚拟存贷"，是通过信用创造的、和物资脱节的支付手段。但在实际生活中两者并无不可逾越的鸿沟，往往容易引起争论。当然争论也无碍大局，从当前来说，只要坚持财政性贷款一定要有财政性的资金来源，贷款一定要有物资保证，便可以基本上把信用膨胀控制住了。

关于前一时期信用膨胀的量到底有多大，有的同志通过国民收入增长的数量和信贷资金增长的数量，作了有益的考察。但其间因素复杂，各种变量很多，作为观察趋势很有用，作为判断信用膨胀的数量界限则未必确切，有时还可能混淆了正常的信用扩大和信用膨胀。我以为，银行的转账资金多了，信贷资金运用总额超过国家物资可供量的差额，大体上反映了作为虚拟资金的信用膨胀数额；而作为事后的考察，某一时期信贷资金沉淀中超过正常沉淀的数额，大体上反映了这一时期信用膨胀的净额。银行在信用活动中，贷款呆账和资金沉淀总是会有的，但超过了正常的量，往往是信用膨胀的结果。以此判断信用膨胀的数量界限，可能比较接近实际。

三　积极组织信贷收支平衡

信用膨胀具有和财政赤字同样的危害性，而且由于其比较隐蔽而更加需要警惕和重视。所以，信贷收支基本平衡，和财政、物资基本平衡相并列，是当前实现调整任务的目标。

组织信贷收支基本平衡，有关方面已经采取了切实加强信贷管理，严格控制货币发行的一系列措施。而从理论上来考察这些措施，不外乎制止新的信用膨胀和消灭已经发生的信用膨胀两个方面。

加强信贷管理，是加强宏观经济计划调节和计划指导的重要方面。其目的是制止新的资金和物资脱节的虚拟资金，有利于生产和流通的正常发展。因此一定要把宏观调节和微观搞活有机地结合起来。当前是调整时期，在宏观经济的信息系统和调节机制尚不健全的情况下，充分利用信贷、结算和现金出纳等手段，既能比较灵敏地提供经济活动的信息，也能比较灵活地调节经济活动，从而可以有效地协同企业搞活生产、搞活市场，加速经济调整的进程。决不能把加强信贷管理，简单地片面地理解为抽紧银根、实行信用紧缩。我们要看到，把力不胜任的基建规模压缩下来是必要的，但这还只是节流；从根本上说，争取财政经济情况的好转还要着眼于开源，着眼于以现有企业为前进基地，挖掘增产潜力。这也就是说，一方面加强财政信贷管理，让货币流通量不再增加；另一方面又要充分发挥信贷作用，为增加消费品的生产作出贡献。当前商品需求结构有了新的变化，群众需要的高档商品十分紧俏，竞相争购的热门货供应不足，需求下降的冷门货却还在大量生产。社会的购买力和商品可供量间的差额带有结构性差额的特点，通货膨胀也带有结构性通货膨胀的特点。针对这一情况，银行充分运用自身比较灵敏的信息系统，协助部门和企业做好市场预测预报，并且发挥银行的资金力量，合理运用银行的各种贷款，促进消费品的增产，促进消费品产品结构的调整，有着极其重大的意义。

在加强信贷管理和发挥信贷杠杆作用中，对于流动资金实行全额信贷、基本建设投资改为贷款、银行发放中短期贷款，是否破坏了财政资金和信贷资金分口管理的界限，是否必然会导致信用膨胀，是需要探讨的问题。对此，有的同志指出无偿与有偿两个渠道，必须划清界限，分口管理；同时又要允许两种渠道有必要的交叉，作了极其精到的分析。[①] 财政性资金和信贷性资金之所以要划清界限，严格区分，从货币流通理论来说前者属于支付手段，而后者属于流通手段。财政性支出用于基本建设是投资性支付手段，用于行政和文教卫生等事业是消费性支付手段，它们都是支出去便不能再流回来，或者要等基建完成交付生产再从财政收入的渠道流回来；而信贷性支出则是周而复始地以货币资金、生产资金、商品资金三种形式，在生产和流通领域中不断地循环周转。如果把信贷资金用于财政性支出，便是把流通手段改作了支付手段，会引起资金运动和物资运动脱节的虚拟资金，导致信用膨胀。那种让银行分担财政困难的主张，混淆了财政性支出和信贷性支出的界限，以信用膨胀来掩盖和代替财政赤字，是有害的。

但我们也应当看到，在确保财政性资金来源的前提下，在管理方式上从财政的无偿拨款改变为银行的有偿借贷，对于加强企业的

---

① 参见李成瑞《财政、信贷平衡与国民经济的综合平衡》，《经济研究》1981 年第 3 期。

经济责任和加强信贷制约有其好处。信用的特点是比较灵活，信用所体现的银行和企业的关系是有借有还的经济契约关系，它不同于财政拨款所体现的上级对下级的行政指令关系。充分运用信用，对于搞活微观经济有很大作用。从这个意义讲，多发挥银行作用是大势所趋，允许在资金运用的管理方式上有必要交叉是人心所向。但也要注意到，信贷制约要有相应的条件；只有在企业成为独立核算、自负盈亏的经济实体时，才能充分显露出经济关系和经济制约的效益，而这需要各方面的制度作相应的改革。如果仅限于把无偿拨款改为有偿借贷，未必能达到预期的目的。1958 年时曾经实行流动资金的全额信贷，由于其他方面制度并未相应改革，效益并不好。相反它和存贷合一、大存大放等措施相互促进，还助长了信用膨胀。在这里，丝毫无意反对改革，而只是指出对改革条件的创造、改革时机的选择、改革步骤的确定，都要吸取历史的教训，慎重而又慎重，以利于制止新的信用膨胀。

为了消灭已经发生的信用膨胀，需要核实清理因信用膨胀而发生的损失，消除虚拟资金，消除过去财政收支平衡和信贷收支平衡中的虚假因素，实事求是，有多大损失就核销多大损失，以利于弄清面临困难的程度，弄清确有多大的家底。这对于指导今后组织财政、信贷的统一平衡，会有很大好处。而从当前组织信贷收支平衡，制止通货膨胀来说，则要把重点放在清理超储积压上。超储积压，是不合理使用信贷资金的主要方面，是信贷资金的潜力所在；是人为的，经过努力可以清理压缩下来。有人认为清产核资、清仓利库搞了多年，超储积压不是减少而是增加，对此信心不足。这是没有看到过去清仓利库效果差，在于用行政手段清理，着眼于给企业卸包袱，没有从指导思想、体制和计划方法上找根源，以致卸了旧包袱又添新包袱，超储积压成了老大难。今后摆脱了高指标，随着体制改革和实行计划指导下的市场调节，再辅以对积压滞销商品的改制利用给予经济扶持，对清理积压发生的削价损失和由此涉及的经济利益作出妥善处理，超储积压可以逐步减少，大量银行信贷资金被搁死的状况可以改变。对生产企业、物资部门、商业、供销、外贸部门的超储积压物资积极处理，削价甩卖，使沉淀的资金恢复流通，回笼几十亿元货币是完全有可能的。

有的同志认为，清理超储积压，可以节省出一部分流动资金，用于弥补财政赤字。这种意见实质上仍是要银行来分担财政困难，是不可取的。当前由于经济结构不合理，产供销脱节，一方面商品供应很紧张，另一方面又存在着超储积压，这说明流动资金的构成确有问题。但从总量上看，社会购买力和商品可供量间的差额还相当大。所以清理超储积压的收入，不能拿去弥补财政赤字，而应当用于回笼货币，或者用于调整流动资金的构成。所谓通货膨胀，归根到底是就钱和物的对比关系而言的，是就群众手里有钱却买不到需要的商品而言的。随着经济结构的调整，流动资金构成的调整，适销对路的商品多了，即使货币流通量并未减少，通货膨胀现象仍可以得到缓解以至消灭。清理超储积压，要把着眼点放在从资金占用于不适销商品，向资金占用于适销对路商品的转化上，为制止通货膨胀做贡献。

总之，当前应当从财政信贷统一平衡的角度出发，对财政赤字和信用膨胀做全面考察。如果仅就财政收支论财政收支，就信贷存放论信贷存放，则容易导致认识上的片面性，被某些暂时的假象所迷惑，形成各行其是，抵消了正向的力量。消灭财政赤字，必须同时控制信用膨胀，互相配合，才能真正有效地控制货币投放，实现调整国民经济的任务，实现经济上的稳定和政治上的安定。

（原载《经贸经济》1981 年第 3 期）

社会主义制度能够有效地制止通货膨胀

1979 年、1980 年，我国发生了比较大的财政赤字。这使得我们在工农业生产增长、市场供应有很大改善的情况下，物价有所上涨，流通中货币量有所增加，通货膨胀再次发生。也就是说，在经济形势很好的同时又潜伏着危险。1980 年年底，中共中央发出了经济上进一步调整和政治上进一步安定的号召，采取了一系列积极措施，大力组织财政收支平衡和信贷收支平衡，努力制止通货膨胀，以实现物价的稳定和经济的稳定。对于我国为什么会发生通货膨胀？能不能有效地制止通货膨胀？人们还有着这样那样的疑虑。弄清这些问题是很有必要的。

用通货膨胀刺激经济增长，使资本主义各国普遍患了通货膨胀和经济发展停滞并存的"滞胀"症

按照流行的凯恩斯学说，少量的财政赤字和温和的通货膨胀，对刺激生产发展是有利的，而带来的副作用则很有限。此种说法有无道理，要从长期施行凯恩斯学说的西方国家的实践来检验。

纵观当今世界，通货膨胀确实是席卷西方各国的普遍现象，财政赤字确实是很平常的事情。美国从第二次世界大战后的 1946 年到 1980 年这 35 个预算年度中，有 27 个预算年度预算有赤字，只有 8 个预算年度预算有盈余。预算赤字累计净额高达 4117 亿美元。英国从 1951 年到 1978 年这 28 年间，只有 1962 年、1969 年、1970 年 3 年预算有盈余，其余 25 年预算有赤字。预算赤字累计净额高

达 400 亿英镑。日本从 1951 年到 1976 年这 26 年间，只有 5 年预算有盈余，其余 21 年预算都有赤字。预算赤字累计净额高达 665 亿美元。几乎所有的资本主义国家莫不有相当的财政赤字，从而也普遍存在着通货膨胀。

但是，三十多年来西方世界推行财政赤字、通货膨胀政策的实践，却经历了两个不同的发展阶段。

本来凯恩斯学说是在资本主义经济危机和失业恐慌频繁发生时期提出来的。他承认"有效需求"不足是资本主义的顽症，提出由国家干预经济生活，让国家扩大财政开支乃至负起直接投资的责任，以刺激"有效需求"，增加就业。凯恩斯学说并没有、也不可能从根本上解决资本主义生产过剩而需求不足的困境，只不过是一剂续命汤，用他给肖伯纳的信里的话说，"乃是避免现行经济形态整个毁灭的唯一途径"。凯恩斯学说先是在美国总统罗斯福的新政和法西斯德国得到采行的，到第二次世界大战后则风靡一时，普遍把它当作对抗经济危机和刺激经济增长的良策。这一政策在初期还颇见效，低的通货膨胀率和高的经济增长速度曾经并存过近二十年。特别在肯尼迪和约翰逊当政时期，财政赤字和通货膨胀似乎可以创造奇迹，资本主义经济似乎可以长葆其繁荣昌盛了。那时期汉森曾夸口："凯恩斯主义的财政政策，并非是只能'医治'危机的片面的膨胀性政策，它乃是一个足以'熨平'资本主义经济波动和彻底'消灭'危机，'铲除商业循环'的全面方案。"① 所谓通货膨胀可以刺激经济增长，便是那个令人陶醉的"蜜月时期"的流行说法。

但曾几何时，"温和的"通货膨胀终于演变成了"剧烈的"通货膨胀。到 20 世纪 70 年代，特别是 1974—1975 年资本主义世界爆发战后最深刻和最严重的经济危机以来，却出现了高的通货膨胀

---

① 汉森：《财政政策和商业循环》，转引自厦门大学经济系财政金融教研室《资产阶级财政理论批判》，上海人民出版社 1978 年版，第 130 页。

率和低的经济增长速度并存的"滞胀"局面。美国在 1961—1970 年，货币的年平均增长速度只超过国内生产总值的 0.5%。1965— 1972 年，货币供应量（M2）每年增长 8.2%，消费物价上涨率却只有 4.3%。到了 1974—1978 年，国内生产总值年平均增长 2.3%，而货币发行量年平均增长 6.8%，消费品物价年平均上涨 7.3%，最近两年更出现了两位数的通货膨胀和物价上涨。其他资本主义国家也都是这样，流通中货币增长速度都远远超过国内生产总值增长速度，英国超过 21 倍，西德为 4.9 倍，法国为 3 倍，日本虽然竭力控制货币投放，也仍然达到 2.5 倍。而物价上涨更快，各主要资本主义国家 1971—1978 年消费品价格年平均上涨达到 8.1%，在 1979 年和 1980 年除日本和联邦德国外都出现了两位数的物价上涨。这引起了广大群众的严重不满，出现了重物轻币和盲目抢购，利率高昂，投资衰退，加剧了西方国家经济发展的不稳定性。至于在发展中国家里，由于他们的经济比较落后，财政基础更加脆弱而经常入不敷出，再加上他们还受主要资本主义国家转嫁石油提价和通货膨胀的影响，大多数国家的通货膨胀年率超过 20%，有的还达到 50%。这些国家的处境更加困难。

所以，如今人们已不再对通货膨胀唱颂歌了。如今人们是在惊呼，20 世纪 70 年代的通货膨胀和 30 年代的经济危机一样，都是摧毁繁荣和进步的"经济大地震"。

资产阶级经济学家甚至是极其著名的经济学家，对于这一演变往往困惑不解，把它说成是"印钞机现象"，说成是"惯性作用"，或者说是由于石油输出国保护权益提高石油价格的冲击，是由于工人为维护实际生活水平而争取提高工资的斗争所推动。但若用马克思主义来分析则很清楚，财政赤字和通货膨胀，并未消除资本主义经济所固有的矛盾，它所刺激起来的经济发展，相反还扩大了生产增长同广大群众消费不足的差距，在生产资料私人所有而生产又高度社会化的经济中，它归根到底是为爆发更严重的生产过剩危机准备条件，从而又不得不求助于更大的财政赤字和通货膨胀。资本主义经济正是在这样的循环往复中，患上了"滞胀"症的。

现在西方国家已经不是主动地实行财政赤字和通货膨胀政策，而是普遍地采取控制货币发行和提高利率等紧缩政策，把控制通货膨胀和控制物价上涨作为主要任务了。但是，从宏观经济说，他们处于经济发展相对停滞，高通货膨胀率、高物价上涨率、高失业率交织并存的情况下，彼此互相制约、互相牵制；而生产过剩危机又与经济结构危机互相交织、互相渗透，至于在财政上既要维持庞大的军备预算以争夺霸权，又要维持巨额的社会保险支出以缓和矛盾，紧缩预算的法螺吹得虽响，实际上回旋余地很小。所有这些都使得资本主义各国政府虽然一再宣称要制止通货膨胀，但由于不同利益集团对经济目标优先次序有不同的评价，对经济政策的效果有各种不同的估计，对于应该采取的措施和步骤有不同的认识，他们经常屈从于来自各方面的压力，而不得不采取各种自相矛盾的政策，无法坚持紧缩通货所必须具有的韧性。联合国国际经济和社会事务部在编写的《1979—1980 年世界经济调查报告》中，无可奈何地承认："不论是 1980 年经济发展速度放慢，或是 1981—1982年经济增长回升，都不会使发达的市场经济国家的通货膨胀的速度明显地慢下来。"

西方各国通货膨胀的持续发展，也正表明在那里流通中的纸币数量会不断超过再生产过程对纸币的需要量，会引起商品价格的不断上涨，导致货币不断贬值，并由此引起国民收入和社会财富的再分配，从而使工人农民以至所有消费者的利益普遍受到损害。萨缪尔逊说："物价的上涨通常总是与高度就业结合在一起，有控制的通货膨胀使企业的机器轮子总是上足了润滑油。"[1] 此类对通货膨胀的溢美之词是有阶级性的，从中获得好处的企业主固然会认为通货膨胀是好事，但对广大劳动群众却并不是好事，物价上涨使他们的实际生活水平下降，他们为了保持实际工资不断进行的斗争，成

---

[1] 萨缪尔逊：《经济学》，商务印书馆 1982 年版，第 272 页。

了"在跨过可以消失的河流上不停地搭桥"。如今西方各国政府已经宣称要和通货膨胀做斗争了，但想要真正制止通货膨胀，却由于种种矛盾，实际上是难以办到的。

通货膨胀不是我国社会主义经济制度所固有而是工作中的失误造成的

我国社会主义经济制度的优越性，使国家可以有计划地组织财政收支平衡，因财政赤字而形成需求性通货膨胀的客观必然性，是不再存在了。我们知道，资本主义国家之所以产生通货膨胀，是由于私有制和生产社会化的矛盾，由于资本对劳动的剥削形成广大劳动人民支付能力不足，陷入了生产发展而需求相对不足的困境，不得不实行财政赤字政策来刺激有效需求，利用通货膨胀来摆脱生产过剩困境。在我国，生产资料所有制和生产社会化是一致的，国民收入的分配和再分配是由国家有计划地安排和调节的，我们的制度从本质上说不会出现有支付能力需求的相对不足，不会出现生产过剩，不需要通过财政赤字扩大有效需求，完全可以有计划地实现总需求和总供给的平衡。我们国家财政分配的范围，也与资本主义国家的财政不同。资本主义国家实行财政赤字和通货膨胀政策，是为了干预和调节经济，现在我们国家财政直接参与了分配的总过程，国家已经直接组织了经济活动，无须通过通货膨胀来进行调节。所以在我国不存在产生财政赤字的客观必然性，完全可以有计划地组织财政收支平衡，通过增收节支来实现财政收支平衡。

历史证明，早在 1950 年年初，我国就在消灭财政赤字、制止通货膨胀方面创造了奇迹。旧中国遗留下的是长期恶性通货膨胀、物价一日数涨、民不聊生的破烂家底。在中华人民共和国成立初期，政府还腾不出手来制止财政赤字和平抑物价。从 1949 年到 1950 年，人民解放战争在全国范围取得了伟大胜利。随着解放区的扩大，接收的几百万国民党军政人员要养活，失业工人和城乡贫困群众要救济，人民政府的财政支出也随之大增，财政收入赶不上支出需要，不得不多发一些票子，投机势力趁机活动，从 1949 年 6 月到 1950 年 2 月发生了 4 次大的物价波动。1949 年物价上涨 19 倍，1950 年头三个月物价又比 1949 年年底上涨一倍。当时人民群众渴望政府能够制止通货膨胀，把物价稳定下来，帝国主义分子则猖狂预言新生的红色政权在军事上、政治上有办法，却克服不了经济和财政困难。当时，我国人民以不向帝国主义乞讨也能活下去，而且能够活得更好的大无畏精神，依靠人民民主专政的政权和社会主义经济，在 1950 年 3 月统一全国财政经济工作，大力整顿收入，坚决节约支出，使财政收支接近平衡，制止了通货膨胀，同时又对哄抬物价的投机势力进行了有力斗争，稳定了物价，赢得了全国人民的爱戴和拥护，为国民经济的恢复和发展提供了有利条件。

从 1950 年制止通货膨胀以后到第一个五年计划期间，我国继续执行了财政收支平衡、略有结余的方针。在抗美援朝使得财政支出有较大增长的情况下，还是通过增收节支，实现了边抗、边稳、边建；在开始第一个五年计划的经济建设时，既保证发展经济的资金需要，又尽力保持财政收支的平衡。尽管曾经出现过一些曲折，但都很快克服了。陈云同志提出的计划指标必须切合实际，建设规模必须同国力相适应，人民生活和国家建设必须兼顾，制订计划必须做好物资、财政、信贷平衡等观点，正是对这一时期实践经验的总结。这一时期经济发展比较快，经济效果比较好，市场繁荣，货币流通正常，保证了物价的稳定和人民生活的改善。事实证明，我国社会主义制度不存在产生财政赤字和需求性通货膨胀的客观必然性，这正是社会主义经济制度优于资本主义经济制度的表现。

遗憾的是，1958 年后在急于求成的思想影响下，夸大了主观能动性的作用，在"大跃进"和农村人民公社化运动中，出现了高指标、瞎指挥、浮夸风和"共产风"。基本建设规模搞得很大，战线拉得很长，基建支出占预算支出的比重达到 56%。财政收入表面上增长很快，其实当时盲目生产和盲目收购了许多残次无用的积压商品，企业是靠银行贷款来上交税金和利润的，是银行的信用膨胀派生了虚假的财政收入，财政上实际并没有做到平衡，而是存在着赤字。由此而引起货币大量投放，平均货币流通量与消费品销售额的比例，1957 年为 1∶9.5，1961 年下降了许多，消费品供应紧张，市场物价特别是集市贸易价格上升，城乡居民纷纷取出存款抢购商品。这一历史教训又告诉我们，社会主义经济制度的优越性的发挥在于人们的行动能够符合客观规律，否则，还是可能因工作中的失误引起财政赤字和需求性通货膨胀的。

　　最近两年我国发生的财政赤字和通货膨胀，总的说来也是工作中的问题造成的，而且问题的成因由来已久了。这可以从三个方面来分析。首先，急于求成，不量力而行，是造成财政赤字的思想根源。多年来在"左"的思想指导下，没有很好地从我国的基本国情和国力出发，基本建设战线长、摊子大。不得不用挤消费基金，挤农业投资，挤轻工业投资，挤城市公用事业和住宅建设，挤科学教育等各项事业的办法，来保持力不胜任的基本建设规模。粉碎"四人帮"后的头两年，还是急于求成，提出了一些过高的不切实际的口号和目标，把本来已经超过国力的基本建设规模搞得更大。党的十一届三中全会是纠正"左"的错误，一切从实际出发的根本转折，全会以后提出了调整、改革、整顿、提高的方针，明确调整是目前国民经济全局的关键，对急于求成的危害已经有了认识。但是长期形成的急于求成思想不可能一个早上便扭转过来，过去因急于求成造成的"欠账"又待归还，在提高城乡人民消费水平以后，基本建设总规模并没有马上退下来，这便不可避免地引起了财政赤字。

　　其次，财力分散，资金不能集中使用，是出现财政赤字的工作上的根源。这种财力分散问题，早在 1958 年时便出现过，"文化大革命"中实际上大量存在。当时强调"自筹"资金搞基建，本来只能安排一个工程项目的资金和物资，往往安排两个乃至三个工程项目，这种"留缺口"的做法，拉长了基建战线，反过来又助长了资金的分散和乱拉乱扯资金的不正常现象。预算外资金日益增多，资金渠道日益增多，分散使用，缺乏综合平衡，这早就成为需要研究解决的问题。这两年财政、财务体制的改革，扩大了地方、企业和事业单位的财权，增加了他们的机动财力，调动了他们的积极性，在把微观搞活方面是有成效的。但是，由此进一步分散了财力，预算外资金数额已经相当于预算资金的40%多，形成中央财政很紧张，而地方、企业、事业单位的钱却不少，不能集中力量打歼灭战，不能不增加制止财政赤字的困难。

再次，经济发展比例失调，综合生产能力低，投资经济效果差，财源增长慢，这是财政上回旋余地小的经济上的症结。第一个五年计划期间，每百元积累创造国民收入35元，而在"文化大革命"的十年中却只有8元，企业管理混乱，经济效益下降，不少企业由盈变亏。经济建设投入多、产出少，资金使用方向不当，而且建设不配套，形不成综合生产能力，特别是煤、油、电、运成了经济发展的"瓶颈"，限制了工矿企业生产能力的发挥。粉碎"四人帮"后情况虽然有所好转，但经济发展中的病态是长期形成的，不可能很快扭转过来，这不能不使财政收入的增加受到限制，难于应付各方面增加支出的需要。

以上分析表明，在我国出现财政赤字和需求性通货膨胀，是由于工作中的失误，但这种失误又是在较长的时期里形成的。如果简单化地只着眼于某年度的财政收支安排，便不易得出正确的结论。

我国优越的社会主义制度能够有效地制止需求性通货膨胀

对待通货膨胀，我们国家采取了和资本主义国家截然不同的态度。资本主义国家把通货膨胀当作司空见惯的事情，政府领导人尽管在竞选中对制止通货膨胀作了许诺，但往往难于兑现。而我国则把财政赤字和由此引起货币流通量的增多，作为潜伏的危险，把实现财政收支平衡、信贷收支平衡和稳定通货物价，作为调整国民经济的重要任务。

当前，在我国能不能有效地制止通货膨胀，成了各方瞩目的事情。对此我们有着充分的信心。因为我国之所以有可能制止通货膨胀，资本主义各国之所以无法制止通货膨胀，不能简单地从财政部门对财政收支的安排或者货币管理部门对货币流通量的控制管理来认识，而是有着深刻得多的根源。既然我国的通货膨胀不是社会主义制度所固有，而是工作中的失误所造成，那么当我国清算了经济工作中长期存在的"左"倾错误，树立了量力而行、循序渐进的经济建设的指导思想，就可以正本清源，通过一系列正确的政策措施贯彻执行经济调整工作，纠正过去的失误，摆脱急于求成的积弊。

在消灭财政赤字、制止通货膨胀方面，我国有成功的经验。1950 年统一全国财政经济工作，全党动员，举国一心，统一思想，顾全大局，迅速制止了旧社会遗留下来的恶性通货膨胀。1962 年，认真贯彻调整、巩固、充实、提高的方针，集中财权，增收节支，大力缩短基本建设战线，并且削减行政和事业经费，冻结清理各单位结存的专项资金，严格控制信贷和加强现金管理，并采取其他有效手段回笼货币。经过这些措施，1962 年便实现了财政收支平衡，不再增发通货。经验证明，加强国家的集中统一领导，对消灭赤字、实现财政收支平衡，有着决定性的意义。国务院在 1981 年年初发出的《关于平衡财政收支、严格财政管理的决定》中，便明确指出，"必须对财力的分配和使用采用集中统一的原则，严格财政管理和财经纪律"。

从当前的经济管理体制来说，财权和财力都比较分散，这就更需要加强宏观经济的计划指导，建立综合财政计划，搞好综合平衡。加强宏观经济的计划指导，不仅要管好预算内资金，而且要对预算外资金、信贷资金、企业基金和国外借款等，统筹兼顾，全面安排，引导分散的资金用于国家急需的生产建设，有效地避免盲目建设和重复建设。对于事关全局的重大问题，如基本建设总规模和投资方向，财政税收制度和重大财政措施等，必须强调集中统一管理，不能分散。同时要研究在体制改革中，如何把微观决策的灵活性和宏观调节的统一性更好地结合起来。可以相信，只要真正能够集中力量，形成拳头，那么我国经济中潜在的危险，是完全能够克服的。

消灭财政赤字，既要从近期措施入手，又要着眼于远期措施。当前所采取的压缩基建投资，压缩国防、行政和各项事业费，都属于节流、属于近期措施。而从长远来看，则还要立足于开源，立足于远期措施。当前财政上回旋余地小，归根到底是由经济发展状况决定的，是由创造的国民收入数量多少决定的。但我们也要看到，如今克服困难的物质基础，较之过去是强大得多了。全国 37 万个工业企业，拥有的固定资产按原价计算，1980 年较 1952 年增长 26 倍多，已经建立了独立的比较完整的工业体系和国民经济体系，这是极其可贵的家底。经过三十多年的建设，我国工业和其他部门已经有了相当基础的条件下，改变过去重基建、轻生产，重外延的扩大再生产、轻内涵的扩大再生产的状况，把重点放在挖掘现有企业的潜力上，降低消耗，提高质量，提高效率，把先进地区、先进企业的经营管理经验和技术经验，移植到各地，使目前地区之间、企业之间经济效果悬殊的状况有所改变。很明显，只要使各地每百元固定资产创造的税金和利润，能够达到上海的一半，或者每百元产值创造的税金和利润，能从当前的 26 元左右，恢复到第一个五年计划时期和 1965 年的 34 元的水平，或者把目前工业、交通、商业、物资等部门中的超储积压减少一半，不论做到哪一项，国家财政状况都会比现在好得多。当前正在狠抓的发展消费品生产，调整经济结构，调整产业结构，调整产品结构，不论对经济的合乎比例地发展，对增加市场商品供应，对增加国家财源，都有着重大意义。它将使我们从根本上摆脱被动，增强经济潜力，在经济发展基础上扩大财政的回旋余地。

总之，我国当前面临的财政赤字和通货膨胀，是可以克服的，当然克服困难也要有一个过程，不能一蹴而就。节流固然可以较快见效，而要在财政经济方面取得更大的回旋余地，还有待于整个国民经济的健康发展，还有待于经济结构、产业结构和产品结构的合理化。我们要为尽量缩短这个过程而努力。

（原载《经济研究》1981 年第 8 期）

试论财政、信贷、物资、外汇的综合平衡

在社会主义经济中，组织财政收支平衡，进而组织财政、信贷、物资、外汇的综合平衡，是国民经济综合平衡的重要方面。只有综合平衡了，才能使总需求和总供给相适应，促使国民经济持续稳定发展，实现对宏观经济活动的控制和调节。

组织财政收支平衡，关键在于正确处理需要与可能的矛盾

社会主义财政包括收和支两个方面，国家通过税收和企业上缴利润等渠道聚集财政资金，又通过行政、国防、科研、文教卫生事业以及经济建设等渠道分配财政资金。财政收入和支出是统一的，有收才有支，多收才能多支，财政收入是财政支出的基础；而合理安排财政支出，促进经济发展，又为财政收入的增长创造了条件。财政收支之间又有着矛盾，不论生产力发展达到什么水平，各个年度所能提供的财政收入总是有限的；而国家建设要发展，人民生活要提高，旧的需要满足后又会在新的基础上提出更高的需要，需要没有止境。有限的财政收入往往难以满足各方面对财政支出的要求，所以，组织财政收支平衡，关键在于正确处理需要和可能的矛盾。

我国从 1950 年到 1982 年，三十三年里发生财政赤字的有十四年，即 1950 年、1956 年、1958—1961 年、1967 年、1974—1976年、1979—1982 年。这十四年里发生财政赤字的情况和原因不尽相同。1950 年统一全国财经工作，大力整顿收入，坚决节约支出，

基本上结束了旧中国遗留下来的连续十二年恶性通货膨胀，支持了国民经济的恢复和发展，取得了显著成果，只是因为旧中国遗留下的财政困难不可能在短期内改变，当年财政收支仍未能平衡。十年动乱期间由于国民经济遭受破坏，财政收入下降，而发生财政赤字。至于 1956 年、1958 年发生财政赤字，则是在经济形势很好情况下，急于求成，基本建设规模过分膨胀。1956 年预算内基本建设拨款 139 亿元，比上年增加 51 亿元，增长 58%，而这一年财政收入比上年增加 15 亿元，只增长 5.7%；1958 年基本建设拨款比上年增加 128 亿元，翻了一番还多，而这一年财政收入比上年增加 77 亿元，只增长 24%，这就不能不发生财政赤字。1956 年问题发现早，纠正快；而 1958 年以后连续三年保持庞大的建设规模，引起国民经济比例关系的严重失调，财政赤字也持续了三年，不得不进行大规模的经济调整。1962 年把基本建设投资压到 55 亿元，比 1960 年减少近 5/6，才实现了财政收支平衡，使财政经济状况逐渐好转。所以，控制基本建设规模，量力而行，循序渐进，是实现财政收支平衡的重要条件。而且安排基本建设规模不仅要看到当年是否可能，还得考虑对以后年度的影响。1978 年基本建设投资较上年猛增 121 亿元，铺下了基本建设的大摊子，尽管当年财政收支平衡了，却种下了 1979 年以后连续多年财政赤字的根子。

正确处理需要和可能的矛盾，不仅限于基本建设，提高人民生活也同样要量力而行。1956 年调整职工工资，平均较上年增长 14%，职工较上年增加 515 万人，工资总额比上年增长达 37%，对农村贷款也增加近 20 亿元，不仅基本建设冒了，职工工资和农村投放也冒了，使得当年出现了财政赤字，货币投放增多，市场供应紧张。1979 年以后出台的重大经济措施比较多，如提高农副产品收购价格、减免税收、调整工资、恢复职工奖金、安排待业人员就业等。这些措施都是必要的，调动了农民和职工积极性，有利于政治的安定和经济的发展。但这些措施刺激经济见到效果要有个过程，而财政上则马上要拿出钱去，再加上农副产品加价、议价收购失去控制，职工奖金发放失去控制，以致农民、职工收入增长超过了国民收入增长，而财政收入则连年下降，加重了国家的财政困难。

以上这些表明，要实现财政收支平衡，最根本的一环在于量入为出，根据国家财力可能，正确对待各方面需要。如果只讲需要，不考虑财力可能，不仅在经济基础差、财力弱时，财政收支难以平衡，而且在经济形势很好，财政收入增长时，财政收支仍然难以平衡。

财政资金和信贷资金的统一平衡

要实现国民经济的综合平衡，不能就财政论财政，必须和银行信贷资金统一考虑，做到财政资金和信贷资金统一平衡。这是因为我国银行属于国有，货币发行权掌握在国家手中，所以银行信贷资金虽然是有偿分配，存款要提取，贷款要归还，并要计息，和无偿分配的财政资金有着区别，但银行信贷和财政一样是国家掌握的分配杠杆，通过信贷再分配的资金同样形成社会购买力。人们用"连裆裤"做比喻，正形象地画出了财政资金和信贷资金之间紧密的联系。

财政资金和信贷资金密不可分，表现在财政性存款（金库存款、基本建设存款和机关、团体、部队等存款）是信贷资金的主要来源，财政收入增加和支出节约，会增加财政性存款，财政支出增加而收入减少，则减少财政性存款，从而会引起信贷资金来源的变化，这在组织信贷资金运用时是必须加以考虑的。还表现在银行贷款的对象也是财政拨款的对象，财政少拨了流动资金，必然要求增加银行贷款以支持企业，财政收支平衡了而银行信贷收支有较大差额，仍然会引起货币发行的增加，影响供求平衡。正因为这样，财政资金必须和信贷资金统一平衡，使财政支出和信贷支出所分配的社会购买力，能够和财政收入信贷收入所集中的购买力相适应，从而使总需求和总供给相适应。

　　要实现财政资金和信贷资金的统一平衡，必须看到情况和条件的变化。前些年讲财政信贷统一平衡，一般指财政要支持信贷，信贷差额要由财政补足，便是在当时条件下总结出来的经验。因为要满足工商企业生产发展、流通扩大对流动资金的需要，银行发放的信用贷款必须逐年有所增加。而在统收统支财政体制下，国营企业所实现的社会纯收入，基本集中于财政，归企业自己掌握的暂时不用的自有资金为数很少；行政、事业单位在银行的存款是暂时周转性的，年终结余要上交或抵充拨款，并没有长期储存的自有基金；农民和职工的收入水平低，吃用之后，余款不多，在 1978 年以前储蓄年增长额不过 10 亿至 20 多亿元；而生产流通增长所需要的正常货币发行增长量为数也有限。这样，信贷资金来源往往不敷增加贷款发放的需要，这一差额如果财政不给弥补，就会引起货币发行增加或者商业库存减少。因此，信贷差额由财政补足，成为当时组织财政信贷统一平衡的重要内容。

　　但是，近些年来尤其是 1979 年以来，逐步突破了统收统支财政体制，陆续实行了企业基金、利润留成、财务包干等不同形式的经济责任制，使企业有了归自己支配的各种基金；学校、医院、机关、部队等实行了不同形式的预算包干办法，并有了自己的"小公家务"；预算外资金逐年增长，大体已相当于预算内资金的60%。大量预算外资金并非当年统统花完，必然有余额，从而扩大了银行信贷资金来源。再者，随着农民和职工货币收入迅速增长，既增加了流通中的货币需要量和货币沉淀量，又大量地增加了银行储蓄存款。这样，银行聚集资金的力量明显增大，每年信贷资金来源增长额达到 300 亿—400 亿元，再把财政必须支持信贷作为财政信贷统一平衡的主要内容，便不妥当。

　　在新的情况下，财政信贷仍必须统一平衡，但是条件变了，统一平衡的内容也必须随之变化，财政支持信贷理应转为信贷支持财政。第一，财政结余本来属于财政资金，过去为了支持银行弥补信贷差额而未动用，如今条件有了变化，应当允许动用。这些年事实上已把历年财政结余用光。第二，银行结益的性质类似国营企业利润，过去为了弥补信贷差额而大部分留给银行，如今银行信贷资金来源多了，对结益理应和国营企业利润一样由国家得大头。目前银行要交税收、能源交通建设基金，并按 62% 的比例上交财政，留给银行的为数已有限了。第三，财政不再给银行增拨信贷基金。第四，流动资金历来主要由银行管理，而定额、超定额资金的划分不利于企业全面关心资金运用，财政银行分担范围也不易划清，为了促使企业全面加强经济核算，流动资金已全部改由银行贷款，财政把基数转给银行，今后不再承担流动资金拨款。

以上这些措施，表明原来由财政支持银行的方面，随着条件变化可以由信贷资金来源扩大中得到解决，不再需要财政给予支持了。所谓信贷支持财政，需要进一步探讨的是，财政信贷统一平衡的新变化，是否包括财政收支不平衡时由信贷给以弥补，即财政向银行借款或透支，或者是一部分财政性拨款如固定资产投资等改由银行贷款。对此或言其可行，认为是银行支持财政的新发展，或言其有害，认为将破坏国民经济综合平衡。此事关系重大，必须认真对待。

第一，把财政向银行透支或借款在理论上解释为财政信贷统一平衡的新内容，我以为不可取。因为这意味着今后财政收支可以不平衡，可以搞赤字财政，势必冲击量力而行方针，助长只问需要不顾可能的倾向，破坏国民经济综合平衡。尽管 1979 年以来财政有赤字，今后一段时间里财政收支也还不可能完全平衡，还不得不向银行透支或借款，毕竟反映了财政困难，决非长久之策。从长远看，必须努力通过提高经济效益，增加收入，争取财政经济状况的根本好转，实现财政收支平衡。所以信贷资金来源扩大了，财政信贷统一平衡有了新的内容，仍不应当把财政赤字所引起的透支或借款包括在内。

这几年因财政赤字而向银行透支或借款，正是货币发行增加的基本原因，它反映了"基建挤财政、财政挤银行、银行发票子"的客观联系，也正反映了财政信贷并未统一平衡，反映了国民收入分配总量超过了创造总量。所以即使是不得已而为之，也应当有计划地规定透支或借款的数额，严格控制。不宜敞开口子，失去制约，以致在执行中又扩大财政预算差额。

第二，把财政上固定资产的投资拨款改为由银行发放贷款，是经济改革的一项重要内容，其出发点是变资金的无偿拨款为有偿使用，这可以促使企业关心可行性分析，减少盲目上项目争投资，关心投资效果，这一改革是必要的。但这是资金管理方式的改变，其性质仍属于财政支出，资金仍应来自财政。如果忽视了资金来源这一点，把它作为财政信贷统一平衡的新内容，无非是财政没有足够的钱满足固定资产投资需要，就让银行来解决。表面上扩大了投资而未扩大财政赤字，实际上只是转化为信贷差额，同样会增加货币投放。再说银行发放固定资产投资贷款，目前采取的是由企业新增利润归还贷款，利润本来是财政收入来源，如今要用于归还贷款，势必使今后的财政收入不能和经济同步增长，到了还贷年度矛盾暴露，必然增加财政收支安排困难。在发放贷款时固然扩大投资并未增加财政负担，实际上是寅吃卯粮，还得以减少还贷年度财政收入为代价。可见固定资产贷款不同于流动资金贷款，对财政性贷款和信贷性贷款不加区别，是不妥当的。

不过，随着经济管理体制改革的进展，企业自有资金日益增多，有生产发展基金可以用于挖潜，有折旧基金可以用于设备更新改造，企业间又往往存在着资金少而需要大或资金多而暂时尚无需要的不同情况，银行通过发放固定资产贷款调剂余缺，还是可行的，这和银行支持财政承担投资任务是两回事。尤其是当前设备更新欠账很大，各个企业的折旧基金往往不敷更新需要，让银行承担调剂责任，起到"一人有事众人帮"的作用，通过计划安排，轮番做到今年你更新、明年他更新，将有利于设备更新和技术改造，也为机械工业提供了市场，有利于把经济搞活。但这样做必须以企业生产发展基金和折旧基金存款增长额为界限，专存专用，否则就要动用其他方面资金来源，扩大信贷差额；而贷款性质属于调剂企业间生产发展基金和折旧基金的余缺，还贷资金也得来自这两项基金，否则同样会影响财政收入，不利于财政收支平衡。

第三，怎样使信贷支持财政呢？我以为，在财政尚有赤字，而信贷资金来源扩大的新情况下，控制信贷投放，乃是信贷对财政的有力支持。过去信贷资金来源有限，不敷贷款增长需要，一般都有缺口。如今情况变了，存款增长相当快，超过了生产流通增长的正常资金需要。因此，合理发放贷款，努力帮助企业加速流动资金周转，便有可能出现信贷余额，有利于控制货币发行乃至回笼一部分货币。目前市场上流通的货币过多，而工商企业流动资金占用也过多，问题是货不对路或流通渠道堵塞，库存减不下来。如果银行能通过提供经济信息以及运用贷款利率的经济杠杆，促使企业清理超储积压，快进快销，缩短周转天数，只要压缩流动资金1%，便是30多亿元。这样企业增产而少增、不增乃至减少贷款占用，便可以形成信贷余额，从而在财政有困难时给予有力支持，将有利于金融物价的稳定。

财政信贷资金与物资的综合平衡

财政信贷资金与物资的综合平衡，包括总量上平衡和构成上平衡两个方面。

财政支出和信贷投放所形成的货币购买力总额，只是社会购买力的一部分，它与物资适应总额之间，本来并无对应等量关系。如果把总量上平衡，理解为财政信贷分配的资金与物资供应间的直接对等，纯属误会。但是，不论是城乡居民还是企业、机关、团体、学校，购买力的大小都受到钱袋的限制。财政信贷则不然，由于掌握了货币发行权，有可能不受钱袋限制，超额分配，出现财政赤字和信贷缺口，使得国民收入分配总额超过创造总数，使社会购买力总额超过物资供应总额。所以探讨总量上平衡，主要在于认识财政支出和信贷投放在实现总量上平衡的重要地位，认识财政、信贷对物资供求平衡的影响。

应该看到，在总量上实现财政、信贷、物资综合平衡，关键在于财政资金与信贷资金统一平衡。只要统一平衡了，分配过头问题便可以避免，总需求便可以和总供给相适应。而要做到这一点，必须克服"左"的思想影响，认清分配过头虽然暂时可以增加建设资金，扩大建设规模，实际上并不能真正加快建设速度。因为国民收入分配总额最终并不可能超过创造总额，超额分配虽然扩大了基建，却往往会挤掉消费，造成积累和消费的比例失调。由此必然造成基建规模过大，战线过长，实际上没有力量及时完工投产，形不成生产能力，投资效果很差。超额分配还引起物资供应紧张，要保基建，就会挤掉当前生产所必需的原料、材料和燃料、动力，挤掉维修所必需的器材，使简单再生产受到干扰，这反过来又会影响社会物质财富的生产和资金的积累，造成欲速则不达的后果。还应当看到，超额分配会增加货币发行，使货币流通量超过正常需要量，社会购买力远远大于商品可供量，势必引起币值不稳定，使物价上涨，成为经济生活中不稳定因素，不利于安定团结搞四化。正因为这样，我们不能用超额分配来刺激经济发展，必须根据可能来安排需求，使之和物资供应相适应。

组织财政、信贷与物资的综合平衡，总量上平衡是前提，从未有总量不平衡而可以使结构平衡的。但是当总量上平衡了以后，还得注意使财政支出、信贷投放所形成的购买力，与物资供应的构成相一致，然后才能保证财政、信贷的各项支出，按其规定的用途实现。否则就会发生有的支出买不到适用的物资，供不应求，而有的物资又不敷支出用途的需要，积压滞销。由于财政、信贷所分配的购买力只是社会购买力的一部分，因而在组织构成上平衡时，必须与企业生产补偿所形成的购买力以及居民货币购买力相结合，通盘考虑。

在组织构成上的平衡方面，主要是使财政、信贷支出所安排的生产资料支出和消费资料支出，与所需要的生产资料或消费资料供应相适应，使钱物相衔接。从多年实践看，主要是抓好以下几条：第一，确定基本建设规模，不仅要考虑财力可能，还得考虑物力可能。钢材、木材、水泥供应不足，往往使基建项目迟迟不能建成，影响效益。第二，机器设备供应，由于生产周期长，有的还得组织科研攻关，这就要按照基建程序，及早提出设备订货计划，以便使产需衔接。第三，要按照商品流通的客观规律组织生产资料供应。按行政隶属系统层层切块分配，很难符合实际需要，往往使紧缺物资更加紧张，人为地加剧构成上的不平衡。第四，生产企业和基建单位都需要的物资器材，应该按先生产后基建，先简单再生产后扩大再生产的原则组织供应；如果颠倒过来挤了生产，那么生产减少又会反过来加剧物资供应紧张，形成恶性循环。第五，在安排支农资金和农业贷款时，必须钱物结合，根据农业生产资料的供应可能，统一平衡，计划安排。如果号召一来，资金猛增，农业机器生产供应跟不上，便必然造成钱物脱节，浪费严重。第六，在安排消费基金支出时，必须考虑使购买力增长与消费资料可供量增长相适应。职工工资总额增长不能过快，社会集团购买力要严加控制，以免引起市场供应紧张。总之，做到构成上的平衡并不神秘，只要思想不脱离实际，分配不过头，细致做好测算，运用经济杠杆，还是能使钱物互相衔接的。

组织财政、信贷资金与物资供应的综合平衡，必须注意建立后备力量。这是因为主观安排的计划很难完全切合实际，计划执行过程中又有可能发生种种意外事件，有了后备便有了回旋余地，为实现平衡提供了保证。毛泽东同志把多留后备力量作为巩固国家预算的可靠防线，正是深刻地总结了后备和平衡的关系。后备有多种形式，但都需要有相应的资金。国家物资储备的多寡取决于财政拨付物资储备资金的多寡；资源后备储量要通过财政拨付地质勘探投资才能查明，拨少了就会引起采储比例失调；银行的黄金、外汇储备则是对银行信贷资金的占用。所以建立后备便得在财政支出和信贷占用中打上这笔钱，不能把后备资金看作是财政、信贷资金的闲置而吝于拨付。有备才能无患，逐年增拨一些后备基金，正是积攒家底，增强应付各种意外事件的力量，将有利于社会再生产的顺利发展。

财政、信贷、物资与外汇的综合平衡

随着对外经济联系的发展，对宏观经济活动影响日益加深，在组织国民经济综合平衡时必须考虑此项因素，三大平衡还得再加上与外汇收支的综合平衡而成为四大平衡。

外汇收支涉及许多方面，在组织外汇收支平衡时，不仅要考虑进出口贸易的外汇收支是顺差还是逆差，还得就债务、援助、汇兑、旅游等无形外汇收支，通盘考虑，统一平衡。由于我国经济发展水平还低，技术落后，竞争能力弱，出口贸易不可能很快增长；而我国旅居国外的华侨多，我国山川秀丽，旅游资源极其丰富。大力组织无形外汇收入，是实现外汇收支平衡的重要方面。外汇收支不可能绝对平衡，不是有顺差，便会有逆差。外汇顺差在国际上通常认为是经济稳定和实力增长的标志，但我国是穷国，顺差过多会占压资金，影响建设，在世界性通货膨胀情况下还往往遭受外币贬值损失。因而逆差多固然不好，顺差多也同样不好。

外汇收支和财政收支是有联系的，这表现为：债务收支和援助收支，是财政收支的组成部分。利用外资进口的机器设备，要由财政承担还本付息和国内配套投资；利用外资规模的大小，一定要考虑包括国家财力在内的国内消化能力。如果盲目引进，消化不了，产生不了效益，到了要付息、还本的时候，反而会加重财政负担，阻碍建设事业的发展。在进出口贸易方面，外贸企业的盈余，是财政收入的来源，外贸企业发生亏损，则要由财政给予弥补。所以也不能只问创汇收汇，不计赚赔，盲目扩大进出口贸易规模，造成大量亏损，成为财政的负担。

外汇收支也和信贷收支有着联系。在我国，外汇由银行统一管理，给企业事业单位分配外汇，乃是分配指标，还得用人民币从银行买回来，而企业事业单位在对外经济联系中取得了外汇，则要交售给银行，从而引起一系列资金往来。在银行里，外汇结余反映为信贷资金占用，而外汇逆差则反映为信贷资金来源。正因为这样，过多的外汇结余，会占压大量信贷资金，在组织信贷收支平衡和财政信贷统一平衡时，不能不加考虑。

对外贸易和物资供需平衡有着更紧密的联系。通过商品的出口和进口，会最终影响生产资料和消费资料的实际供应比例，是调节构成上平衡的重要杠杆，而且外贸的出超或入超，对总量上平衡也会发生影响。所以组织财政信贷与物资的综合平衡，本来就意味着和经过外贸调节后的物资供应相平衡。在这里要注意的是，如果外贸是以我之多，易我所缺，将有利于实现构成上的平衡；反过来如果外贸把国内紧缺物资出了口，则会加剧国内物资供应紧张，换回来国内工业也能生产的产品，则会打击国内工业生产。如此不仅无助于物资供需平衡，还会人为地制造不平衡，不利于经济发展。再要注意的是，把侨汇收入和旅游收入称作无形收入，是指和外贸相对比，不需要出口商品去换取外汇。当侨眷取得汇款后，还是要在国内用来购买各种消费品，而旅游业也要为旅游者提供住宿、饮食、交通、游览、文娱等服务，也需要消耗消费品。所以在组织社会购买力和可供商品平衡时，得把侨汇增加和旅游发展，放在一定位置上。

归根结底，财政收支、信贷收支、外汇收支，属于资金运动，它们要和物资运动相适应。财政、信贷、外汇所安排的虽然并不是社会货币购买力总额，但是它们不仅调节着国民收入分配中用于积累和用于消费的比例，而且调节着计划安排的积累与消费总和是否与国民收入创造总量相适应。所谓财政、信贷、外汇与物资的综合平衡，也正是指通过综合平衡，使财政、信贷、外汇调节后的社会购买力总额，与国民经济中生产的并通过外贸调剂后的社会物资供应总量，做到互相适应，从而顺利完成社会再生产的实现过程。

　　组织财政、信贷、外汇与物资的综合平衡，不仅要做到当年平衡，而且要瞻前顾后，注意年度之间的相互衔接。要看到各项事业规模扩大了，职工队伍扩大了，职工工资增加了，都很难减下来。尤其要看到基本建设项目一般要经过多年建设，才能投产见效。基建规模是否适当，不能光看第一年，要作多年的计算和平衡。如果收入稍有增加便扩大在建总规模，随着第一年投资额增大，第二、三年所需投资额还将进一步加大，到那时却没有力量相应增加投资和材料，后劲不够，势必拖长工期，打消耗战，造成损失浪费。所以坚持量力而行的方针，留有余地，才有利于切实保证财政、信贷、外汇和物资的综合平衡，有利于国民经济稳定持续地增长。

　　　　　　　　　　　　（原载《经济研究》1983 年第 10 期）

价格总水平和各类商品比价的关系

可以从不同的角度讨论价格问题。通常从微观经济的角度，从商品生产和商品交换的角度来讨论价格问题，说商品价格是商品价值的货币表现，价值是凝结在商品中的社会必要劳动；各类商品价格的高低，决定于其价值的高低；由于受到供求等因素影响市场价格又不断偏离着商品价值。从这些基本原理出发，就要研究各类商品的比价和差价如何形成；质量差价、地区差价、厂批及批零差价、季节差价如何合理安排等。由于价格体现着交换关系，价格的高低直接关系着出售一方或购买一方的利益，因此又反过来影响供给和需求。如果某种商品价格定得过低，发生亏损，企业就不愿意继续生产；反过来价格定得过高，则会影响这种商品的销路。只有价格定得合理，才能适应价值规律的要求，促使各类商品的生产符合需求，促使改进技术、提高质量、活跃流通。

在宏观经济研究中，进一步把商品世界所有商品的价格作为一个整体，考察其运动变化。这样，与上面讨论的问题不同，人们将观察物价总水平变动趋势的高低、变动幅度的大小、变动速度的快慢以及流通中的货币量与商品供给量是否适应等。物价总水平的升高或者降低，和人民生活息息相关，探讨如何维持物价总水平的基本稳定，乃是关系到保障人民生活安定的大事。

以上从两个不同角度考察价格问题的区别是：前者是各类商品的比价问题，也称作相对价格问题；后者是价格总水平问题，也称作绝对价格问题。

相对价格和绝对价格

相对价格问题是指各类商品的比价及这种比价引起的供求关系变化的问题。各个部门的劳动生产率，有的提高快有的提高慢，各种商品的价值经常在变动；消费倾向、消费结构在逐步变化，供求关系也是不稳定的。结果就会使各类商品的比价也经常发生变动，比价的变动又会引起供给和需求的变动。我们要对相关商品的价格比例关系进行动态研究，就要经常探索如何调整不合理的比价关系，俾与发展变化了的情况相适应。

从宏观经济来说，关键是要处理好绝对价格即价格水平问题。所谓绝对价格问题，所讨论的不是商品和商品交换的价格比例关系，而是商品和作为一般等价物的特殊商品——货币之间的价格比例关系问题。绝对价格是和币值（货币购买力）相联系的，价格水平和货币购买力之间的关系是一种反比关系。价格水平高，表示货币购买力低；价格水平低，表示货币购买力高。讨论绝对价格问题的目的，正在于考察价格水平怎样变化及在什么条件下变化。

从抽象的理论说，绝对价格变动只反映币值的升降。如币值下降一半则所有商品的价格都上涨 1 倍；如币值上升 10 倍，则所有商品的价格都降为原来的 1/10。但这不会影响相对价格，各类商品的比价仍旧。这种情况如用数学术语说，就是商品的相互比价关系，在绝对价格方面属于齐次方程式零解的性质，不会改变原来的比价关系，也不会改变卖方的供给数量或者买方的需求数量。

或有人说，这样解释绝对价格和相对价格的关系，实在太理想化了，在实际经济生活中是没有的。但也有例外。如 1955 年我国实行币制改革，将旧币一万元改为新币一元，那时候各种商品的价格都抹去四个零，而比价关系并无变化，这个特例很好地说明了绝对价格和相对价格的区别。

绝对价格和相对价格的区别，还在于前者纯粹从货币的价值尺度职能来考察；而后者纯粹从货币的流通手段职能来考察。因此，从绝对价格来说，商品价格取决于商品数量和货币数量的比例关系；流通中的货币越多，商品价格越高，币值越低。商品价格总水平固然与货币数量相联系，但各种商品的比价却与货币数量无关。从相对价格关系来说，商品的供给同时就是对货币的需求，出售甲商品得到的货币又用于购买乙商品。货币只是交换过程中的媒介。若甲商品的价格相当于乙商品的三倍，这个交换比例并不会因货币数量增减而变化，也不会因此影响供给和需求。明确两者的区别，对于从理论上认识绝对价格和相对价格是很重要的。

价格总水平的变化

商品价格水平的变化，通常认为是因商品价值量变化引起的。在黄金流通或金属铸币流通的时代，这样讲是很有道理的。因为金属铸币流通时，流通中的货币量决定于商品价格，超过需要量的货币会退出流通，成为贮藏手段。这时候价格变动有两种情况：一种是货币价值不变，商品价格的升降直接取决于商品价值的升降；另一种是货币价值随着黄金等货币材料的劳动生产率提高或者降低而有变动，商品价格随着与货币价值比例的变化而变化。不论哪一种情况，商品价格都和绝对的货币数量不发生关系，而只和货币价值与商品价值的比率发生关系。但是，当纸币流通代替了金属铸币流通时，情况就起了变化。因为纸币本身并不具有价值，它只是价值的符号。这个符号是否会起变化，关键在于发行的纸币数量是否和市场商品流通所需要的数量相适应。如果两相适应，发行的纸币票面价值正好代表了流通所需要的金属货币的价值；如果纸币发行超过了商品流通所需要的数量，币值就会相应下降，价格水平也就相应上升。反之亦然。

所以，商品价格本来只是相对价格问题，在纸币流通条件下才有绝对价格问题。这时候，引起商品价格变化的因素有三：一是商品价值量的变化；二是金属货币价值量的变化；三是决定于纸币流通数量和商品流通数量的纸币所代表的金属货币量的变化。

这三种因素，是同时发生作用的。但它可以有各种不同的排列组合方式：有同方向、同幅度的变动，或同方向、不同幅度的变动；也可以有不同方向、不同幅度的变动。不同的组合方式引起价格水平的不同变化。即使我们把第二种因素即金属货币价值量的变化舍象掉了，仅按第一种和第三种因素组合，并且仅仅按其运动方向来排列，便可能发生以下几种情况：

（1）商品生产的劳动生产率提高，商品供给数量增多，纸币流通数量减少，其结果是币值提高，物价下跌。

（2）商品生产的劳动生产率提高，商品供给数量增多，纸币流通数量不变，其结果是币值提高，物价下跌。

（3）商品生产的劳动生产率提高，商品供给数量增多，纸币流通数量增加，如果两者幅度一致，其结果是币值不变，物价稳定。

（4）商品生产的劳动生产率不变，商品供给数量不变，纸币流通数量不变，其结果是币值不变，物价稳定。

（5）商品生产的劳动生产率下降，商品供给数量减少，纸币流通数量减少，如果两者幅度一致，其结果是币值不变，物价稳定。

（6）商品生产的劳动生产率下降，商品供给数量减少，纸币流通数量不变，币值下跌，物价上涨。

（7）商品生产的劳动生产率下降，商品供给数量减少，纸币流通数量增加，其结果是币值下降，物价上涨。

如果再加上劳动生产率变化，商品供给量变化以及纸币流通数量变化等因素，情况将比上面列出的七种排列组合结果复杂得多。尤其是流通中的货币并不全是充当流通手段，还有作为贮藏手段的货币沉淀，如果加上这种因素，那么货币流通速度的变化情况就更加复杂。但是也可以把这种较复杂的情况用一两句话来作简单概括，那便是，价格水平的变化，是商品价值和纸币所代表的货币价值量对比关系变化的结果，而纸币所代表的货币价值量又是随商品供给数量和纸币流通数量以及流通速度的对比关系而变化的。

由于纸币流通数量的增减，通常又是和社会购买力的增减相联系的，因此，人们常把需求因素作为物价涨跌的主要原因或唯一原因，认为总需求过多会引起物价上涨，总需求过少会引起物价下落。的确，资本主义国家因执行赤字财政政策，所以总需求超过总供给，导致物价急剧上涨已是司空见惯的现象。社会主义国家如果急于求成，使建设规模超越国力，因而财政收支出现赤字，迫使银行多发钞票，结果货币流通量超过需要量，也有可能引起物价上升，这些都是需求因素影响物价的证明。

不过，把需求因素或货币流通量变化因素，解释为物价涨跌的唯一原因，而忽略了供给方面的因素，包括商品供给数量增减的因素和商品价值量变化的因素，则是不全面的。我们知道，总需求超过总供给时会形成两方面的力量：一是刺激生产增长的动力，二是引起物价上涨的压力。当生产能力、原材料和能源供应尚有余地时，随着需求的增加，及时组织增产，有可能缩小供给和需求的差额，减轻对物价的压力，出现物价上涨幅度小于需求增长幅度的状况；一旦资源已经充分利用，增加产量已不可能，那么总需求的增加就只会引起物价上升。

需求量或货币流通量的变动成为价格上升的唯一原因，这种单纯的现象只是在恶性通货膨胀时才会出现。然而，在一般的需求增加情况下，随着需求的增加，将出现商品供给数量变化或通过商品生产成本变动反映的商品价值量变化，以及商品数量与纸币数量对比关系变化引起的纸币所代表的货币价值量变化。而且，这些变化会交织在一起，构成一种复杂局面。

相对价格和绝对价格的联系

从相对价格与绝对价格的区别设想，下述情况是可能的：商品价格总水平的升降并不影响各类商品的比价关系；各类商品比价的变动也不引起价格总水平的升降。但是，必须严格假设条件，前者是假设影响价格的各种因素不变，只有纸币所代表的货币价值量发生变动，1955年币制改革是典型事例；后者是假设各种商品比价关系虽有变动，但整体的商品价值量和整体的货币价值量比率不变，因而对各种商品价格作有升有降的调整以后，价格总水平可以保持稳定。

当然，在实际生活中，这样的理想情况是罕见的。所以，还需要看到在实际生活中绝对价格和相对价格的联系。各种个别商品价值量变动和作为整体的商品价值量变动总是相互关联的；同时，因为货币是价值尺度和流通手段的统一，所以货币流通数量和流通速度不仅和总需求总供给之间的关系有关，并且和需求供给的构成相联系。在错综复杂的实际生活中，绝对价格的变动引起相对价格变动，或相对价格变动影响绝对价格是正常的。

绝对价格变动时，各类商品相对价格的变化，可从我国物价变动实况中看到：以1950年的国营商业零售牌价为100，到1982年时国营零售牌价指数为140.3，这是价格总水平的变动幅度。其中食品类价格指数为178.7，燃料类价格指数为156.8，上涨较多；日用品价格指数为128.8，有所上涨；衣着类和文化娱乐用品类价格指数为109.6和93.3，基本稳定；而医药类价格指数只有67.0，还下降了。在食品类中，粮食销价调整较少，价格指数只有147.8，而副食品价格指数为205.2，则食品中鲜菜的价格指数为226.9。可见在零售物价总水平变动时，各类商品的比价也在发生变化。其所以如此，第一，各类商品生产的劳动生产率升降不一，会引起比价的变动。这种比价变动本来不一定引起物价总水平变动，但由于票子多了，物价总水平有所上涨，这两种不同的趋势交错结合在一起，不能截然分开。第二，在通货膨胀时，对消费弹性大的商品，人们可以减缩消费，价格的上涨幅度受到抑制；而对于具有消费刚性的商品，则消费量减不下来，价格上涨幅度往往会超过其他商品。第三，在我国，具有消费刚性的商品中，不少是由国家有计划地控制，采取凭证凭票办法供应的，货币多了价格也不涨。多余的购买力涌向非必需品，又会出现民生必需品价格稳定而非必需品价格上升现象。所以，随着绝对价格的变动，各种商品的相对价格还是会发生某些变化。还要看到对必需品价格严加控制而非必需品价格逐步上涨，这样的商品比价是在特殊条件下形成的。

另外，相对价格的变动也会影响到绝对价格的变动。我们知道，各类商品的比价之所以经常变动，是因为各类商品的价值量有升有降。作为部分的各类商品价值量变动是作为整体的价格总水平变动的原始因素，即供给因素或成本因素。决定这个因素的是原材料价格和工资。从原材料价格看，如 20 世纪 70 年代石油提价，造成资本主义国家里物价普遍上涨，因为以石油为原料、燃料的工业品成本普遍上升了，为保证利润就只好提高与之有关的最终产品价格，把涨价的重担转嫁到消费者。同样，80 年代石油价格下跌，减缓了资本主义国家物价上涨的速度。再从工资看，当需求因素造成物价总水平上升以后，工资实际购买力降低，工人为了维护自己的利益，会要求提高名义工资，这也会引起成本的上升，影响物价上涨，这种对价格的反复影响虽然不是劳动者的过错，但也是客观存在的。

我国近几年来，不论是调高煤炭棉布或其他商品的价格，无一不是因为成本升高而不得已。从我国今后物价的发展趋势来看，农产品收购价格已经作了较大幅度的调整，目前大体是适应农村经济发展要求的，但从较长时期看生产成本还会上升，收购价格还需要适当提高；矿产品的价格一般偏低，生产成本却不断上升，价格需要有计划地逐步调高。这样，以农产品、矿产品为原料的加工工业，以及使用能源较多的加工工业，包括棉纺织工业、食品工业、冶金工业、建材工业、化学工业等，其产品的生产成本将是上升趋势，售价也不得不相应调高。受农矿产原料及能源价格影响较为间接的加工工业，如机械工业、造船工业、轻工业等，因技术进步因素而降低的成本，大体上可以抵消农矿产品涨价的间接影响。由于成本基本稳定，价格也可以基本不动。新兴的加工工业部门中，新技术、新工艺、新设备采用比较快，产量增长和废次品率降低的速度也比较快，而农矿产品及能源价格上升对它们的影响相对来说要小得多，所以，只要措施得当，成本可以较快降低。电子工业产品就具有这样的特点。上述不同类型商品的成本是否变动以及如何变动，是决定各类商品比价变动的主要原因。

至于各类商品比价变动对于价格总水平会起到什么样的影响，则要根据具体情况作具体分析。如果价格调高和价格调低恰好相互抵消，价格总水平可以保持稳定，货币购买力从总体来考察并无变化；如果因成本上升而价格调高的商品在商品总量中所占的比重大，而成本下降价格调低的商品所占比重小，则价格总水平将是上升趋势；反之，则是下降趋势。

正确认识和处理价格总水平和各类商品比价的关系

我们讨论价格总水平和各类商品比价的关系，指出这是有区别又有联系的两类价格问题，不论在理论上还是在实践上都很重要。因为长期以来这两类不同的价格问题常常被混为一谈。例如：认为要合理调整物价便难以保持物价的基本稳定；认为既要动又要稳是贯穿于整个价格改革过程中的一对基本矛盾，等等。更有甚者，则是把稳定物价方针理解为所有商品的价格都不能动，对任何商品的比价进行调整都使物价不稳定。这种理论上的混淆不能不影响到实践中价格改革的进程。

区分两类不同的价格问题，便能看到，保持物价的基本稳定是就价格总水平而言，是指保持币值的基本稳定。至于各类商品的比价，则由于商品价值量和商品供需关系经常在变动，需要相应地进行调整。所以稳定物价和调整物价是指两个不同范畴的物价问题，两者之间并不必然存在矛盾。

在我们国家里，必须长期执行物价基本稳定的方针，但所谓基本稳定是指价格总水平的基本稳定，并不是指各种具体商品的价格都稳定不动。这也就是说基本稳定是指宏观而非微观，是指总量而非个量，是指绝对价格而非相对价格。

过去宣传物价基本稳定方针的文章中，有时候忽略了明确的界说，使得有些群众误认为所有各种商品的价格都不能动，动了就是物价不稳定，把稳定物价总水平误解为冻结各种具体商品的价格。其实，商品的相对价格不可能冻结。因为影响商品相对价格的各种因素是在不断变化着的，各类商品的比价需要不断进行相应调整。把各类商品的比价也冻结起来，不加调整，会使在价格上积累的问题越来越多。如短线产品价低利小，企业没有增产积极性，使大劲也促不上去；长线产品价高利大，仓库里已经大量积压，而企业还在增产，使大劲也降不下来。这种状况正说明各类商品比价若不合理就难以使企业对自己的盈亏真正负责，就不利于生产流通，更不利于提高经济效益，最终就无法把经济关系理顺。

在调整各类商品比价时，能不能做到使价格总水平基本稳定呢？只要我们认识到价格总水平变动的规律性，认真对待，做好工作，是有可能做到的。如前所述，影响价格总水平变动的是需求因素，是货币流通数量和商品供给数量比率变化引起的单位货币代表的价值量变化。因此，稳定价格总水平的关键在于货币流通正常。我国前几年因为急于求成，建设规模超越国力。造成基建挤财政，财政挤银行，银行发票子，票子多了引起价格总水平上升的局面。但是，社会主义经济是计划经济，当人们认识到问题所在，便能够自觉地协调国民经济的各种比例关系，有效地组织财政、信贷和物资的综合平衡，使总需求和总供给相适应。从长远来看，控制货币流通从而使价格总水平基本稳定，是能够做到的。

影响价格总水平变动的，还有反映商品价值量变动的商品生产成本变动。这种供给因素和成本因素首先会影响各类商品比价，而各类商品比价的变动会不会影响价格总水平基本稳定的关键在于，提价和降价能否大体上抵消。我国过去在物价上积累的问题较多。当前对各类商品比价及价格体系进行有计划、有目的的调整时，由于农产品、矿产品、交通运输等基础价格偏低，有的还存在着购销价格"倒挂"现象，要把价格调得合理，有必要将某些系列的商品价格调高，这就可能使价格总水平有所上升。但应该看到，这只是暂时的，在解决长期积累的问题时才会出现。一旦价格体系中存在着的种种不合理状况得到改变，长期积累下来的问题有了答案，价格又可以在新的基础上稳定下来。这样理顺了的经济关系又将大大提高经济效益，增强经济实力，为稳定价格总水平作出贡献。从长远的商品价值量运动规律来看，各类商品比价上升因素和下降因素虽然错综复杂，但只要有计划地安排好各类商品价格的升降调整，价格总水平就不至于有大的波动。我们不能把特定时期内对某些极不正常的商品价格进行合理调整引起的价格总水平暂时上涨，看作是对物价稳定政策的破坏。相反，要看到这是今后长时期保持价格总水平基本稳定的必要措施。

（原载《社会科学辑刊》1984 年第 4 期）

让价格回到交换去

关于价格改革，我认为归结起来是三句话。第一句是要有紧迫感，第二句是回到交换去，第三句是消除逆调节。

第一，对价格改革要有紧迫感。这并不是说前几年不紧迫，扭曲的价格早就存在，早就应该改革。只是那时经济体制改革刚开始，步子还不大，"大锅饭"还继续在吃，许多问题被掩盖下来，企业对不合理价格还无切肤之痛，可以勉强拖着。现在要加快经济体制改革的步伐，情况就不同了，价格高低涉及出售者和购买者的切身利益，价格说话比上级说话还灵。合理的价格对生产和流通起积极作用，不合理的价格影响生产和流通，会造成盲目发展和盲目紧缩，影响资源的节约和代用，影响到经济体制改革的进展和成效。总的说，不改革是不行了。

还需要看到的是，第二步利改税调整了产品税税率，调节了不同产品间的利润，在一定程度上缓解了价格不合理所造成的种种矛盾。但价格不合理的状况仍旧存在，而且利改税只能调节生产者的利润，关于购销价格倒挂造成的流通渠道堵塞，以及价格对需求的不正常的影响等问题，仍不能得到解决。这说明利改税的缓解有其限度，价格改革仍很紧迫。理顺经济的关键在于价格，企业独立经营、自负盈亏之后，价格的作用大了，价格合理与否更显得重要了。我们要把经济结构调整得合理，要促进竞争，提高经济效益，都要求尽快把价格理顺。

第二，价格改革的方向是回到交换去。各个社会主义国家在进行经济体制改革时，几乎无例外地都必须进行价格体系的改革，这是很令人深思的事情。价格本来是交换的产物，有买卖，要交换才有价格；反过来，价格是否合理又影响着交换能否顺畅进行。然而各国过去的通病，却把价格和交换的联系忘却了，似乎社会主义经济中不存在价值实现的问题，计价只是为了核算，价格高低可以随心所欲地安排；物价稳定本来是指价格总水平的基本稳定，是指货币购买力的基本稳定，却被误解为各种商品价格都不能动，都冻结下来，明知道价格不合理也不及时调整，把价格凝固化、僵化了，时间拖得越长，价格方面积累的矛盾也越多，这样在经济体制改革时，便无例外地都要进行价格体系的改革。

由此可见，造成价格不合理的根子，在于价格管理体制。如果还是按照过去脱离交换的一套办法来管理物价，那么即使花大力气调整改革了价格体系，用不了多久又会出现价格不合理现象，又要再次进行价格体系改革。"剪不断，理还乱"，很难真正把价格理顺。正因为这样，我认为理顺价格必须把视野扩展到价格管理体制方面，让价格回到交换去。

本来，市场竞争主要是价格竞争，市场机制主要是价格机制。过去因为价格不能灵活调整，当价格不合理时，不得不用指令性计划指标来安排企业的生产，用实物分配来代替买卖交换，行政手段代替了经济调节活动。结果，窒息了竞争，阉割了市场机制，降低了经济效益。如果把这种方法当作社会主义经济制度的客观要求，当作优越性来加以保护，那就大谬而不然了。

应该指出，让价格回到交换去，并不意味着取消计划价格。因为，价格的凝固化和僵化，并不是计划价格必然具有的特性，而是旧经济体制模式在价格上的反映。随着经济体制的改革，价格管理也必须要有相应的改革，固定价和浮动价都是计划价格，是计划价格的两种不同形式。今后不仅浮动价是灵活的，固定价也应该根据市场条件、根据交换而经常进行调整。只有这样，才能使价格适应经济发展要求，逐步理顺。国务院作出的关于扩大企业自主权的十条规定中，企业完成计划任务后的超计划产品，价格可以浮动，这就使计划价格开始有了灵活性，是回到交换去的第一步。此后，虽然由于一种商品多种价格问题的普遍化，会引起一些新的矛盾，但也终于冲开了价格不能灵活的樊篱，为将来真正理顺价格创造了条件。从这一意义说，让价格回到交换去，是价格改革的核心。

第三，价格体系改革的重点在于消除逆调节。人们谈到价格体系改革，往往把价格不符合价值作为价格不合理的标志，把按照某种理想的平均利润率定价作为价格体系改革的基本要求。其实，价格符合价值只是理论上的抽象，高积累商品价格高于价值，低积累商品价格低于价值，这种偏离任何时候都会有的。如果偏离符合价值规律的要求，那是顺调节，对经济是起积极作用的，用不着调整。只有价格和价值的偏离违背了价值规律要求，供过于求反而高价，求过于供反而低价，产需脱节加剧，形成了逆调节，才是不合理的，才需要调整。

按照某种理想的平均利润率来调整价格，不论是按平均资金利润率，还是按平均工资利润率；或者按资金和工资综合利润率，听起来似乎简捷易行，现在有了电子计算机，有计算模型，只要输入信息，很快就可以算出调价方案。但做起来却有不少困难。因为，不论哪一种平均率，都只反映价格运动的某种趋势，而实际情况错综复杂，很难用电子计算机计算出来。如果按此调价，很可能是该调的并没有调得合理，不需要调的反倒作了调整。而且平均的率，是无差别、无重点、无倾向的，对经济活动起不到指导作用。今后要运用价格杠杆和市场机制，不能没有价格和价值的偏离。"没有价格和价值的偏离，便没有价格政策。"这个思想没有错。在价格调整中，切忌把合理的偏离也否定了。

人们常把价格改革说得很难，其实如果把改革的重点放在消除逆调节上，可以大大缩小调价的范围和程度，难度就可以大大减轻。如果在价格管理体制上有所松动，让价格回到交换去，通过市场机制来使价格分布合理，那时候变动的也主要是形成逆调节的价格，即过高过低的价格。关于哪些产品价格过高，哪些产品价格过低，人们大体上是清楚的，心里都有一本账。只要把价格和工资的关系处理好，当价格变动时有相应的补偿措施，改革价格体系并不是像挟泰山以超北海那么难，改革的步伐完全可以加快。

（原载《价格理论与实践》1984 年第 6 期）

价格改革和财政信贷平衡的关系

要使价格改革取得成功，必须正确处理价格改革和财政信贷平衡的关系。这是因为，财政信贷是和货币流通紧密联系的。从理论上弄清价格和财政信贷的关系，对于在实践上正确处理价格改革和财政信贷平衡关系有着重要意义。

一　两类不同性质的价格：相对价格和绝对价格

讨论价格问题，有着两种不同的角度，从而有着两类不同性质的价格。一类是相对价格问题，也就是各类产品比价问题；另一类是绝对价格问题，也就是价格总水平问题。

所谓相对价格，是从商品和商品的交换来讨论价格问题的，人们说商品价格是商品价值的货币表现，各类商品价格的高低，取决于其价值的高低；市场价格受到供求等因素影响，等等。这些论证所讨论的是各种具体商品的价格如何形成，都是相对价格问题。由于各种商品生产的劳动生产率在不断变化，各种商品的价值有的会提高、有的会下降，至于商品的供求关系更是经常发生变化，因此，各种商品的相对价格是应当经常不断地进行调整的。我国过去由于长期冻结了各类商品的相对价格，使得价格既不反映商品价值，又不反映供求关系。这种极不合理的相对价格，在统收统支、国家统负盈亏的条件下，还能勉强维持。进行经济体制改革以后，国营企业成了相对独立的商品生产者，独立核算，自负盈亏，不合理的相对价格就成了改革的绊脚石。有的商品价格过高，会刺激企业盲目增产，重复建设；有的商品价格过低，又严重挫伤企业增产积极性，使得短线产品长期成为短线，影响整个经济的协调发展。各种商品的质量差价没有拉开，优质得不到优价，劣质也未劣价，则不能够推动质量提高，规格、款式长期不图改进，竞争能力很差。有些商品购销差价过小，甚至购销价格倒挂，又影响了商业单位的经营积极性，影响城乡之间、地区之间的物资交流。进行价格改革，就正是要改革这种极不合理的相对价格。

在进行价格改革时，还必须看到存在着另一类价格问题，也就是绝对价格。在金属货币流通的时候，商品价格同货币数量不发生关系，而是和商品价值及货币价值的变化发生关系。但是，当纸币流通代替了金属铸币流通时，情况就起了变化。纸币本身并不具有价值，它只是价值的符号，这个符号是否会起变化，关键在于发行的纸币数量是否和市场商品流通所需要的数量相适应：如果两相适应，则发行的纸币正好代表了流通所需要的金属货币；如果纸币发行超过了商品流通所需要的数量，币值就会相应下降，就会引起价格水平上升。纸币发行越多，商品价格越高，币值越低。所以，在纸币流通条件下才有绝对价格问题。绝对价格也就是把商品世界中所有的商品作为一个整体，从它和货币的关系来考察价格水平，价格水平升高反映了币值降低，价格水平降低反映了币值升高。所以绝对价格问题同时也就是币值问题。人们观察物价总水平变动方向是高是低，变动幅度是大是小，变动速度是快是慢，引起变动的原因是流通中的货币量是不是过多了，它与商品供给量是否适合？都是指绝对价格。人们常说，价格是攸关国计民生的大事，主要是因为物价总水平的提高或者降低，反映着币值的下降或者上升，它和人民生活息息相关。为了保障人民生活的安定，就得维持物价的基本稳定。价格水平不仅关系到人民生活，而且关系到国家积累，既要保证积累的不断增长，又要保证人民生活的改善，合理安排价格，就得兼顾两方面的利益。所以在进行价格改革时，必须瞻前顾后，考虑和正确处理各个方面的关系。

二　相对价格和绝对价格的区别和联系

相对价格和绝对价格是有区别的，这种区别表现在：绝对价格变动只反映币值的升降，币值下降一半使得所有商品的价格都上涨一倍，币值上升 10 倍，使得所有商品的价格都只有原来的 1/10，这都不会影响相对价格，各类商品的比价还是照旧，一种商品交换其他商品的数量比例照旧不变。与此相适应，各种商品的比价关系是经常在进行调整的，只要货币流通总量和社会商品总值间的比例关系没有发生变化，不会因为货币流通数量的增减引起币值的升降，那么，相对价格的调整不会引起绝对价格的变动。

绝对价格和相对价格的区别，在于前者纯粹是从货币作为价值尺度的职能来考察，而后者纯粹是从货币作为流通手段的职能来考察。因此，从绝对价格来说，商品价格取决于商品数量和货币数量的比例关系，流通中的货币越多，商品价格越高，币值越低，商品价格总水平是与货币数量相联系的。然而各种商品的比价却与货币数量无关，从相对价格来说，甲商品的供给同时就是对货币的需求，得到的货币又用于购买乙商品，货币只是交换过程中的媒介，甲商品的价格相当于乙商品的三倍，这个交换比例并不会因货币数量增减而变化，也不会因此而影响供给和需求。明确两者的区别，对于从理论上认识绝对价格和相对价格，是很重要的。

但是，在实际生活中，货币是价值尺度和流通手段的统一，绝对价格和相对价格也就会互为影响了。这种相互影响表现为，当流通中的货币量增加，引起物价上涨时，从理论上说各种商品价格上涨不会改变其比价关系，而事实上各种商品的价格并不会等比上升。从我国的实际情况看，当发生此类情况时，往往以全力控制民生必需品的价格，采取凭票凭证供应办法，货币多了价格也保持稳定，多余的购买力涌向国家不控制其价格的商品，由此往往造成各种商品比价的不合理。反过来说，当调整各类商品比价关系时，提价总额和降价总额正好相抵只是其中的一种可能，只有在此情况下才能使价格总水平保持稳定。还可能出现提价总额小于降价总额的情况，这时候价格总水平可以下降，也有可能出现提价总额大于降价总额的情况，这时候便会出现价格总水平的上升。所以，相对价格和绝对价格虽然具有不同的性质，但两者又是互有影响的。

我国过去在相当长的时期里冻结了物价，由此虽然保持了价格总水平的基本稳定，而价格上积累的问题却越来越多。这种各类商品价格极不合理的状况如不解决，很难把经济理顺。而要进行价格改革，由于价格偏低的主要是农产品和矿产品，都是基础价格，其相对价格进行调整，不可避免地会引起物价总水平的上升。但在这时候，如果我们能够有意识地控制货币投放，使货币流通量基本稳定，那么价格总水平的上升便可以控制在价格改革所必要的范围之内，控制在由不合理的相对价格变为合理的相对价格对于绝对价格的正常影响范围之内。如果在这时候过量投放货币，票子多刺激物价上升，两种因素交错结合在一起，物价上升就有可能失去控制，从而影响价格改革的进程。由于控制货币投放在于保持财政收支平衡和信贷收支平衡，在理论上弄清价格改革和财政信贷平衡密不可分的关系，对于搞好价格改革来说是很重要的。

三　认识价格和财政的关系

对于价格和财政的关系，要从两个方面来认识。一方面，财政分配是在一定的价格基础上进行的，价格中 c、v、m 的组成，各类商品价格体系的构成，会影响财政收入来源和财政支出安排。国家财政收入的来源，都是和一定的价格水平相联系的，国民经济各部门的纯收入水平，即税金和利润水平，是由各部门商品的价格水平决定的。我国目前的烟、酒、糖、茶、纺织品、自行车、电视机等消费品的价格较高，它们成为财政收入的主要来源；煤炭、金属和非金属矿产品等的价格较低，便不可能为财政提供多少收入。从财政支出方面来看，基本建设生产资料的价格水平和基本建设投资拨款有着联系，生活消费品价格水平和行政文教事业支出水平有着联系，财政支出构成及其比例，也是在一定的价格水平下形成的。因而，当价格发生变动时，也必然影响到财政收入和支出的增加或减少。价格变动虽然不能直接增加或者减少社会财富，却能够使纯收入在各部门之间转移，改变国民收入在国家和职工、农民之间的分配比例，影响到财政分配。

另一方面，价格和财政的密切关系，还表现为只有财政稳定，财政收支平衡，才能保持物价的稳定。这是因为在国民收入再分配过程中，财政分配若不重视收支平衡，有可能出现超额分配，出了赤字便向银行透支，使得国民收入分配总额超过创造总额，使得社会购买力总额超过物资供应总额，从而造成流通中的货币超过需要量，引起物价上涨。

正因为价格和财政存在着上述辩证关系，因此，在价格改革过程中必须十分重视价格对财政、财政对价格的相互影响。

价格改革从其性质来说属于结构性的价格调整，是调整相对价格而不是变动绝对价格。因而，要重视财政收支的平衡。量入为出，保持财政收支平衡，对于稳定绝对价格来说是非常重要的。决不能本末倒置，忽视财政收支的平衡，忽视积累和消费的控制，却要求通过价格管理来实现价格水平的稳定。

四 认识价格和信贷的关系

在进行结构性的价格改革，调整各类商品的相对价格时，必须控制货币投放，使货币流通量保持合理的水平，避免因货币投放过多而引起绝对价格的上升。这就不仅要组织财政收支平衡，而且要组织信贷收支平衡和财政信贷统一平衡。

货币流通是由银行信贷来调节的。当银行信贷资金的来源大于运用时，可以回笼货币；当银行信贷资金的来源和运用相适应时，货币发行可以不增不减；当银行信贷资金的来源小于运用时，只能靠发行货币来弥补信贷差额。这正表明，银行虽然是资金融通调剂的金融机构，是通过组织存款来发放贷款的，但由于银行掌握着货币发行的大权，又可以超过存款来源发放贷款，所以，银行信贷和财政一样是国家掌握的分配杠杆，同样有可能出现过头分配。

组织信贷平衡需要充分组织各方面的存款，动员城乡居民参加储蓄，并且合理发放工商企业流动资金贷款、农业生产资金贷款和固定资产投资贷款，使信贷资金的运用和来源相适应。而且信贷并不是孤立的，信贷资金和财政资金密不可分。这表现在财政性存款（金库存款、基本建设存款和机关、团体、部队等存款）是信贷资金的主要来源，财政收入增加和支出节约，会增加财政性存款；财政支出增加而收入减少，则减少财政性存款，从而会引起信贷资金来源的变化，在组织信贷资金运用时是必须加以考虑的。还表现在财政发生赤字，要向银行透支，从而扩大了银行信贷资金的运用；而且银行贷款的对象也是财政拨款的对象，财政少拨了流动资金，必须要求增加银行贷款以支持企业，财政收支平衡了而银行信贷收支有较大差额，仍然会引起货币发行的增加，影响供求平衡。人们用"连裆裤"做比喻，形象地画出了在控制社会需求总量时，财政资金和信贷资金之间的紧密联系。财政和银行的任何一方都可以为另一方提供资金来源并相互替代，任何一方收支的失衡都可以引起另一方收支的失衡，造成社会需求总量和社会供给总量之间的不相协调，引起货币流通的不正常现象。正因为这样，组织财政资金和信贷资金的统一平衡，是调节货币流通的最基本措施。

银行作为资金融通调剂的金融机构，保证信贷平衡的根本手段是大力组织存款和合理控制贷款。而如何组织存款与如何控制贷款，就需要运用好利率杠杆，也就是说利率是调节货币流通的杠杆。对于利率和物价的关系，常常会发生某种误解，把利率的调高当作物价上升的一个原因。其实利息是利润的分割，而不是价格的附加。马克思说过：在商品价格和利息之间并无任何必然的联系。在物价有变动的情况下，价格水平的升降是形成名义利率和实际利率差别的因素，因而确定利率要考虑预期的物价变动。当名义利率高于物价上升幅度，存钱可以获得一定的实际利益时，将吸引人们把可花可不花的钱存储起来，减轻了货币购买力对市场的压力；同时利率高对于贷款也会有一定约束，有些可贷可不贷的就不请求贷款，有些可以加速周转的就尽快周转还贷，将会减少贷款需求。所以适度地调高利率可以使存款增加、贷款减少，使货币回笼。反过来，如果利率偏低，或者名义利率还赶不上物价上升幅度，存款收益很少，甚至表面上获得利息而实际上亏蚀了本金，将使人们感到存钱没啥收益，不如现在消费或者购物贮存。少存钱、多花钱，使消费需求增多；低利率也会鼓励借钱办事不急于处理积压，使得贷款需求增多。所以低利率将使存款减少，贷款增多，增加货币投放。由此可见，当运用利率杠杆调节货币流通时，乃是利率高有利于紧缩通货稳定物价，而利率低则会增发通货引起物价上升。这正说明运用好利率杠杆，在组织信贷平衡和调节货币流通中是极为重要的。

总之，我国当前要进行的价格改革，是改革相对价格，属于结构性的价格调整，这就是各种不同商品的价格有的上升，有的下降，使各种商品的比价趋于合理，从而理顺经济关系，提高经济效益。这种价格改革，和通货膨胀引起的物价全面上涨是根本不同的。在进行相对价格的调整时，由于需要调整价格的主要是农产品、矿产品等基础物品价格，物价总水平会上涨一些，但在此范围内的上涨幅度是有限的。但如果财政收支和信贷收支不能平衡，货币流通量超过了正常的需要量，因为票子过多又引起物价上涨，这样因调整相对价格而引起的物价上涨，和把商品世界的所有商品作为整体与流通中货币总是不相适应引起的物价上涨，两者交织在一起，事情就不好办了。应当是在财政信贷统一平衡基础上形成一个供给略大于需求的买方市场，从而为调整相对价格创造比较顺利的条件。总之，价格改革不是孤立的工作，必须在加强宏观控制、组织财政信贷平衡上狠下功夫，从而维持绝对价格的基本稳定，为调整改革相对价格创造有利条件。

（原载《财贸经济》1985 年第 8 期）

宏观经济管理从直接控制向间接控制的转换

我国的经济体制正处于宏观经济管理从直接控制开始向间接控制转换的时期，我国的经济发展模式正处于从单纯追逐数量增长的外延型扩大再生产开始向重视经济效益的内涵型扩大再生产转换的时期，我国的经济结构和经济的地区布局正不断地进行着调整改组。以上这三个方面的转换，又是交织在一起，作为一篇文章来作的。这三个方面的转换还刚刚开始，今后的发展和变化将会越来越明显，并且会鲜明地反映到我国的宏观经济活动之中。这一切，都迫切地要求我们对社会主义的宏观经济理论进行系统的研究，探索宏观经济运行中各种要素间的影响和联系，以便为国家的宏观经济管理提供理论基础。对于这个问题，我曾经在《社会主义宏观经济学》一书和有关文章中进行过一些分析，现在，我想结合经济体制改革中模式转换的实际，对社会主义宏观经济理论中的一些重要问题再谈一点看法。

进行宏观经济间接控制，需要加深对宏观经济运行机制的认识

宏观经济管理从直接控制转向间接控制，需要更多地利用利率、税率、汇率等经济杠杆，需要更好地发挥银行、税收、审计、统计、质量检验、工商管理和社会公证等部门的职能。而要运用好经济杠杆，发挥好职能部门的作用，就需要研究和阐明社会主义商品经济中的经济运行机制和规律，研究和阐明总收入、积累量、投

资量、消费量、利润率、利息率、工资水平、流通中货币量、税金、价格水平等方面的相互关系与联系，认识在经济运行过程中，这种数量的变化如何引起另一种数量的变化，然后才能够有效地因势利导调节经济活动，实现间接控制的要求。

正因为这样，随着经济体制改革的深入，认识有计划商品经济条件下的经济运行机制，在组织、管理、指导经济活动中愈来愈显得重要。我国多年来缺乏对经济运行机制的研究，高等院校里不仅没有研究经济运行的课程设置，而且一度还被认为是资产阶级经济学说而遭到抵制。因此，在当前急起直追，补上这门空白，就更加重要。否则，我们的经济管理从直接控制转入间接控制，而人们却不了解间接控制的机理，不知道如何进行间接控制，便有可能出各种各样的岔子。间接控制比直接控制要复杂得多也困难得多，要克服这一困难，就必须加强对宏观经济理论的研究。

经济增长格局和新就业理论

1984 年下半年和 1985 年上半年我国经济超高速增长所引起的一系列问题，使人们认识到不能片面地追求过高的生产增长速度，要防止经济发展中的"过热症"。所以，宏观经济间接控制的重点是控制总需求，防止需求膨胀，而控制需求首先要控制固定资产投资规模。在经济好的情况下，人们往往喜欢多办一点事，多搞点建设，但是大家想多办、多搞的结果，往往会超越国力的可能，带来严重的后果。因此，控制固定资产投资规模是宏观管理的头等大事。

合理的固定资产投资规模是和经济增长格局紧密联系的。由于对增长格局认识不一致，有人认为固定资产投资规模大了，有人会认为并不大。这就有必要在宏观经济理论研究中弄清什么是合理的高速度增长和什么是超高速增长？什么是社会主义经济的稳定、持续的增长？什么是社会主义经济的高波幅的、间歇性的增长？什么是经济增长中的大起和大落？怎样才能实现社会主义经济运行中的良性循环和在什么样的条件下会出现非良性循环？我国今后的经济增长应当是均衡增长抑或允许有非均衡增长？弄清楚这些问题，将有利于确定一个合理的投资规模。

这里需要指出的是，我国经济发展中出现加快增长速度的种种要求，并不完全是出于好大喜功，而是客观上存在着要求经济较快发展的压力。我国经济中的大量"欠账"的归还，我国人民生活的改善提高，这项和那项问题的解决，都要求有较快的经济增长速度。在这里特别要指出的是我国所面临的潜在失业问题，需要有较快的经济增长速度才能较好地解决。

我国在 1980 年后的五年里，新安置就业的城镇劳动力达三千多万人，原来积累下来的城镇青年待业问题业已缓解。但是应该看到，在我国还存在着潜在的失业，工矿企业里人浮于事还相当普遍，特别是农村中还存在着大量的潜在失业，解决得好或是解决得不好，是关系到我国宏观经济如何运行的重要问题，这是我国不同于西方国家也不同于苏联东欧国家的特点，我国的经济增长格局必须与此结合起来考虑，由此也可以称之为新就业理论。

多年来我国形成的城市和农村分割开来，各自发展的格局，以及维护这种发展格局的户口管理、商品物资供应等方面的制度，看来已经到了需要重新认识和探讨的阶段。摆在我们面前的是，如何把农村种养业中已经趋于饱和的农村劳动力，逐步转移到种养业以外乃至农业以外的生产经营项目中去，这不仅关系到我国农村经济的发展，而且解决得好，将大大释放我国经济中蕴含着的巨大的潜在能量，推动我国经济的良性循环，加速经济发展和四个现代化建设的进程。

但是我们也要看到，改变原来的发展格局和解决潜在的失业，颇为复杂困难，不宜操之过急。我国农村劳动力是一个庞大的数字，仅以每年 3% 的农业劳动力转移到非农业生产部门，就达到一千万人左右。我们的农村工作同志可能会对 3% 的转移速度感到不过瘾，往往会追逐远高于此的例如 6%、10% 的转移速度，但转移过快，资金、技术装备都成问题，很可能由此导致国民经济技术水平的下降，而且低技术往往是投入多、产出少，资源消耗系数高，不利于资源的合理和有效利用，乃至出现以小挤大、以落后挤先进的状况。因此，在今后相当长的一段时间里，既要掀起农村工业化的浪潮，又要控制农村工业化的速度，将是我国宏观经济决策和管理中最紧要的大事。我国今后的经济增长格局，要从解决好潜在失业的新就业理论来探索。在认识资源约束同时又积极克服资源约束的前提下，做好农业劳动力向非农业劳动转移的工作。由于资源约束的克服很可能是波浪式的而不是均衡的，因而过分强调均衡增长将不利于潜能的充分发挥。对今后经济增长格局的理论探索，既要反对大起大落，也不宜过分受均衡增长理论的束缚。

富民政策及其应掌握的"度"

在相当长一段时期里，我国实行的是勒紧裤带搞建设，"先治坡、后治窝"，高积累、低消费。如果说这是一项短期政策，勒一勒裤带，咬一咬牙，渡过了困难，也就过去了。但是延续达二十多年，则确实挫伤了农民和职工的积极性，效益下降，反过来并不利于生产增长。这些方面的弊病，人们在关于社会主义生产目的的讨论中曾作过充分的分析论证。

党的十一届三中全会以来，改变了过去的国民收入分配格局，农民和职工的收入有了较大的提高，党的富民政策获得了人民群众的拥护。但是，如何掌握富民的适当的"度"，是宏观经济管理中极其重要的事情。农民和职工的收入要提高，提高的幅度仍要和经济发展、和国民收入增长的状况相适应。这就要避免农产品价格过猛上升，避免工资过快增长，避免消费需求的过度膨胀。执行适度的收入增长的分配政策是进行宏观经济管理的关键一环。

在经济体制改革过程中，由于农产品价格放开后没能及时建立起调节机制，而企业自主经营以后又往往追逐本身和职工的短期利益，有可能出现农民和职工收入的过头分配。这样，社会主义国家传统经济体制中常见的"投资饥饿症"还没有治愈，而发展中国家常见的收入分配超过国力可能的"消费早熟症"也传染了过来，就有可能出现国民收入"超分配"现象，不利于经济的顺畅运行。

有人认为，我国目前消费水平还很低，不能说出现了"消费早熟"。其实，早熟不早熟的标志并不是收入的绝对值高低，而要看工资增长幅度有没有超过劳动生产率增长幅度，工人农民收入增长幅度有没有超过国民收入增长幅度。早熟不早熟并不在于消费水平的高低，而在于人们现实的和追逐的消费水准有没有超越了国力。应该看到，经济发达国家在人均国民生产总值300多美元的时候，并没有豪华型轿车、彩电、录像机、录音机、电冰箱等的生产和供应，消费水准不可能超越生产水准。发展中国家则不然，人均国民生产总值虽然还很低，但横向看齐的消费意向却很强烈，本国不能生产的消费品可以进口，从而形成强大的压力，导致收入和消费水平的增长超过国力可能，形成"消费早熟症"。这种发展中国家的通病在我国虽然还只刚刚露出苗头，但对此必须引起重视。

工资增长过快，超过了劳动生产率的增长幅度，就会使企业成本升高，而企业则往往会通过涨价来维持原有的利润水平，或者是通过涨价来给职工增发工资奖金。由此会形成工资与物价的螺旋上升，出现成本推动型的通货膨胀。而从国家的间接控制来说，即使是最有效的财政货币政策也只能控制和防止需求拉起型通货膨胀，对于成本推动型通货膨胀往往无能为力。因此，既要坚持富民政策，又要掌握适当的"度"，防止消费需求的过度膨胀，乃是宏观经济管理中，很不容易处理好的大事。

长期以来，我国工资结构很不合理，某些应该高的部门工资反而低，某些应该低的部门工资反而高，多劳不多得，少劳不少得，甚至不劳也能得。因此，进行工资改革是人心所向，是经济体制改革中必须要办的事情。但是在改革工资结构时一定要注意维持工资总水平的适度增长，要把两者很好地结合起来。做好这种结合并不容易。这就要注意同一工种的职工工资在不同企业之间以及在国营、集体、个体、外资企业之间不要悬殊，注意不同部门之间不要因为价格扭曲而造成职工工资差距悬殊，如果不是因为作出特殊贡献而是因为处于有利位置而使部分职工工资增长过快，别的职工会认为这是不公平的，从而会引起相互攀比，导致工资总水平失去控制，全面增长，并出现工资和物价的螺旋上升。当实行工资与利润挂钩、与经济效益挂钩等措施时，一定要审慎从事，防止企业追逐短期利益。为此需要改进宣传教育工作，在宣传党的富民政策时一定要防止片面性，消除那种认为改革将立即使人们富起来、使收入大大增长的错觉，认识到要通过改革发展生产并在生产发展基础上提高人民生活，并非朝夕可至，而是要作出认真的努力并且要经历一定的过程。

在执行富民政策时，我们还只是刚刚摆脱了平均主义，但是一部分人迅速富起来了，另一部分人面对商品经济的发展却束手无策，基尼系数的上升既反映平均主义得到克服也反映社会上出现了先富与未富的矛盾。在进行宏观经济管理时对此不能熟视无睹，而是要不断地注意研究使公平与效率得到兼顾。特别要重视研究我们政策中的缺陷，对于那些钻政策空子搞投机倒把的先富者决不能因其富而树为典型，而是要采取必要的管理和调节措施，同时又要对那些真正做出贡献的人给予应得的奖励和支持。

运用财政政策调节需求

通过经济体制改革建立宏观经济间接控制体系，现在人们一般都强调发挥银行的作用。但我们要看到，在商品经济还不发达和没有资金市场的情况下，货币金融政策的作用有限，财政政策的作用仍旧极其重要。财政政策的作用首先是通过有盈余的、平衡的或者是有赤字的预算收支安排表现出来，有盈余的财政政策可以回笼货币，有赤字的财政政策则要投放货币，这时候财政政策和货币政策是穿着连裆裤的。

要使财政政策和货币政策脱钩，一个重要条件就是财政发生赤字不能直接向银行透支或者借款，而是要通过发行债券来筹集资金。债券的发售不会减少人民的财富，只是暂时把购买力转移给政府使用，较之增税易于为人民群众所接受。在财政有赤字时发售债券回笼货币，在财政有盈余时偿还债券又可以投放货币，这样债券的发售就拆散了财政和银行的连裆裤。但是，真正要使债券起到作用，必须是自愿认购的而不是派购的，派购的债券往往被认为类似征税的摊派，不会产生应起的财政政策效应。而要使人民群众自愿认购债券，就必须认真研究合理的偿还期、利息率以及发行管理办法，从而把债券手段有效地运用起来。

货币政策和信贷杠杆的运用

怎样才能有效地进行宏观经济的间接控制，是一个人人都关心的问题。在这方面，银行所起的作用将愈来愈重要。充分发挥银行在筹集融通资金、引导资金流向，监督资金运用、提高资金运用效率等方面的作用，调节社会总需求，将是有计划地组织社会主义经济运行的重要方面。我国过去实行统存统贷、指标管理的体制，企业吃银行的"大锅饭"，专业银行的下级行吃上级行的"大锅饭"，各专业银行吃中央银行的"大锅饭"，银行起不到调节宏观经济的作用。经济体制改革就是要改变这种状况，让银行这个"绝妙机关"在今后能发挥"万能调节者"的作用。

银行的控制和调节宏观经济的作用，在许多国家里是通过以下几个方面发挥的。一是利率杠杆，提高利率可以促使人们多存款，少贷款，从而减少需求，回笼货币；而降低利率则会使人们少存款、多贷款，扩大需求，投放货币。二是存款准备金制度和贴现率、再贴现率，这是中央银行控制各个专业银行贷款和防止信用膨胀，调节信用活动的重要手段。三是银行在资金市场里的活动，银行把自己拥有的股票债券在市场上抛售可以回笼货币，银行购进股票债券则投放货币，这是银行进行货币流通短期调节的主要手段。如今在我国，还没有资金市场，无从利用资金市场来调节货币流通；存款准备金是不分定期和活期，一律为存款的10%，贴现和再贴现率僵化，中央银行还不可能运用间接手段来调节专业银行的活动；利率杠杆对于城乡居民可能起些作用，而在"大锅饭"尚未打破状况下对企业的调节作用比较有限。这样，通常情况下银行可以采用的间接调节宏观经济运行的手段，在我国还需要逐步建立与完善。在此以前，对于贷款指标这种控制手段还不能放松。这样就不能简单地把发挥银行作用和宏观经济间接控制等同起来，因为贷款指标控制在性质上属于直接控制。

银行对宏观经济活动的间接控制与调节，主要是把货币发行量控制在适宜的限度以内。在这里，存在着一个什么是货币流通的适宜速度的问题。应该看到，目前我国由于从自然经济向商品货币经济过渡，在所有制结构调整中非现金结算范围缩小和现金流通范围扩大，还有居民手持货币增加引起的货币流通的沉淀，都有可能引起货币流通速度减慢，这样适度的货币发行超前增加并不会引起通货膨胀。问题在于，这样的货币流通速度减慢可以持续多久？一般情况下物价上涨是货币发行过多的信号，但在价格有管制时货币过多并不会完全通过物价反映出来，这时候货币流通速度减慢又往往是存在抑制性通货膨胀的信号，如何区分这两者并正确处理，就要研究货币发行的适当规模和货币发行过多的信号，特别要注意从货币发行过多到引起物价上涨存在着一定的时滞，如何见机于先，加以防范和调节，是调节货币流通的重要方面。

在财政政策和货币政策穿连裆裤的情况下，两者的放松或者抽紧是一致的，而当创造条件使财政政策和货币政策脱钩时，就有可能实行松的财政政策和紧的货币政策的结合，或者实行紧的财政政策和松的货币政策的结合。从而把刺激经济增长和防止通货膨胀结合起来。以上这几种调节总需求的不同形式的结合，需要区别不同的经济环境，审时度势，择优采用。

调节和控制总需求在于制止通货膨胀，但要求通货膨胀率为零是不现实的

社会主义国家在经济体制模式转换过程中，往往会出现宏观经济失控，出现超越实际可能的经济超高速增长，先是大起继而导致大落。因为传统经济体制模式中存在的追求过快增长的数量驱动与投资饥饿尚未消失，而权力下放又会使企业滋长起追逐短期利益行为的新动向，这就有可能导致通货膨胀加剧，使短缺加重。因此，我国在宏观经济管理从直接控制转向间接控制的过程中，要特别重视对总需求的控制，制止通货膨胀，以利于经济体制改革的顺利开展和经济的稳定持续增长。应该指出，对于西方的有效需求不足的经济来说，货币供应的超前增长可以起到增加有效需求的作用，往往可以作为反萧条的有效措施，阻滞危机出现或者刺激经济回升。但是对于我国这种供不应求的短缺经济来说，增加需求和增加货币供应则只能加剧经济的紧张程度，并使长期存在的卖方市场难于向买方市场转化，这样就不利于形成一个使市场机制能够正常发挥作用的经济环境。

但是我们也应当看到，在控制总需求时，要求通货膨胀率为零，也是不现实的。我国在实行传统的经济体制时物价基本稳定，但是到1978年仍较1950年年底上升36%，从1956年到1978年职工生活费用价格指数年平均仍上升0.7%，尽管采取了种种行政性控制物价的措施、价格体系很不合理，通货膨胀率也没有控制到零。当进行经济体制改革，改组价格体系时，更不可能把通货膨胀率控制到零。

我国进行的价格体系改革属于结构性的价格改革，在把不合理的过低的价格调高时，也相应地要把不合理的过高的价格调低。从

理论上说，升降相抵可以保持价格总水平的稳定。但事实上，由于我国价格体系不合理主要表现为农产品、矿产品价格偏低，这些都是基础价格，其调整提高会影响到一系列产品价格上升，而有可能调整降低价格的则是最终产品，降价抵消不了涨价，即使是结构性价格改革也会导致价格总水平上升。但结构性价格改革的特点，乃是当价格体系调整合理以后便可以使价格总水平稳定下来，不会出现持续的物价上升。所以在经济体制改革过程中由结构性价格改革引起通货膨胀是不足惧的。值得注意的是，这时候还可能因为投资和消费需求增长过猛、货币投放过多而引起需求拉起型通货膨胀，也可能因为工资增长过快而引起成本推动型通货膨胀，这样，结构调整、需求拉起、成本推动三方面的因素交织在一起，便有可能形成物价的轮番上涨和持续上涨，就会对经济发展产生不利影响。所以，要求把通货膨胀率控制到零是不现实的，而持续的超过两位数的通货膨胀对于人民生活安定和经济稳定也是不利的。这就要求尽可能地消除产生需求拉起和成本推动型通货膨胀的因素，把价格变动尽可能地限制在结构调整的范围之内。

应该指出，实行间接的宏观调节要求有一个合理的价格。在价格扭曲情况下，不能传递正确的信息，不能对不同部门找出一个具有普遍适用性的衡量标准，在这时强调自主经营、自负盈亏，有可能导致生产经营的盲目性，有可能损害效益而不是增进效益。在我国要使间接的宏观调节体系发挥作用，必须把扭曲的不合理价格体系理顺，否则，市场机制作用越大，长线将更长，短线将更短，盲目重复建设将更难制止，而企业间的苦乐不均也将更加突出。因此，要进行有效的宏观经济调节，必须抓紧价格体系的改革，不能因为怕引起物价上涨而犹豫不决，而要在控制需求的基础上抓紧时机，积极地果断地改革价格。价格是最主要的经济参数，价格理顺了，才能真正地进而理顺税率、利率、汇率，有效地利用经济参数来进行调节。

处理好宏观经济管理从直接控制向间接控制的转换

随着经济体制改革的进展和企业的放活，每当市场机制扩大一分，国家的直接控制也便减少一分。而这几年的实践证明，放弃直接控制手段并不困难，要搞活企业也不困难，难在如何相应地及时地建立起间接控制手段，转换到有控制的市场协调。

在转换过程中，宏观决策的关键是处理好宏观经济各项目标之间的配组。从顺利进行经济体制改革来说，应当注意的重点是控制需求，防止发生需求拉起和成本推动型的通货膨胀，为改革的进展提供一个良好的经济环境。但是，我国所进行的经济体制模式转换是和经济发展模式转换以及经济结构调整交织在一起的，单纯着眼于总量控制，便往往会忽视发展模式转换过程中引起的需求结构的变化，往往会忽视产业结构、产品结构和消费结构之间的相互适应所要求的结构调整，本来结构性的矛盾可以通过市场机制去解决，然而市场机制作用扩大又往往会和控制需求的要求相矛盾。因而，在前进的过程中往往会出现发展模式转换和结构调整的冲击引起供需总量的失衡，而采用"一刀切"的短期行为来恢复总量均衡，又往往会因为大落而造成种种新的矛盾，供需间结构性的不协调却依然如旧。这从宏观决策来说，其实质在于如何处理好经济增长与通货膨胀间的关系；微妙的艺术在于如何作出经济增长率与通货膨胀率的最佳配组；决策的关键在于见机于先防止大起，防止出现总需求的膨胀；而一旦出现总需求膨胀之后的处理艺术，则在于控制需求继续膨胀的时候，要善于利用供需之间的非均衡状态来加速结构性的调整，尽量避免一旦出现大起便紧跟上大落，避免过强的紧缩性宏观对策，导致改革出现反复。这就是说，在从直接控制向间接控制的模式转换过程中，既要尽可能作好衔接避免失控，而在出现失控之后还要尽可能稳妥地转好弯子，并且要利用转弯时机推动调整与改革。

在转换过程中，还要作好直接控制手段和间接控制手段的交替和结合。我国正在进行的经济体制改革，是要减少行政手段的控制，为市场机制发挥作用创造条件。但市场不是万能的，特别在新旧体制模式交替过程中，往往会因为扭曲的经济参数而发挥扭曲的市场作用，也往往会因为新旧模式交替时出现真空而使得市场机制失去控制。因此，搞活微观经济不是没有条件的，如果没有建立有效的宏观控制手段，就不宜采取新的放权放活措施。在原有体制的运行机制还不能完全废除的情况下，还得继续运用行政手段来维持经济活动的有秩序运行，尽量防止自发势力对经济活动过猛的冲击。我们应该看到：完全竞争的市场只有在具备许多卖方与买方并有充分的信息流动条件下，才能获得好的效果。如果商品经济不发达，市场竞争不完全，信息传递迟缓，交通运输不畅，再加上部门垄断、地区封锁、二道贩子转手哄抬等人为因素，市场机制的作用将会遭到扭曲，任其自流往往会产生有损于改革声誉的影响。因此在建立竞争性市场体系，学会用价格、税率、利率等经济参数来调节经济活动的过程中，决不能放弃必要的行政手段和必要的集中化决策。

我国当前正处在宏观经济管理从直接控制向间接控制的转换过程之中，实现这一转换会遇到许多新的问题与新的摩擦，它将启发人们去探索与思考。从理论和实践的结合上去探索与思考模式转换过程中的一系列理论问题和实践问题，将对体制改革中的模式转换起到很好的促进作用。

（原载《经济理论与经济管理》1986 年第 1 期）

几种价格体制模式的比较

价格体系改革和价格体制改革的目标模式，是经济体制改革目标模式的重要组成部分。价格体系的合理化是经济体制改革成败的关键，因为在企业经营自主、自负盈亏之后，要求有合理的价格体系才能使企业有合理的行为准则，才能真正实现利用经济杠杆来调节经济活动，实现经济参数控制的普遍化。而价格体系又是和价格体制紧密相连的。什么样的价格体制才有利于实现价格体系合理化，是研究经济体制目标模式时必须考虑的重要方面。因此，需要对不同的价格体制模式进行比较和选择。

计划固定价不能成为我国价格体制改革的目标模式

进行价格体系改革有不同的做法。苏联和某些东欧国家每隔若干年都要进行一次价格体系的改革，但并不触动以计划固定价为主体的价格管理体制。这是因为传统的理论认为，社会主义计划经济中有计划按比例发展规律和价值规律是互相排斥的，对价值规律作用的范围和程度必须加以限制。而计划固定价就是限制价值规律自发作用，体现"计划第一、价格第二"的理想模式。这种理论认为：计划固定价由国家有计划地制定，是对于价格杠杆的自觉运用，可以通过价格调节国民收入的分配，协调国民经济各部门的结构比例和资金积累来源；计划固定价有利于保持各类商品价格的稳定，有利于人民生活的稳定和经济的稳定运行，有利于和前期进行比较以核算消耗降低和效益提高的状况；价格稳定才不至于打乱已经形成的国民收入再分配格局，便于国家计划安排。在这种理论的影响下，过去人们常常把计划固定价作为计划经济在价格体制上的体现，认为实行不实行计划固定价是实行不实行计划经济的标志。

计划固定价是传统的高度集中的计划经济体制模式中的重要一环。如果价格是浮动的而不是固定的，严格的物资配给就没有必要，供需双方可以自由选择，可以随经济发展而改变供需数量和价格，而这又可能使指令性计划受到冲击。所以计划固定价和指令性计划以及物资的切块调拨分配紧密地结合在一起，彼此不能分离。计划固定价可能不尽切合实际，使有些企业的经济利益受到损害，但由于把整个国营经济看作是一个大工厂，各个国营企业没有自己的独立的经济利益，价格合理与否都只是作为和前期比较的核算工具而起着作用，而这又是传统经济体制的特点。所以，对于传统经济体制持"维护"态度的人们，必然全力维护计划固定价。尽管允许一再调整不合理的价格体系，而计划固定价的体制模式是不能变动的。

但是，当进行经济体制改革，不再把整个国营经济看作是一个大工厂，各个企业都是相对独立的商品生产者时，计划固定价这种形式却不宜于作为价格体制的目标模式。其理由是：

其一，计划固定价是由国家即代表国家的物价部门统一制定的，作为商品生产者和经营者的企业却被剥夺了定价权。这样，从国家物价部门说，承担了几万种以至几十万种商品价格的制定工作，处理困难，很难把价格定得合适。从企业说，价格的运动脱离了企业相对独立的经济利益，价格不能传递正确的信息，也不能发挥合理的刺激作用。因而，这种价格体制不适应有计划的商品经济的要求。

其二，计划固定价的一个重要特点是价格长期固定不变，它不随着供求变动而变动。当强调计划第一、价格第二时，计划固定价的这个特点被认为是优点；而强调利用市场机制时，价格脱离供求这个特点便成为明显的缺点。由于商品经济中供给和需求是在不断变化的、运动的，技术的进步、经济结构的变化以及商品生产者之间的竞争，都会引起商品供给量及其构成的变动；而随着人口、收入分配、消费倾向等因素的变化，商品需求量及其构成也经常在变动。当然，在供求得到重视时，人们制定计划固定价可以考虑供求，但由于价格固定不动，过不了多久仍会脱离供求。在商品经济中供给和需求的不平衡性和多变性，要求的是灵活变动的相对价格，因而计划价的固定不变必然与反映供求的要求相矛盾。

其三，在商品经济中，每一个相对独立的商品生产者都有自己的经济利益，乐于生产那些价格对自己有利的商品；每一个购买者，则总是乐于选购那些价廉物美的商品。因此，有计划的商品经济要求有一个合理的价格体系。但是计划固定价的体制模式造成价格长期凝固不变，造成脱离商品供求实际的主观主义定价，出现扭曲的、不合理的价格体系，传递错误的信息，在生产、消费、技术改造、质量提高等方面制造盲目性，在宏观上影响整个国民经济的正常运行，不利于资源的最优配置；在微观上使企业生产经营活动和经济效益失去了客观评价的准绳和依据，带来苦乐不均，造成收入分配不均等，并且影响到消费选择的实现。

正是因为这样，当经济体制进行改革时，就必须不再把整个国营经济看作是一个大工厂，各个企业都是相对独立的商品生产者和经营者，自己经营、自负盈亏。这时候，就不能把计划固定价作为价格体制的目标模式。应该指出，单纯着眼于改革价格体系，调整不合理的价格，而不触动计划固定价的价格管理体制，并不足以使价格体制和整个的经济体制改革目标相适应。当然，这不等于完全取消国家统一定价的计划固定形式。那些由国家直接经营管理的行业如铁路、航空、海运、邮电等，那些短缺的并且关系到国计民生的产品，仍然有必要由国家统一制定计划固定价。但是，计划固定价不宜作为今后价格管理的主要的和基本的形式。

近年来，我国进行的关于理论价格的讨论和测算，尽管有着按哪一种利润率计算定价的争论和分歧，但是这个讨论本身是以计划固定价作为价格体制模式作为前提的。测算的目的在于据此找出实际价格和理论价格的背离程度，依靠国家有计划地进行价格调整，逐渐向理论价格逼近以达到价格体系的合理化。而从理论上来说，则是把价格背离价值作为价格不合理的具体表现，认为在改革经济体制中遇到的一个严重障碍就是价格背离价值，认为改革的目标就是在制定计划固定价时使价格符合价值，使价格成为反映价值的一面镜子。在理论价格讨论中关于平均的工资利润率、资金利润率以及资金和工资双渠利润率的争论，也不过是按价值的原始形态或是按价值的转化形态来制定计划固定价实现其理想境界。

从价格改革的实践来说，如果不是把计划固定价作为主要形式，如果供求还在价格形成中起着作用，那么理论价格对于价格体系改革并没有多大实际意义。价值规律作为支配人们经济活动的自发力量，总是反复地随着供给和需求的变化驱使和诱导价格上涨或回落。供求平衡时价格符合价值，求过于供时价格高于价值，供过于求时价格低于价值，这是符合价值规律的顺调节，即使存在着价格和价值的偏离也是合理的、不需加以调整的。当前价格之所以不合理，在于求过于供的商品价格反而低，供过于求的商品价格反而高，价格对供给和需求起到了逆调节作用，这种既不反映价值、又不反映供求的价格才是不合理的价格。而之所以形成如此不合理的价格，并不在于按哪一种平均的利润率定了价，而在于价格体制。然而理论价格的探讨并没有摆脱对这种价格体制的依附，所以我认为理论价格解决不了我国价格合理化问题。

自由价格也不能成为我国价格体制改革的目标模式

既然计划固定价的主要缺陷在于企业本身没有对其产品价格的决定权，在于价格固定脱离供求的运动和变化，那么，从充分利用市场机制来看，从纠正价格扭曲来看，从企业真正成为自主经营、自负盈亏的相对独立商品生产者来看，自由价格是不是最理想的价格体制目标模式呢？当前在经济体制改革目标模式和价格改革的理论讨论中，正有不少同志自觉或不自觉地主张自由价格和自由竞争。

我认为从我国目前情况来说，实行自由价格将出现以下几方面的问题：

其一，实行自由价格，充分利用市场机制反映供求关系，在交换过程中形成价格，需要有一个供给略大于需求的买方市场，创造一个比较宽松的环境。而在可以预见到的期间内，创造这样的环境条件是颇为艰难的。因为在原有体制中形成的"投资饥饿症"不可能在短期内消除，相反在经济体制模式转换过程中由于投资多寡和利益的联系更加紧密，还有可能加剧；某些国家出现的消费早熟问题，也正因为客观上存在着追逐短期利益行为的力量而逐渐波及我国，从而形成"国民收入超分配"性质的需求膨胀，使得卖方市场很难转变为买方市场。在这种情况下实行自由价格，有可能使该提价的与不该提价的都提了价，使企业把注意力放在如何提高自己产品的价格上，而不是放在提高质量、降低成本和提高经济效益上。这样的结果，显然是人们所不愿见到的。

其二，从计划固定价骤然转换到自由价格，禁锢突然消失，有可能出现价格的大起大落，对经济发展极其不利。马克思指出：剧烈的价格波动，会在再生产过程中引起中断，巨大的冲突，甚至灾难。而且价格的剧烈波动，会引起人民生活的不安定。

其三，人们列举的自由价格的种种优点，是和自由竞争联系在一起的。然而，一个完全自由竞争的环境是不能实现的。不论在资本主义经济中还是在社会主义经济中，都不存在完全自由竞争的理想境界，而是处于完全竞争与完全垄断这两极之间的不同阶梯上，因而卖方可以在不同程度上利用自己的相对垄断地位，根据利润最大化的原则来调整供给价格。正因为这样，如果改变计划固定价而代之以放任不管的自由价格，则企业垄断、部门割据、地区封锁、二道贩子哄抬等，都可以造成取决于卖方的不完全竞争价格乃至垄断价格，从而损害消费者的利益。

其四，自由价格虽然能反映供求关系的变化，传递信息，并且反过来调节供求，但是，由需求结构变化牵动生产结构变化有一个时间上的滞后期，这种事后调节的性能，往往会形成生产和价格的频繁的短期波动，起到破坏作用。

我以上所举自由价格可能带来的弊端，目的并不是要完全否定自由价格，而是泼些冷水，使人们在热衷于利用市场机制、发挥经济运行自动调节功能时，清醒地看到现在已不同于亚当·斯密的自由竞争年代。从经济体制改革的要求看，从搞活微观经济使企业具有活力，使消费者真正能够自由选择，都有赖于打破僵化的价格体制，使商品价格能够随供求变动而变动，能够利用市场机制、利用竞争来给经济运行输入活力。自由价格的理想境界颇有使人倾心之处，人们把它作为长远的目标模式或许有一定道理。但我以为，社会主义的商品经济不是一般的商品经济，而是有计划的商品经济，从目前的条件来说，在一定的范围和程度内实行自由价格是可行的，而普遍实行自由价格将会带来许多新的问题。

幅度浮动价能不能作为价格体制的目标模式

所谓幅度浮动价格是指由国家规定基准价和上下浮动的幅度，在规定的幅度内可以使价格向上或者向下浮动。人们认为由此可以取计划固定价格与自由价格两者之长，避两者之短。一方面，由国家规定的基准价是价格浮动的基础，由国家规定的幅度是价格浮动的上限和下限，这是计划价格的一种形式，体现了国家对价格的计划管理；另一方面，这种管理不同于国家统一定价，并没有违背价格运动的一般要求。它使作为相对独立商品生产者的企业有了一定的价格决定权，也使得购买者通过对商品的"估价"体现了消费选择权，使市场机制有了发挥作用的舞台，竞争也有可能展开。与此同时，由国家规定价格上下浮动幅度，又避免了自由价格可能出现的失控，避免了价格的大起大落，又能对商品的供求运动和企业的微观选择起到约束和指导作用。

但是，从这几年的实践看，浮动价格既可能兼取计划固定价格与自由价格两者之长，也有可能兼取两者之短。它在求过于供时有可能普遍按浮动价格的上限出售而形成变相的计划固定价格，也可能因为浮动幅度失去控制而成为变相的自由价格。因而，对浮动价格能否成为价格体制的目标模式的怀疑也随之产生了。

应该指出，浮动价格之所以出现兼取两者之短的现象，主要是由于需求的过分膨胀，特别是在经济体制转换过程中实行了双轨价格，大部分物资按计划价供应，过量的剩余购买力涌向计划外按浮动价格供应部分，这样就把过去隐蔽在计划调拨分配物资和用行政手段控制价格变动后面的供需矛盾表面化和尖锐化了，使得浮动价格难以控制，这很难说是浮动价格本身必然具有的弊端。因而，对浮动价格能不能成为价格体制目标的主要形式，需要从价格浮动的必要性，国家规定基准价的可能性，国家控制浮动幅度的可行性这几方面加以考察。

其一，价格浮动的必要性。在商品经济中，商品价格应当反映商品供需的变化。由于商品的供给和需求是在不断运动着的、多变的、不稳定的，因而商品价格不能不围绕商品供求的变化而相应地浮动。过去实行的计划固定价的主要缺陷，正是在于价格制定后便固定下来，很难调整，从而不能反映供求。我国价格体系不合理的症结在于价格的长期固定不变，而只有使大部分商品价格在国家控制下接受市场机制作用相应浮动，才能逐步改变价格严重扭曲的状况，使价格趋于合理。

其二，国家规定基准价的可能性。实行幅度浮动价格要由国家规定基准价格，然后才能体现国家有计划地控制价格的要求。有的同志提出，既然由国家物价部门为成千上万种商品制定计划固定价很难做到合理，那么由国家物价部门为那么多的商品规定浮动价格的基准价同样也是困难的。这里应当看到，计划固定价和浮动价的基准价，虽然都由各级物价部门来制定，它们有共性的一面，但两者又有区别。这就是，计划固定价制定以后，它和市场供求的实际有着什么样的差距，不容易测度和调整。而浮动价的基准价制定以后，可以通过价格浮动的状况反映其差距，从而可以相应地适时调整基准价，使之逐步逼近反映市场机制的较合理的价格。这种办法近似于所谓模拟市场机制的计划价格，也正说明了由国家制定比较合理的基准价是有可能的。

其三，国家能够控制浮动价格的浮动幅度。幅度浮动价格之所以反映了国家有控制的市场机制，还在于它控制了浮动幅度的上下限，避免了价格的大起大落。目前人们对于浮动价格的责难，主要是认为国家很难控制价格浮动的幅度，而一旦失去控制，便会形成实际上的自由价格。这些责难从现实生活看是存在的，但这不等于国家不可能控制浮动幅度。应该看到，社会主义国家作为计划经济的组织者，既有着控制价格浮动范围的必要性，也有着控制价格运动和控制价格浮动范围的条件。这就是说国家既可以在总量上调节供给和需求的关系，又可以在构成上控制供给和需求，使之大体适应，避免价格的大起大落；国家可以运用各种经济杠杆进行调节；国家还可以使用行政手段控制价格按规定的上下限浮动。其实，在正常情况下，价格随供求变化而上下浮动的幅度是不会很大的。出现价格大起大落现象或是由于原来价格很不合理，或是反映了经济生活中的不正常现象，而这些现象在经济生活正常化以后是可以消除的。

在有计划的商品经济中，商品价格不应当是凝固的，而应当经常进行调整浮动，然而又不能使这种浮动失去控制。这也就是商品经济要求把一切经济活动都置于市场关系之中，而这种市场关系又是可以由计划调节的，能够消除盲目无政府状态下市场关系过分猛烈波动的危害。从这个要求来说，幅度浮动价格是有控制的价格浮动，它能够较好地体现有计划的商品经济的要求。

三种价格形式合理配组,运用多种手段调节和稳定价格

从以上分析来看，计划固定价格、自由价格、幅度浮动价格都各有长短。其中幅度浮动价格虽然能较好地体现有计划商品经济的要求，但其实行也需要有一定的条件。因而，以上三种价格体制形式都不可能单独成为价格体制的目标模式，可以设想的是使几种价格形式并存，根据不同商品的具体情况采用不同的价格形式。例如对有益国计民生的紧缺商品仍旧实行计划固定价，对鲜活商品、小商品以及供应比较充裕的商品实行自由价格，大部分原来实行计划固定价的调拨分配商品在条件具备时推行幅度浮动价，在三种价格形式的组合中逐渐做到把幅度浮动价作为价格体制的主要形式。这样一种设想也许比较切合我国的实际。

要指出的是，我国目前对同一种商品也采用不同的价格形式，属于国家计划安排调拨分配的商品实行计划固定价，属于企业自行销售的商品实行浮动价格或自由价格（议价），这种价格形式的双轨制或多轨制，是具有中国特色的创造。它可以避免经济体制模式在转换过程中因价格剧烈变化引起的收入分配格局的过大震荡，适应企业和广大群众的承受能力，减轻前进中的阻力。但是，由此也破坏了同一市场中同一商品价格的同一性，也引起了一系列新的问题。在这方面，如何根据具体情况确定双轨价格的合理配组，避免苦乐不均并减轻前进中的矛盾，是一种艺术，需要认真探索其规律并巧妙运用。

在有计划的商品经济中，需要避免价格的大起大落，避免市场关系的猛烈冲击和过大震荡。对此，既需要有合理的价格体制，也需要其他各方面的措施相配合，在社会主义国家中，具有这方面的条件。

在从以计划固定价为主要形式的价格体制向多种价格形式组合的价格体制转换过程中，出现某些价格失控的现象是暂时的，它既

是准备不足、各方面配合不够和工作失误造成的，也是对过去的僵死的价格体制的惩罚，只要假以时日，积累了经验，价格失控现象就会不再出现。到那时，我们探索的既能发挥市场机制的作用，又能加以驾驭的价格体制模式就能够成为现实。

（原载《价格理论与实践》1986 年第 2 期）

在财政困难时所面临的宏观政策选择[*]

党的十一届三中全会以来，全党全国人民把主要注意力集中在经济建设上，推动了经济持续地、健康地向前发展。但是，也就是在这段时间里，财政工作却遇到了过去从未遇到过的困难。自1979年以来，财政赤字一直困扰着财政实际工作者和财政理论工作者。如何解决这个矛盾呢？按照历史的经验和传统的做法，财政困难往往是由于基本建设规模过大造成的，克服财政困难的有效措施就是缩减基本建设投资规模。从这两年情况来看，固定资产投资需求也确是过大的。但是细加分析，固定资产投资膨胀又有新的特点，主要表现为财政预算安排的投资增长并不太多，而且所安排的都是能源和交通运输等重点工程，如果砍掉这些工程项目，基础产业和加工工业之间发展不相适应的矛盾势必进一步扩大，经济发展的后劲势必受到影响。因此，财政虽然很紧，预算收支平衡虽然很困难，砍基建投资来平衡预算收支这一招却不能再用了。这就要求我们扩大视野，进一步探索克服财政困难的途径，探讨在财政困难情况下的宏观政策选择问题。

是稳定国家与农民的关系，还是继续提高农产品收购价格给农民以好处？

这几年在宏观决策方面对财政分配影响最大的莫过于国家与

---

* 合作者：何琐衡。

农民分配关系的调整。1979 年提高农产品收购价格以后，农民从国民收入中分得的份额骤增几百亿元，这极大地调动了农民的生产积极性，推动了农村面貌的改变，因而这是一项积极的决策。它以实际效果证明了过去把农民挖得很苦不利于经济发展，农业和工业相互促进才是整个经济健康发展的康庄大道。但也要看到，因为农产品提价而减少了国营企业向国家上交的税利，增加了财政补贴，这是财政收入从 1980 年到 1983 年连续四年徘徊不前的重要原因。1984 年和 1985 年两年财政收入较大增长是由于旺盛的投资需求和动用外汇进口物资使得工业生产出现超常规增长所致，当暂时性因素消失以后，财政收入拮据又成为财政困难的根本原因。

在这时候，如何对待再度提高农产品收购价特别是粮价的呼声，是一项重大的宏观抉择。提高粮价的理由之一是这几年陆续提高了化肥、农药、柴油等农用生产资料价格，农民从农产品提价中得到的好处被陆续拿了回去，要再给农民好处就得再提粮价。理由之二是 1985 年放开粮、棉、油以外的农产品价格后，粮、棉、油与其他农副产品的比价迅速拉开，粮价又回到了谷底，粮、棉、油的种植面积缩小，因而要求调整农产品内部比价，特别是提高粮价，以稳定粮食生产。

从商品交换的角度来看，这些呼声不见得有理。其一，农产品收购价格调整以后进行某些工业品价格的后续调整，是商品比价变动中正常的事情。化肥、农药等原来都是亏损产品、国家对生产企业给予了大量补贴，柴油在各种石油产品中比价偏低，当农民有了负担能力以后调整提高这些农业生产资料价格是合理的。何况，从 1979 年到 1985 年农产品收购价格提高 66.8%，而供应农村的工业品价格仅提高 11.1%，从工农业产品比价来看，剪刀差在缩小，而不是在扩大。其二，由于农业生产受土地这一自然资源的约束，只能在人均 1.5 亩土地的范围内做文章，价格在刺激总量增长方面的作用远不如刺激结构调整方面所起的作用。我们在处理农产品内部比价时必须充分注意这一特点，尽量避免粮食种植面积减少了提粮价，粮食种植面积扩大以后又出现经济作物的供需差距而提高经济作物价格。对粮食的合同定购和定购价格还不能轻易放开，还需要利用这种行政的控制办法作为稳定器。否则，粮食和经济作物轮番涨价就有可能把农产品价格推了上去，并且使工农业产品轮番涨价的轮子也滚动起来。

从财政分配的角度来看，1979年以来的实践证明，农产品收购价格的提高，或者会直接减少财政收入，或者是增加城市居民负担之后又通过工资奖金等补偿渠道而影响到财政收支，与财政关系极其密切。农产品价格要不要调整或怎样调整，不能仅仅着眼于农民利益以及农业结构的调整，还要从对国家财政的影响及其承受能力，全面分析利弊得失，进行抉择。特别要吸取1979年的经验教训，农产品价格的调整不要过猛，农民今后应主要从增加生产中增加收入，国家和农民的分配关系宜于稳定，而不宜于变动过于剧烈。

多年来农村税收负担很轻，我们用"税收以外的办法"即价格的办法从农民那里取得工业发展的资金，把财政的命运和农产品价格变动捆得很紧很紧，这种格局已经很不适应经济改革的新形势。价格反映的终究是商品买卖中的交换关系，而不是分配关系；农产品价格终究要逐步放开，放开以后虽然要加以引导，却不可能卡住。因而对于如何运用税收杠杆来调节国家与农民分配关系以及农民内部关系，应从农村经济的全面发展出发来认真加以研究。尤其要研究如何不再把税收负担主要压在土地上，打击农民向土地投资的积极性。各类乡镇企业目前享受的优惠太多，一方面减少了它们对国家的贡献，另一方面督促它们合理利用资源的压力也减轻了，这也是在运用税收杠杆时要注意改进的。

城市改革是继续靠放权让利来搞活企业,还是在改变企业内部经营机制上下功夫?

在城市改革起步时,我们针对传统经济体制统得过死和吃"大锅饭"这两项人人都能一眼看到的弊病,循着强化物质刺激的思想恢复了企业奖励基金制度,随之又实行了各种形式的国家与企业共享利润的制度,包括利润留成、利润包干、递增包干以及后来实行的利改税。这样,从企业原来没有财权到下放给企业以一定的财权,从企业利润全部归国家财政支配到让出一部分利润归企业自己支配,企业渐渐比过去活泛,也调动了职工的积极性。由此使放权让利特别是财务分配上的放权让利成了城市改革的突破口,成了这几年改革的主要内容。但是,国家和企业间分配关系的这种改变必然会引起国家财政在国民收入中所占份额的下降。因此,进一步深化企业改革走什么路子,必然与财政分配息息相关。

有的同志认为,当前企业的留利水平与要使企业具有自我改造、自我发展能力的要求相距甚远,要深化改革搞活企业,就得进一步减税让利。并且认为现在减点税、让点利,调动了企业积极性,推动了企业技术改造,提高了经济效益,国家财政不但不会减收,还可以增收。这个道理和拉弗曲线的道理颇有类似之处。美国里根总统采用供应学派的主张实行了减税政策,使资本主义企业在减税中得到不少好处,这确实有刺激作用;但是刺激经济增长所增加的收入,补偿不了减税的损失,以致扩大了财政赤字,加剧了债务累积。美国国会在财政困难面前不得不于 1986 年通过了平衡预算法案和税收改革法案,结束了拉弗的减税理论的试验。这对于把减税让利作为深化企业改革的主要思路来说,是很有借鉴意义的。

企业的留利水平多高方才合适? 怎样才能算企业有了自我改造自我发展能力? 这些概念都带有相当大的弹性。1979 年企业留利为 86 亿元,1980—1985 年分别为 140 多亿元、160 多亿元、210 多亿元、290 多亿元、350 多亿元和 462 亿元。企业留利占实现利润的比例 1979 年为 12.3%，到 1985 年已提高为 39%，企业与国家利润分配已经是四六开，这个比例已经不小。如果单纯着眼于企业自身的需要，很可能是把企业的全部利润都留给企业还嫌不足。但是从分配来讲，则要看到有无实现的可能。再说，国家财政集中资金同样也是为了发展经济，产业结构的合理调整还得靠国家的宏观调控和集中的资金分配，如果国家被挤穷了触发起经济周期波动，企业留利再多也活不起来。

经过前一段的改革，企业的利润动机有所增强，但在企业内部还缺乏把长期利益和短期利益结合起来的机制，企业行为短期化的倾向很明显，企业只能负盈不能负亏。面对这样的状况，减税让利并不能解决矛盾。深化改革要在改变经营机制上下功夫，要沿着所有权与经营权分离的思路重新构造微观基础，使企业真正成为相对独立的商品生产者，具有既负盈又负亏的经营机制，使企业承担起经营责任与经营风险。在这时候，改革就能为企业和职工创造一个平等竞争的较好的社会经济环境，为充分发挥其生产经营积极性创造必要的条件，使企业能在改善生产经营提高经济效益的基础上增加留利，使职工能够在提高劳动的质和量的基础上增加收入。循着这条把为企业和职工多谋利益和为社会多做贡献结合起来的思路，克服财政困难和搞活企业的矛盾才能妥善解决。

关于地区财力分配的选择

在地区财力分配方面，是把有限的资金重点投向资金最稀缺的地区，还是投向资金效益最好的地区？是中央直接掌握的财力多些，然后再向地方投资建设，还是地方自己掌握的财力多些，自行安排各项建设？这是财力分配中经常遇到的两项重大选择。

从前一项选择来说，这几年东部沿海老工业基地的发展远快于中部和西部的经济发展。有的同志认为梯度发展态势是不可逆的客观规律，既然东部沿海地区的投资经济效益好，便应该给予更多的财力支持，以进一步发挥其优势。有的同志则认为梯度发展战略扩大了地区经济发展的不平衡性，拉大了我国经济较发达和不发达地区之间的差距，从改变地区生产力布局的要求看是不可取的，认为应该转而实行逆梯度发展战略，由中央财政扶持不发达地区的经济发展。还有一些同志则认为对资金稀缺和资金效益应该兼顾，财政划分和财力分配以保持各地均衡发展的态势比较适宜。

在这里需要指出的是，不论是采取梯度发展、逆梯度发展还是均衡发展的战略，财政都是要抽肥补瘦，从东部沿海地区取得资金用于支持西部内陆地区，问题只是对肥的抽得多一点还是少一点，对瘦的是补得多一点还是少一点。我国前30年一直强调发展内地工业，强调改变地区生产力布局，抽肥得来的投资集中用于内地，东部沿海地区提供了资金积累，而留下来用于本地区经济发展的数额很少，这样经济效益并不好。近几年也并没有给东部沿海地区以额外照顾，主要是分灶吃饭划分收支比例以后，一定几年不变，使它们可以留下一部分资金，调动了它们的积极性，使东部沿海地区的经济能比过去有较快的发展。

在我们这样一个疆域辽阔、经济发展不平衡的大国，各地区发展必然有先有后、有快有慢，地区经济布局的调整只能随着国家经济实力的增长逐步地有序地展开。地区发展战略的确定应从国家需要与当地条件出发，扬长避短，促进各有特色、合理分工的地区产业结构的形成。经济发展不平衡有其客观根源，企图把差别很快拉平并不现实。梯度发展是正常的。

当然，这不等于对不发达地区不再给予财政支持了。现在的地方财政中40%以上的省、市、区还收不抵支，全国还有2/3的县在靠补贴过日子。国家财政不抽肥补瘦是行不通的。财政上的变革无非是把抽肥补瘦的比例和数额固定下来，以后多收的可以多支，少收的只能少支。由此涉及第二项选择即中央和地方财政划分的问题。我国现在的情况是中央财政承担的义务相当大，而可以支配的资金则比较有限，以致中央财政连年发生赤字。今后的出路无非是在三种做法中进行选择：一是中央财政承担的义务不能变，这就要使中央财政适当多集中一些资金；二是中央与地方的分配关系不能改变，中央财政集中的份额不可能再增加，那就要量入为出适当减少中央财政承担的义务；三是在支出上减少一些中央财政承担的义务，在收入上增加一些中央财政集中的份额，从而使财政收入和支出能基本适应。

在这三种选择中，呼声较响的是中央财政要多集中一些资金的设想，其理由是现在中央财政很紧而地方财政有结余。但是由于利益的刚性，要真正做到中央财政集中大部分资金不那么容易。何况地方财政有结余并不是有钱花不出去，而是地方财政不具备搞赤字的条件，仅从基础设施和地方文教事业发展这两项看，地方的资金同样是很紧的。因而中央财政虽然要适当多集中一些，但地方财政收入的减少也不能过猛，看来第三种选择即在增加中央财政集中份额的同时适当减少其承担的义务，是比较可行的。

正确处理财政和银行的关系，协调两者动作

在经济体制改革中，发挥银行信贷作用是极其重要的方面，但在进一步发挥银行作用的过程中，一定要搞好财政、银行的协同动作，这样才能有效地调节经济活动和调节货币流通。这里着重探讨关于固定资产投资贷款和国家信贷两个问题。

过去相当长时间里认为银行的信贷资金只能贷放于流动资金，不能贷放于固定资产投资，把它作为信贷资金和财政资金分口管理的一条重要界限。

随着折旧基金留给企业、企业有了生产发展基金之后，企业增添设备改进技术，已经有了自己的资金来源；而企业独立经营、自负盈亏的新体制，又意味着企业挖掘潜力、改进生产、提高经济效果，将由企业自己负责解决所需要的资金。然而技术设备更新改造

所需要的投资数额大，需要逐渐存储、集中使用。有的企业正在存储，资金暂时有余；有的企业需要用款，资金不足。发放固定资产贷款以融通调剂资金余缺，就成了经济发展和提高经济效益的现实需要。所以一旦允许银行发放固定资产投资贷款，增长就很迅猛，很快便与财政预算安排的基本建设投资以及地方、部门、企业自筹投资形成了鼎足三分的势头。

从经济体制改革看，由企业用自有资金进行投资和由银行发放投资贷款，是提高固定资产投资效果的改革方向。我国过去实行的由财政拨付固定资产投资的资金无偿供给制的弊端早已为实践证明。如果改为企业用自有资金进行技术改造，就要多算计算计。与此同时，改用信贷方式供应固定资产投资，有借有还，还本付息，也可以促使贷款单位关心资金利用；而且用信贷的方式供应固定资产投资还可以运用利息杠杆，使建设单位自动停建那些预期利润低于利息的投资项目，使投资决策者关心投资的经济可行性。再进一步说，一旦形成资金市场，利息杠杆就可以成为资金供需的调节器，形成对投资过热的自我约束机制。

但是，要使固定资产贷款能够真正起到上述作用，前提是信贷约束是硬的。现在实行的税前还贷（企业利润先还贷款然后再征收所得税）以及减税还贷（减免产品税或增值税用来归还贷款）的办法，是用财政的钱而不是用企业的钱来归还贷款，这使得信贷成了软信贷，固定资产投资拨款改为贷款的种种好处大大被抵消，利息的调节作用近于零。这种改革实际上只是财政拨款的提前支付，并没有真正改变资金无偿供给制的实质，却把本来可以由财政集中用于重点项目的资金分散掉了。所以，拨改贷是方向，而这种不伦不类、有名无实的贷款并不是方向。有必要明确规定，凡是用贷款进行的固定资产投资都必须拿企业自己的留利和折旧基金归还。由此可能会影响贷款业务的开展，那些偿还能力差的技术改造项目有可能不敢使用贷款，但这也没有什么坏处，确有需要的项目仍由财政无偿拨款就行了。

由此涉及怎样正确处理财政与银行关系的问题。财政和银行都是分配资金的，从宏观决策的选择看，主要是哪些方面适宜采用无偿拨款的方式，哪些方面适宜采取有偿贷款的方式，应根据不同情况作出合理选择。实行贷款的项目就得确有偿还能力，真正能做到有借有还，否则银行借出了钱，却给财政留下了偿债的包袱，就不利于组织财政收支平衡了。如今因在税前偿还固定资产投资贷款而影响当年财政收入的数额已超过 100 亿元，再发展下去其数额将会更大，因而对于如何克服软信贷的弊端更加值得重视。

在财政、银行关系方面还涉及国家信用的问题。20 世纪 80 年代初我们冲破了"既无内债又无外债"的禁区，利用国家信用的形式来为社会主义经济建设服务，除了举借外债之外，也发行了国库券形式的内债。这样，在弥补财政赤字时就有了向银行透支和举债两种不同的形式。实际上，向银行透支只能作为临时性的弥补手段，长期这样做就有可能消耗掉银行的全部资产，使银行徒有其名，成为"皮包公司"。而举债也只能作为临时性的调剂手段，不宜作为经常性的收入来源。如果遇到的财政困难是暂时的，例如发生农业灾歉以及国际贸易关系的突然变化而暂时影响财政收入时，可以不急于变动国民收入分配比例，在有财政赤字时发行债券，待财政收大于支有盈余时再通过各种渠道收回债券，有借有还，债务便不至于累积起来。如果遇到的财政困难是长期的，那就要从改变国民收入分配比例来取得经常性的收入来源，或者从减少财政承担的义务来平衡收支，而不宜把内债作为经常性的收入来源。

内债是一种国家信用，它与银行信用的区别在于：银行信用是资金融通调剂的媒介，一手借进，一手贷出，还本付息是由营运这笔资金的单位承担的，它不怕存贷业务的扩大。国家财政举办的内债则不然，它对债权人要承担到期还本付息的义务，而对资金使用者则是无偿拨付的，因而举债规模必须限于财政负担能力。拿年息10%、发行期为 5 年的国库券来说，如果要保持每年 40 亿元的经常性收入，在刚开始发行的头 5 年里每年发 40 亿元可以派上用场；

到第 6 年则发行 60 亿元刚够还本付息，发行 100 亿元才能有 40 亿元用于建设支出；到第 11 年发行 150 亿元刚够还本付息，发行 190亿元才能有 40 亿元用于建设支出；到第 16 年发行 285 亿元刚够还本付息，发行 325 亿元才能有 40 亿元用于建设支出。如果到 6 年以后不作为收入来源，但也不专门安排偿债基金，用发新债还旧债的办法周转，那么债务也仍旧会以 60 亿元、90 亿元、135 亿元，202.5 亿元递增，像滚雪球那样越滚越大。这必然会使今后的财政收支更加捉襟见肘。

经济体制改革冲破统收统支的财政体制以后，财政收支有无赤字已不再是总需求膨胀或者不足的直接标志，但由此并不意味着财政赤字无关宏旨了，在新的条件下发生经常性的财政赤字仍然是不可取的，而且是没有什么妥当的长期弥补办法的。举债虽然可补救于一时，但不能忽视国家信用与银行信用的区别，因而举债不能作为经常性的筹款办法。内债如此，外债尤其如此。否则就有可能背上沉重的债务包袱，成为后人的负担。

进行宏观决策要考虑对财政收支的影响，进行所需和所得的比较

从这几年的实践看，不少改革措施调动了积极性，收到了良好效果，但也改变了国民收入分配格局，增加了财政困难，因而有必要从宏观决策角度对所费和所得进行全面的比较。

农产品的价格补贴是世界上许多国家都有的，但是补贴的范围以及补贴的规模仍值得探讨。这几年粮棉油三项的价格补贴骤增到300 多亿元，再加上想取消而取消不掉的城市蔬菜等副食品的价格补贴，数额更加可观。提供补贴可以在农产品进价提高时稳定销价，稳定人民生活。但是，因过于庞大的补贴造成财政赤字而增发货币，却又成为新一轮的膨胀压力。这就有可能出现：为避免涨价而给予补贴——因补贴过多而造成财政赤字增发通货——因流通中

货币过多而引起物价上涨，从而形成价格补贴陷阱。

给外贸进出口以财政支持，包括税收调节等方面的支持，也是世界上许多国家都有的，但支持的范围以及支持的方法仍值得探讨。我们的国内价格和国际市场价格没有联系，属于完全不同的两个价格体系，但基本的规律是农产品、矿产品等初级产品的国内价格低于国际市场价格，出口有利可图；加工工业品国内价格高于国际市场价格，出口亏损。由于农矿等初级产品的增产受客观条件的限制，要扩大出口规模就得发展加工工业品的出口。因此，外贸亏损大小基本上和外贸出口规模成正相关关系，即出口规模达到一定限度后再要扩大出口，亏损便会成倍地累进递增。因而压缩外贸出口亏损的最简单办法便是减少加工工业品的出口，但由此又会造成出口衰减，外汇收支逆差扩大，要扩大出口又造成财政补贴的急剧上升，形成反复循环。由于在我国出口是为了进口，财政上对出口的亏损补贴实质上是对进口的财政补贴，因此合理的出口规模要和合理的进口规模结合起来研究，确定在国家财政承受能力的范围之内。从长远来看，我国不能始终处于资源出口国的地位，发展加工工业品的出口是跻身于国际市场的必由之路，因而要努力提高加工工业的技术水平，提高劳动生产率，特别要利用我国工资水平低的优势，发展那些用工较多的产品如服装的出口。还要看到竞争能力差不完全是劳动生产率问题，如因商品包装差、外观差而卖不上价钱，因交货期长而赶不上旺销时刻，因信息传递过于烦琐而不能及时拍板成交，因加工工业品的价格包括了商品生产过程的税利而高估了出口换汇成本，在这些方面很有潜力可挖。只要我们能采取有效措施挖出潜力，扩大进出口贸易便可以少受或不受财政承受能力的限制，甚至可以成为财政建设资金的来源，到那时相互掣肘的制约关系便可以转变成为相互促进的关系。

总之，在宏观决策中要考虑财政承受能力，而财政承受能力的标志乃是有无财政赤字。在这里需要指出的是，随着经济体制改革的开展，财政赤字已不再是总需求膨胀的同义语，个别年度有财政赤字确实不需要大惊小怪。但是，发生连续多年的财政赤字终究是不可取的。它不是在国民收入初次分配中存在着问题，如农民或职工收入增加太快；便是在国民收入再分配中存在着问题，如财政承担的支出任务太重。因此，在出现连续多年的财政赤字并且预期今后若干年仍将有财政赤字时，一定要认真研讨发生财政赤字的原因，除了从财政工作方面抓好增产节约增收节支之外，还要从宏观决策上进行反思，确定从哪一环节入手来改变这种状况。

（原载《经济研究》1986 年第 6 期）

弥合通货膨胀引起的通货膨胀惯性运动

当前我国政府面对着通货膨胀的形势正在采取一系列补救措施，包括对工资作某种程度的补偿，提高利率，控制物价上涨，乃至进行财政补贴等，以弥补通货膨胀造成的损害，弥合政府、企业、农民、职工间被通货膨胀扰乱了的关系。

但是，弥合通货膨胀的措施不等于治理和制止通货膨胀。这种措施虽然对通货膨胀的危害作了补救。对贬值的货币购买力作了某种校正，但由此却会引起通货膨胀的惯性运动，在轮番上涨中把物价总水平推上新的台阶。

一　工资补偿问题的提出和工资物价的轮番推动

通货膨胀是普遍的变相的税收，通货膨胀的加剧必然会使一部分职工实际生活水平下降。根据典型调查，1987 年我国城市中有占调查面 21% 的居民户的实际生活水平下降，1988 年上半年下降面扩大到 36%，1988 年下半年通货膨胀率进一步提高，预计实际生活下降的居民户将扩大到半数左右。因此，如何给受到通货膨胀损害的职工以补偿，便成了政府决策中的重大事情。

在物价上升时对职工货币工资的补偿，社会主义国家、发展中国家、资本主义国家都曾在不同程度上实行。不论补偿采取什么形式，是足额补偿还是不足额补偿，其性质都属于工资的指数化或部分指数化，是对于职工工资的货币购买力的某种校正。

对于工资补偿或工资指数化，国内外理论界历来有不同的评价。笔者在 1983 年研究价格改革中工资和物价挂钩的课题时提出的结论是两者挂钩不会形成轮番上涨。而到 1988 年的今天，笔者认为通货膨胀条件下工资和物价挂钩会轮番推动，形成通货膨胀的惯性运动。出现这两个不同的结论，并不是笔者的观点有了改变，而是因为两个结论基于两种不同的条件。从共性方面说，工资成本乃是商品价格的组成部分。尽管从根本上说商品价格是由商品价值决定的，而工资高低则取决于商品价值中必要劳动和剩余劳动的分割即工资和利润的斗争，这种分割并不会增加或者减少商品中包含的价值量。但即使商品价值量不变而且其中 c、v、m 的比例不变，作为商品价值货币表现的商品价格还是可以因各个组成部分的货币表现升高而呈现价格上升的趋向。这样，提高商品价格后对工资所给予的补偿有可能引起工资成本升高和物价再度上升。而从差别性方面说，在进行结构性价格改革时使工资和物价挂钩虽然会推动物价上升，但是结构性价格改革所引起的物价上升是一次性的，对扭曲的价格进行调整后可以在新的基础上稳定下来[1]；这时候使工资和物价挂钩其相互推动力是有限的，经过一次循环后便可以稳定下来。而在通货膨胀条件下的物价上升是持续性的，这时对职工工资进行补偿使工资成本提高将引起工资物价的循环推动，形成物价上升的持续的惯性运动，后果就截然不同了。

目前在我国一部分企业里职工工资是与企业经济效益挂钩的，当物价上涨时企业通过其产出品价格上涨获得更多的盈利，职工的工资奖金也随之增长，这时如果再对职工给予物价补偿，便会形成双重补偿或超额补偿，从而会加快工资物价轮番上升的循环。此外，由于我国在地区间、部门间、不同经济成分间的分配制度、分

---

[1]　按照几种方案测算，在理顺价格体系时采取把扭曲的过低的农产品、矿产品以及交通运输等价格上调。把生产资料的双轨价变成单轨价的办法，会使价格总水平上升 50%—70%，若对职工工资进行足额补偿，工资成本上升大约占商品售价的 10%，由此将再度使物价上升 5%—7%，这时即使再次给职工工资以补偿，它对物价总水平的第二轮影响已不到 1%，完全有可能由企业消化吸收。

配办法以及分配政策不一样，不同居民间的收入水平和增长速度差别正在拉大，因而在持续的通货膨胀出现以后，一方面存在着不小的"实际收入下降面"，离退休人员、机关干部、教师、科研人员等工资补偿不足，另一方面则又存在着不小的"补偿过头收入上升面"，在实行特殊政策的优惠地区、实行特殊分配办法的部门和行业以及不受国家工资政策约束的经济成分里，收入水平都远高于平均水平，收入增长远高于劳动生产率的提高，从而引起收入水平低的地区、部门、企业的强烈的攀比，再加上自发追赶物价上升的形形色色补偿，便形成了由工资带头过快增长而引起的工资物价轮番上升。我们对这种补偿不足和补偿过头并存的局面需要有足够的认识。

从总体上来看，这几年我国工资总水平的增长速度超过了国民收入增长速度，平均工资增长速度超过了劳动生产率提高速度，这样，劳动生产率提高对成本降低的影响小，工资增长对成本提高的影响大，因工资成本的升高而使得商品价格上升。从我国和别的国家的实践看，对于这种趋势要加以限制很不容易，这样就出现工资成本推动型的物价上升，回过头来因为物价上升使部分职工的实际生活水平下降而又不得不给予补偿，于是便形成工资增长快于劳动生产率提高——物价上升使部分职工生活下降——给予工资补偿的"百慕大三角"。

这里要注意的是，工资成本推动型的惯性通货膨胀，在我国是通过企业承包经营和地方财政包干的机制而表现出来的。问题的关键不在于承包制本身，而在于没有市场竞争的压力，没有权责对称的风险制衡机制，各个企业都有着涨价的内在冲动，市场机制不健全为轮番涨价提供了条件。所以，我国事实上存在着两种政策选择，一种是控制工资和奖金增长，另一种是程度不等地放松对工资增长和奖金发放的控制。后一种选择在短时期也许能满足人们对利益的过高期望，却会引起工资物价的轮番上涨，有可能成为物价惯性轮子加速转动的主力。

二　储蓄对通货膨胀的缓冲和利率对储蓄的调节

由总需求膨胀所引起的货币过量供给，在我国早就存在了。在出现货币过量供给状况下，储蓄是回笼货币的重要手段，是通货膨胀的缓冲力量。1980 年以后城乡居民储蓄迅速增长，因而国民收入的超分配虽然存在，但凭借高储蓄率的缓冲，减弱了对消费品的需求和消费膨胀的势头，使得通货膨胀的严重程度有所减轻。

储蓄的迅猛增长使我国的资金积累来源和积累机制出现了新的变化，投资已经从单纯以政府财政收入为来源发展为多渠道的来源，由居民个人储蓄存款进行的间接融资已经占到资金积累来源的 1/3 左右。但是在我国鼓励还是限制个人投资的问题还在议论之中，股票、债券等直接融资业务刚刚试办，财产投资的门路很窄，根据抽样调查，储蓄动机主要是为子女结婚、购置耐用消费品以及养老育幼作准备，属于延期消费的后备动机，准备投资的财产动机还很微弱，这使得我国储蓄在迅猛增长的同时又带有不稳定的特点。中国这几年的高储蓄率和高通货吸收率带有很大的经济转型期的特色，是很难简单地用传统理论或流行的货币理论来解释清楚的，需要中国经济学家把握住特色去进行认真的研究。

但是可以肯定，价格总水平上升的通货膨胀是总需求膨胀的标志，是流通中的货币过量供给的结果。至于货币增发会在什么样的程度上引起物价总水平的上升，储蓄增长和货币流通速度减缓这两种状况会不会出现及能吸收多少过量的货币，其关键在于政府保持物价稳定的能力。"在物价基本稳定时可以使货币流通速度减慢，从而在流通中容纳更多的货币。……一旦价格不稳，沉淀的货币又会流通，货币流通速度会从减慢转化为加速，市场会刮起抢购风，就会形成对物价的强大冲击力量。"①

---

① 详见戴园晨《认识货币流通规律，调节货币流通》，《经济研究》1985 年第 3 期。

储蓄存款也是纸币沉淀的一种形式，即能够生息的纸币沉淀形式。近几年储蓄存款的迅猛增长，应该说和储蓄生息以及逐步提高了利息率是有联系的。但是到 1987 年消费品零售物价指数上升 7.3%，存期一年的存款利息率为 7.2%，名义利率已经低于通货膨胀率，但利率还仅为 −0.1%，城乡居民尚能忍受。待通货膨胀率达到两位数而负利率加大之后，就出现居民赶在涨价之前从银行提取存款抢购商品的风潮，这时可能发生储蓄的负增长，即使有储蓄的增长也在相当大的程度上具有因可供选购的消费品不足而不得不储蓄的强制储蓄性质。这说明负利率的出现减弱了储蓄对通货膨胀的缓冲作用，甚至可能形成"老虎出笼"，加剧货币过量供应和物价上涨。因此，在通货膨胀时，使储蓄存款的实际利率保持正利率是稳定储蓄存款和促进社会经济正常运行的重要一环。

从货币流通量的角度看，利率的提高可以增加储蓄存款的吸收量，减少贷款的发行量，从而压缩流通中的货币量，起到缓解通货膨胀、抑制物价过快上升的作用。从经济生活的实际看，由于利率的调整只能高于已经出现的通货膨胀率，而通货膨胀的惯性运动往往呈现为通货膨胀率的不断提高，利率调整的滞后性使得负利率成为通货膨胀中经常出现的现象。我国 1988 年 8 月的物价较上年同期上涨 27%，而存期一年的定期存款年息自 1988 年 9 月 1 日起只从 7.2% 调升到 8.64%，两者仍相差 18 个百分点左右，这种利率调整的滞后使储蓄的不稳定性发生作用，以至于出现储蓄的滑坡。在储蓄滑坡以后紧急出台的保值储蓄虽然稳住了储蓄，但存期三年方给予保值，存期五年、八年方在保值之外给予利息，加上指数计算的滞后和指数低估，保值存款也仍旧有可能成为实际上的负利率。所以，目前尽管储蓄已经从滑坡转为回升，但储蓄存款的稳定性已大大下降。

但是，调整利率并不是容易的事情。从稳定储蓄存款和维护存款人利益的角度看应当继续提高利率；而从债务人来看，利率的提高会增加企业的成本开支，因而调高利率的建议不免遭到地方和企业等实权派的反对，他们不愿放弃通货膨胀使债务人获得的额外利益。我国银行开办保值存款后并未相应调高贷款利率，以致形成存贷利率倒挂，差额由银行背起来，实则是减少了银行向财政上交的结益，由此将扩大财政赤字，成为下一轮通货膨胀的潜在压力。

贷款利率即使能够提高，企业利息支出的增加也有可能成为推动企业提高产品售价的一个因素。这时如果货币过量供给仍然不能真正抑制下来，便会出现利率和通货膨胀率没完没了地相互追赶，形成恶性循环。

总之，在利率政策上存在着三种选择。第一种是利率低于通货膨胀率，这将使储蓄出笼。第二种是使利率追赶通货膨胀率，形成轮番推动。第三种选择认为正利率是必要的，但使利率追赶通货膨胀率并不是上策，还是要通过降低通货膨胀率来达到正利率较为妥善。

三　对物价的行政性管制和价格补贴阻止了物价过快上升，却又引发了物价螺旋上升

在市场经济不发达的国家里出现通货膨胀的时候，往往会采取行政性的手段来管制物价，阻止物价过快上升。但物价又不是能全面管住的，总不免会出现"管住"的一块和"管不住"的一块或曰"死一块、活一块"，由此会造成价格的扭曲。当"死一块"的低价已经挫伤生产者积极性时，又不得不提高收购价，形成购销价格倒挂，从而不得不实行凭证凭票供应和价格补贴制度。所以，价格补贴并不是自生自长的，而是行政性物价管制的孪生子。

行政性的物价管制在市场经济发达的国家里是在特殊情况下方才采用的，那便是战时的统制经济。至于在和平时期，那里的经济学家一般都不赞成采用管制的办法，因为货币过多引起物价上升是不可能用管制的办法阻止住的，管制会破坏市场正常的经济活动和导致效益下降。社会主义国家的传统经济理论则肯定行政性的物价

管制和由此派生的价格补贴，认为从宏观上看是有利于大局的成功经验，是国家影响和调节经济运行的重要措施。

证之以我国，1988 年 8 月以前议论纷纷的是价格改革和放开价格，到 9 月以后陆续出台的却是对这种商品那种商品实行价格管制的措施。这种逆转其实并不是突如其来的，而是长期的理论思维和工作习惯的必然反应。

进行以放开价格管理为主要目标的价格改革，需要有一定的有利于市场发育的宽松环境。在通货膨胀的环境下是不可能顺利进行价格改革的。所谓"宽松环境"就是对总供求基本适应、不会引发通货膨胀的环境的一种比较通俗的说法。但这并不等于对通货膨胀条件下采取行政性价格管制和价格补贴办法的肯定。事实上，忽视客观规律，人为地把某些产品的销售价格压得越低，补贴量越大，盈利企业的税负也就越重。匈牙利从 20 世纪 70 年代以来补贴一直占财政预算支出的 30%，补贴虽然抑制了物价的过高上升，但是掩盖了经营不善；而盈利企业利润的绝大部分则被税收抽走，又限制了效率高的企业的自我发展和自我改造。这样，宏观调节未能有效地提高效率和改变结构，而低效率和不合理结构又会造成宏观调节中价格—补贴—税收的三角循环。匈牙利经济学家把这种循环称作"百慕大三角"。

农副产品价格补贴在很多国家里都存在，会不会因这种补贴而造成通货膨胀的惯性运动，关键在于有没有因补贴而造成财政赤字。我国在 1978 年以前也有补贴，但那时补贴总额少，没有造成赤字，不会形成因补贴而推动物价上升。1978 年年底提高了粮油等产品的收购价格，为了保持销售价格的稳定付出了巨额价格补贴。巨额的补贴造成了财政赤字和货币过量发行，反过来又使得价格管理比较松动的那部分商品价格涨了上去，使得刚经过调整的商品比价关系出现新的扭曲，又成为价格不稳定的深层动因。我国从 1981 年以来补贴额一直在 300 亿元左右，1979—1984 年这 6 年中，国家财政收入增长 34%，而物价补贴却增长 4.8 倍，财政收入增加部分的 69.7% 用到了价格补贴上面。如果补贴不是那么多，财政赤字和货币发行可以少些，物价循环上升的幅度可能要小些。从目前的状况说，则已经形成了物价上升—价格补贴—财政赤字—物价上升的循环。

从我国和苏联、东欧等社会主义国家的实践看，价格补贴主要是对农副产品实施的，它实际上是如何对待农业及农副产品价格的一种政策选择。农副产品价格上涨是普遍的长期的趋势。当经济发展使人民生活从温饱型转向小康型这一阶段，对农副产品消费需求的增长往往处于消费增长的前列；然而土地资源有限，农副产品生产投资又受到规模效益以及农村非农产业发展机会成本提高等方面的限制，供给增长缓慢。这既扩大了农副产品的供需矛盾，又推动农副产品成本上升，农副产品价格不能不持续上升。面对这一趋势可以有多种政策选择。价格补贴政策选择的着眼点是保证城市尤其是大中城市农副产品价格的稳定，是偏爱城市职工而又就价格论价格的思维方式的表现。事实上也可以有另外的选择，例如增加对农业的投资，建设商品粮基地、棉花基地、猪禽蛋基地，从而增加供给和降低供给成本，花的钱不比价格补贴多，效果却要好，由补贴形成的循环也可以避免。目前有不少国家的农产品价格补贴是针对生产者的，对某些农副产品制定最低保护价，由国家提供专项基金在其落价时按保护价收购，避免因价格大落打击生产；反过来又避免了因供给骤减而引起的价格猛升。相比而言，采取对生产者补贴的政策选择可能有利于避免出现因补贴而带动的物价上涨。

四　应重视对惯性通货膨胀的研究

通货膨胀从根本上说是由货币过量供给引起的，而过多地发行票子是一种政府行为。政府通过发票子这种简单的办法增加了对现有财力的实际支配力量，这在通货膨胀相当轻微、货币幻觉尚未消失时确实使得政府能够借此扩大投资、刺激经济繁荣，但这只存在于通货膨胀还没有被人们认识和预期到的范围之内。一旦人们已经预期到通货膨胀，尤其是在低度通货膨胀转向中度通货膨胀之后，利益的刚性使得人们要求政府对通货膨胀导致的居民利益受到的损害给以种种补偿，政府即使多发了票子也未必能真正增加对现有财力的实际支配力量。

货币过量发行的根子是总需求膨胀，而我国投资需求和消费需求膨胀又有着发展战略上、经济体制上、政策措施上的多种内在原因。经济体制改革以来出现了一些需求膨胀的新因素，如投资主体多元化加剧了多铺摊子多投资的倾向；投资的利润导向在扭曲的价格引导下造成结构失衡，并加剧了总量失衡；分配主体多元化与分配形式多样化形成了少数高收入者，并诱发起攀比机制，加剧了个人可支配收入膨胀的势头。如果看不到这些诱使货币过量供给的深层原因，简单地去卡货币供应量，往往只是卡紧了企业的流动资金，却很难制止住通货膨胀。这说明政府要对通货膨胀进行治理，必须协调多元的政府行为，对多元化的经济目标合理配组，采取综合治理的方针，形成比较长期的目标一致的货币政策，才能避免既挖陷阱又填陷阱的反复。

鉴于我国经济理论界过去对通货膨胀的理论研究不够，对于弥合通货膨胀和治理通货膨胀常常混为一谈，对于弥合通货膨胀会引起通货膨胀的惯性运动认识不足，我认为开展对于惯性通货膨胀的研究是当前经济理论研究中极为重要的方面。我国当前的通货膨胀已兼具需求型通货膨胀与惯性通货膨胀的性质，这就增大了治理通货膨胀的难度。当今世界上有很多国家发生通货膨胀，它们的政府领导人又何尝不想从通货膨胀的困境中摆脱出来，其所以难以摆脱，一个重要原因就是难以克服通货膨胀的惯性运动。因此，对于惯性通货膨胀切不可等闲视之。

（原载《经济研究》1988 年第 12 期）

保持适度经济增长率和采取
"供给略大于需求"的反周期对策

在我国经济发展过程中，经济增长率高低历来是有争论①的问题，选择的结果往往会影响到多元化政策目标的合理配组。因此，现在需要深入探讨如何保持适度的经济增长率，怎样把适度、稳定增长变为真正的现实，以促成国民经济的良性循环。

一 适度经济增长率的选择

保持适度增长和稳定增长是获得实实在在的经济增长所必需的，但怎样来选择适度的经济增长率呢？对此需要作进一步的探索。

（一）按经验数据进行选择和设置"框框"进行制约

多年来，我们在经济增长率选择的操作中，主要以上年经济

---

① 一种选择是热衷于高的经济发展速度，认为建设速度是社会主义经济建设中的头等大事，追逐高的增长速度是首要的奋斗目标。这种选择尽管一次又一次地撞了墙，吃了苦头，仍旧被认为只是方法上的失误，因此不断地为追逐高速度寻找理论根据，如认为搞不搞高速度是积极平衡还是消极平衡的问题，接着又说这是高水平基础上平衡还是低水平基础上平衡的问题，继而说这是增加有效供给的客观要求，于是使过度扩张和过旺需求在新的理论表现下多次重演。另一种选择是保持适度经济增长率，认为我国作为社会主义国家和发展中国家总是要求尽快发展我国的经济，但这应从长期看而不应当从一两年三四年的短期看，因为短期突进式的高速度会造成经济波动，从长期看速度并不高。我国追求突进式的高速度一次又一次碰了钉子，这从反面多次证明，只有坚持适度增长和稳定增长的政策目标，才有利于经济发展战略的转变，才能避免经济发展中的起伏波动，适度增长不是追求短期突进的高速度，而是追求长期的确有实效的高速度。

增长的实际结果作为基数，再参考实际执行中的状况加以调整。在各个方面都绷得很紧时，定计划盘子便打低一些；当比较宽松还有潜力可挖时，定计划盘子便打高一些。虽然在实际操作中搜集了大量资料和数据进行论证，但如何进行调整基本上是由决策者的经验作出判断的。决策者的判断大体上受以下几方面因素的影响：

（1）上年实绩对决策者的影响。在采用经验法选择经济增长率时，首先影响决策者思考的是上年的实绩即基数。把上年实绩作为基数再加挖潜这种计划方法，是作为任务部署层层下达的，这就很难避免层层加码的倾向，也很难避免产生鞭打快牛的"棘轮效应"。当一级又一级被压上超过上年实绩的担子时，由于经济增长率是一种产出指标，而投入产出关系可以有多种不同的组合，所以强调产出增长速度却不考查投入状况时，便会助长争投资、上项目保证产出的倾向，使得社会总需求的膨胀难以抑制。

（2）运行状况对决策者的影响。在对上年实绩进行判断时，主要的参照系是经济运行的松紧，出现过分紧张有可能降低下年经济增长率，而相对宽松则可能鼓励提高下年增长率。但运行状况也有可能出现某种假象，例如，冻结某些商品价格，有可能制造通货膨胀率不高的假象，定量配给可能形成供需并不紧张的假象，物资超储积压常常发生在物资供应紧张供需缺口拉大的时候，这种种假象有可能诱导决策者作出乐观的判断。再加上决策者早已习惯于运行紧张，认为虽然紧张也终于实现了高的经济增长率，这就很不容易下决心把速度降下来。

（3）产业结构是优化还是劣化对决策者判断的影响。一个产业结构比较合理的环境，有可能鼓励决策者作出在上年实绩基础上加快发展的判断；反之，结构劣化往往能促使决策者下决心进行调整。应该指出，产业结构得到调整往往是一个经济周期从低谷走向回升的重要条件，过去我国几次经济调整的经验可资证明。但决策者有时候也会倾向于一面维持高增长率，一面进行结构调整，不承认在总量失衡时难以把结构调整合理，这样就会受上年实绩的约束而不去减缓增长速度。

从上述分析可见，凭经验数据选择发展速度，对上年实绩是调整提高速度还是减缓速度，在相当大程度上取决于决策者的主观判断。从理性判断的要求来说，由于经济增长率的选择在政府政策目标选择中，具有牵动其他目标的举足轻重的地位，增长率高了会冲击其他目标，破坏稳定增长，因而以维持平稳的适度增长更有利于长期发展。但是，要求决策者作出理性判断并非易事，因为决策者受到的各种因素的干扰和影响要比理论家多得多，行为短期化的非理性判断也常会出现，这是不能够用个人的好大喜功来概括的。所以，在凭经验数据进行经济增长率选择时，有必要设置"框框"来加以限制。

从我国的实践来说，对经济增长速度的框框制约，主要是反冒进时陈云同志提出的财政收支、银行信贷、物资供需三者既要各自平衡又要统一平衡的制约方法，通过三大平衡避免出现建设规模超越国力。由于三大平衡中最主要的是财政平衡的制约，被称作"财政框框"。使用"财政框框"这个词本来是主张高增长论者对财政平衡的贬抑，但实践证明这是对追逐高增长的有效制约方法，反而被肯定下来，认为对上年增长基数的调整必须要受"财政框框"的制约。由于我国财政收入主要来自轻纺工业，农业丰歉对财政收入增减有相当大影响，"财政框框"制约这种年度平衡方法仍旧会因为农业起伏波动影响经济起伏波动。但从我国多年的实践看，被财政框住时的经济发展速度比较适当，财政框不住时也正是经济超高速发展的时候，所以"财政框框"在制约过热增长中是很重要的，搞赤字财政支持高增长的做法是不可取的。

（二）合理安排国民收入积累消费比例保持经济适度增长

经济增长过热的高速度是要由高积累来支持的。但每年的国民收入有一定数量，用于积累的多了，用于消费的就要减少，所以要合理安排国民收入积累消费比例，保持适当的经济增长速度。我国过去出现积累消费比例关系失调，大都由于增长过热，基本建设投资规模过大，计划安排的国民收入分配总量超过了创造总量，总需求大于总供给。保持积累消费合理比例乃是制约过热倾向，使总需求和总供给相适应的重要手段，是对适度增长率作出选择的重要依据。

积累和消费比例关系，是经过国民收入分配和再分配后在最终使用中形成的。在分配再分配中，剩余产品率的高低，基本上决定了积累率的高低。由于剩余产品即社会纯收入中，有一部分要用于社会消费，所以传统体制下积累率通常低于剩余产品率。这一计算舍象掉了城乡居民储蓄用于积累的部分。因为过去城乡居民收入有限，边际消费倾向接近于1，舍象未尝不可。近些年进行经济体制改革，职工、农民收入增长，余钱多了，储蓄存款日渐增多，投资积累率还要加上城乡居民储蓄增长的因素，那就未必低于剩余产品率了。

积累和消费比例，不可能由人们的主观意愿任意变动，还要受到国民收入实物构成中生产资料和消费资料的数量和比例的制约。在安排基本建设增长规模时要同生产资料生产增长相适应，在安排社会购买力增长规模时要同消费资料生产增长相适应。当然，产业结构是在不断发展变化的，但这需要通过投资方向变动，促进产业结构的调整，并非在短期内所能实现，因而仍不可能逾越这一制约。

前面分析的几项因素，都表明经济发展需要有一个相对稳定的积累率，从而经济增长率以维持匀速增长比较适宜；但决策者总是想加快发展速度，实现加速增长，这就需要探讨实现加速增长需要具备哪些条件。安排积累和消费比例是处理长远利益和短期利益的关系，决策者通常采取的态度是"为了未来牺牲眼前"，用提高积累率的办法加快发展速度，这就需要探讨牺牲短期利益的限度。为此，波兰的卡莱茨基提出了"政府决策曲线"的概念，证明"为了未来而牺牲眼前"的回旋余地是极其有限的。"政府决策曲线"表明，决策者想提高积累率加速经济增长时所受到的限制，特别是在"决策曲线"很陡地向上倾斜时，表明过分提高积累率后引起了消费恶化和效益下降。卡莱茨基正是通过一系列计量公式，证明了循着"政府决策曲线"控制积累率保持适度经济增长率的必要。

（三）按照以人为中心的社会全面发展目标来控制经济增长速度

经济增长并不等于社会发展，近些年来发展经济学的成就，正在于从理论上否定了对经济增长的片面追求，否定了不切实际地追踪发达国家的经济指标，把"经济增长第一"转到了"重视全面发展"。由此来对比我国40年的状况。增长过热的弊病便更清楚了，前30年为生产而生产，经济增长率虽高而人民得到的实惠不多；近10年虽然进行了体制改革而发展模式未变，追逐高增长率依然如故，总量失衡使得双轨制中的矛盾更加尖锐，"官倒"盛行，拜金主义抬头，政治腐败，社会分配不公，资本主义原始积累阶段的弊端，发展中国家靠贿赂和关系润滑经济运行的弊端，再一次在我国经济发展过程中呈现出来。这不能不引起人们的深思：我国能不能单纯地为增长而增长，能不能只顾生产力的增长，而忽视人的全面发展，忽视平等、文化、教育？同时，在我国能不能避免资本主义早期工业化、城市化过程中所产生的种种弊害？

生产力水平是社会全面发展的物质基础，经济增长和社会发展有相互一致的方面，但是片面追逐高的经济增长率，往往要以破坏社会全面发展作为代价，从长期来说又会迟缓经济的发展。因此，从人的全面发展、社会的全面发展来考虑，要避免出现有损于社会全面发展的现象，当出现教育滞后、分配不公、掠夺资源、破坏生态等现象时，宁肯让经济增长速度低些，也要尽力制止这种坏现象，力求避免出现"恶性增长"。

经济增长率应当多高才算适度，这是一个相当复杂的问题。把有关适度增长率的选择方法加以归纳，可以看到在经验数据的平均值中有一个可供选择的区间。它表明，凡有助于正确处理积累和消费关系，有助于提高效益降低资本系数，有助于社会全面协调发展的，都应作为考虑的重要方面。由于提高经济增长率具有相当大的诱惑力，往往使人们难以抗拒增加投资加快发展的压力，这就更加需要清醒地看到加速增长的限制条件，看到各种宏观经济变量之间的相互关系，避免出现增长过热的现象。

二 "供给略大于需求"是社会主义经济中的反周期对策

前面我们讨论了只有保持适度的经济增长率，才能实现从长期来看是确有实效的高速增长。但是保持适度的经济增长率只是一种愿望、一种目标，要把它变成现实是很不容易的①。可行的办法是实施有效的反周期对策。

社会主义经济应当实施什么样的反周期对策呢？现代宏观经济学对反周期作过多方面的理论讨论，提出过多种政策建议，但都是着眼于资本主义的经济周期。资本主义当生产规模发展到一定程度，会因为需求不足而出现销售危机，使经济增长停滞乃至出现负增长，反周期主要是扩大需求，刺激经济，熨平周期。社会主义经济与此相反，经济周期的出现是因为存在着普遍的扩张冲动，追求高速度造成需求过旺，过旺的需求受到资源约束，使增长速度掉下来，所以反周期主要是抑制需求，控制速度，避免增长过猛的高

---

① 我国的政府文件不止一次地提出要实现健康的稳定的增长。还曾经具体地把"保四争五""保七争八"作为适度经济增长率的目标。然而适度增长目标在实际执行中不止一次被冲破。有人认为这是计划编制中求稳而出现的"计划低，实绩高"；有人则认为这是计划编制留有余地使各级都有产可超、有奖可分造成的；还有人认为超过计划增长速度是微观经济活力增强的好现象。这些原因的分析可能有一些道理。但是，如果适度经济增长如"保四争五""保七争八"等目标只不过是写在纸上、挂在嘴上的表面文章，随时可以冲破，也就没有什么适度增长可言，经济发展的起伏波动还是避免不了的。

峰，把周期熨平。也正因为这样，就有必要根据社会主义经济运行特点提出相应的反周期理论。

（一）创造一个"供给略大于需求"的宽松环境

创造一个"供给略大于需求"的宽松环境的论点是在经济体制改革讨论的过程中提出来的。论证的重点是说明要形成一个"供给略大于需求"的买方市场，才有利于竞争的开展，才有利于以市场为导向的改革措施的推进。但这个论点的核心是讲改革和发展的关系，实际上已经触及如何保持适度增长、如何反周期的理论问题。

所谓"供给略大于需求"是通过国家的宏观分配计划控制分配的需求总量来实现的，其中最主要的是控制国家需求，因而它并不是乌托邦式的空想，"供给略大于需求"主要是在因追求高速度而造成市场需求过旺时的对策，是在经济上升期采取的措施，因而它是能够抑制过快的增长势头，熨平周期的。

有的同志不同意"供给略大于需求"的论点，说"这是因为，略大于需求的供给表现为市场上出现增多的存货，企业的销售量将因市场存货增多而减少，从而企业不得不使生产量有某种程度的收缩，结果，社会总产量将下降，即经济增长率会下降。"[①] 这里对于发展趋势的理解有着微妙的区别，因为"供给略大于需求"是在社会总产量不断增长时抑制需求，它只阻滞经济增长势头，并不意味着社会总产量绝对下降和经济增长率绝对下降。由这种理解的微妙区别而引起的分歧，主要在于他们认为高经济增长率总比低经济增长率好，对于快了还要求更快的趋势用不着抑制，这就只能听凭自然发展，不能够采取反周期对策；而我们则认为抑制需求、控制速度、避免高峰，是实现持续稳定增长所必需的，也是在社会主义经济中熨平周期的反周期对策的精髓所在。

---

① 参见厉以宁《社会主义政治经济学》，商务印书馆 1986 年版，第 465 页。

还有的同志认为，"供给略大于需求"的买方市场的出现只能是改革的结果而不是在改革之前所能创造的条件，在此之前削减需求的结果也同时使供给减少下来，供给仍旧不会大于需求。这种论点的实质是认为社会总需求在体制改革完成之前不可能调控，买方市场不可能出现。实际上，社会总需求中属于国家需求的部分是能够由国家加以调控的。我国经济发展中曾经不止一次地出现过买方市场的事实也证明了这一点，而且在实践中，企业面对略大于需求的供给，并不是立即削减生产，而是改善质量，改进技术，降低成本，压倒竞争对手，提高本企业的市场覆盖率。中国这些年经济工作中的失误之一，便是把改革和发展搞成两张皮，因经济增长过热而使改革的环境恶化。而提出"供给略大于需求"的反周期对策，保持适当的发展速度，正是要使改革和发展相协调，避免因追逐速度而造成经济发展起伏波动。这样做实际经济效益会比较好，想办一些事情的回旋余地也比较大，而这正是进行经济体制改革所需要的宏观经济环境。

（二）留有后备，保持必要的相对的生产过剩

"供给略大于需求"，意味着出现某种程度的生产过剩，这对于资本主义经济来说是不可取的，因为其中已经包含着经济危机的萌芽了。但对社会主义经济来说，在再生产过程中保留必要的后备是十分必要的。马克思指出：再生产的资本主义形式一旦废除之后，只有保持相对的生产过剩，才能进行社会再生产。马克思说的必需的相对的过剩生产，正是指"供给略大于需求"。而这一态势在社会主义经济运行的实际操作中是通过建立后备来实现的，留有后备形成"相对的生产过剩"，有利于平缓经济增长中的起伏波动。[①]

社会主义经济通常被认为是资源约束型经济，因此留有后备这种相对生产过剩便更加必要。它不仅是在总量上克服资源约束所必

---

① 参见许毅、戴园晨《我国社会主义制度下的后备问题》，《红旗》1963 年第 9 期。

需的，而且也是在构成上克服资源约束所必需的。马克思指出：一方面，耗费在一种社会物品上的社会劳动的总量，即总劳动力中社会用来生产这种物品的部分，也就是这种物品的生产在总生产中所占的数量，和另一方面，社会要求用这种物品来满足的需要的规模之间，没有任何必然的联系，而只有偶然的联系。正因为这样，社会产品构成上的供需失衡是经常会发生的，而形成必要的资源后备这种相对过剩，可以在资源有余时收储，供给不足时投放，把此注彼，缓解构成上的资源约束，实现稳定增长。建立物资后备要有相应的资金来源，它或者来自财政专项拨付储备资金，或者来自对银行信贷资金的占用；而一旦动用物资后备，也要相应地分配购买这些物资的资金，收回财政拨付或银行贷款的储备资金。使资金运动和物资运动相协调，把对微观经济运行的市场调节和对宏观经济运行的计划调节有机地结合起来。

（三）抑制需求是否抑制了有效供给的增长

通过"供给略大于需求"的反周期对策来抑制需求，可以使过快的经济增长速度得到控制。然而，不论对增长速度是采用总产值指标，还是采用国民生产总值指标，也不论在计算方法上是采用物质产品平衡体系，还是采用国民经济账户体系，增长速度的增减总是意味着有效供给的增减。由此，我国经济学界有一些人认为，经济增长速度是不应当压低的，因为我国是一个供给不足型的国家，对有效供给不应当抑制，因而对需求也不应当抑制，对于这种论点需要就需求和供给的关系作进一步探讨。

从动态来考察，总供给是随着总需求的变动而相应变动的，不过两者并不是简单的对应关系，而是随着经济领域中滞存的生产要素：设备生产能力、原材料和能源供应、劳动力、土地等的利用程度差异，对于总需求的增长会呈现不同的反应。下页的四个图形便是在不同条件下总需求增加所引起的总供给的不同变化（见图1）。

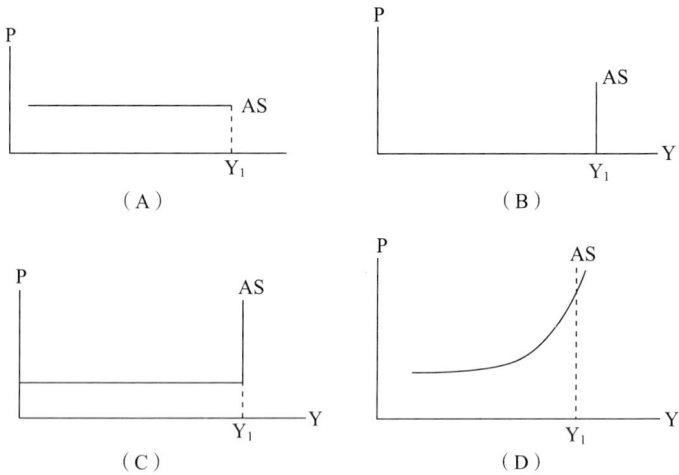

图1

其中，Y 指供给的增加，P 指物价上升或短缺扩大，AS 指总供给曲线。图1（A）所表示的是随着需求增加，刺激供给相应增加，其条件是经济领域中存在着大量的没有得到利用的生产要素。中华人民共和国成立初期的国民经济恢复时期大体属于这种状况。图1（B）所表示的是需求增加丝毫不能刺激供给增加，只会导致短缺扩大或物价直线上升，其条件是经济领域中生产要素的利用已经达到极限，受到严重的资源约束。"大跃进"后期即 1960 年时接近这种状态。图1（C）是前两种图形的结合，前期是扩大需求刺激了供给的相应增长，后期则受到资源约束不能刺激供给增加，使短缺扩大或使物价上升。但这种绝对的状况在实际经济生活中并不存在，而是呈现为图1（D），在前期表现为扩大需求刺激了供给增长，但也引起轻微的物价上升和短缺，后期则供给增长有限而物价上升和短缺扩大接近垂直线。我国每一次进行经济调整，都是由于出现了图1（D）的后期的状况。

上述四个图形的分析表明，总需求对总供给的推动状况，取决于生产领域中是否存在着生产要素的滞存以及滞存的程度。在对滞存进行分析时要注意到两点：其一是国民经济中未被利用或者利用不充分的生产能力总是有的，所以要进一步分析国民经济中的关键部门如能源、交通、原材料部门是否还有潜力。如果存在着"瓶颈",那就要受到"瓶颈"部门的制约,也就是经济工作中通常说的短线制约。其二是我国经济中劳动力资源极其丰富,通常都不把它作为一项制约条件,但由于我国劳动工资是刚性的,劳动力供需变化不会引起工资率的升降,只会引起工资总额的增减,扩大需求刺激经济所带动的就业率上升,便会带来城市粮食供应和消费品供应等一系列问题,也会出现资源约束。有的同志忽视这两点,看到国民经济中还有生产能力闲置,还有大量的富余劳动力,在对经济形势进行分析时,总是据此而得出总需求不足的判断,在经济已经过热时仍旧建议扩大需求,殊不知由此会因判断失误而引起对策失误。

采取"供给略大于需求"的反周期对策,在于避免因扩大需求而把经济引向过热,保持适度的经济增长率。这个对策主要是针对靠扩大基建投资规模增加生产能力以实现经济增长的通常做法。高的经济增长速度伴随着更高的投资需求增长速度。所以经济增长虽然意味着有效供给的增加,但需求会增加得更快,供需缺口会不断扩大,这样,因追逐高的经济增长率便会引起短缺扩大和通货膨胀加剧,这时候压低速度是十分必要的。但如果高的工业增长速度是靠挖掘企业内部潜力取得的,这个速度就没有必要去压低,因而我们不直接采用"压低速度"的提法而采用"供给略大于需求"的提法。

三　投资利用效率倒 U 形曲线反映的恶性循环和良性循环

采取"供给略大于需求"的反周期对策,在短期内会抑制经济增长速度,但从长期看,将提高投资实际效果,对经济增长是有利的。

(一)追逐高增长为什么会导致低效益

我国的名义经济增长速度居于世界前列,但我国与经济增长速度相接近的一些国家和地区在经济上的差距，实际上是在不断扩大。这因为我国所采用的是工农业总产值指标，这和世界各国所采用的国民生产总值或国民收入等净产值指标是不一样的。总产值指标包含了转移价值，有着重复计算因素，高投入低产出所造成的浪费也作为转移价值被计算为增长速度，这就会有许多水分，造成虚假。据国内外学者推算，我国国民收入若统一采用 1980 年价格或 1952 年价格计算，平均的年增长率在 3.9% 至 6% 的范围之内。①这样便不是高速度，而只是中等增长速度。再加上人民币对美元兑换比例的变化，我国按美元计算的人均国民收入增长缓慢，便有比较合理的解释。

　　但是，仅凭计算只说明名义和实际增长速度国际比较出现差异，对于为什么会出现这种状况并未作出回答。多年以来，我国一直患的是高增长过热症，人们看到我国经济中的种种问题，盼着能够早一天好起来，而出路似乎只有高速度。人们提出了高速度的一个又一个理由，例如，认为最大限度满足社会需要的生产目的要求高速度；社会主义战胜资本主义要求高速度；巩固工农联盟，实现二元经济的转化要求高速度；实现"四化"，加强社会主义物质基础要求高速度；解决人口增长形成的就业压力要求高速度。多年来这种对高速度的热情追求总是以不同形式反复地表现出来。匈牙利经济学家亚诺什·科尔奈评论道："在仔细地阅读了有关中国的报告和分析之后，我得到了这样一个印象：你们国家并没有能避免我在本书中称为'突进'的病症的影响。让我们回想一下'大跃进'时期，这是'突进'型强制增长的典型例子。我猜想许多中国经济学家都会同意这一点：中国的计划甚至在今天也还没有完全免除这种危险。"②尽管实践已经反复证明欲速则不达，证明建设规模和人民生活提高都不能超越国力可能，但只讲主观愿望不顾客观可

①　参见邹至庄《中国经济》，南开大学出版社 1984 年版，第 114—115 页。

②　亚诺什·科尔奈：《突进与和谐的增长》，中文版前言，经济科学出版社 1988 年版，第 4 页。

能的倾向，仍然不断地在政策目标的选择上表现出来。

不顾条件尽量提高经济增长率的倾向，其实际效果为什么差呢？这是因为：

（1）过热地追逐高增长率必然会因总量失衡而造成产业结构恶化，导致资源配置效益下降。近些年来，经济理论界虽然重视了产业结构的优化，强调了产业政策的重要性；但也有把结构失衡和总量失衡割裂开来的倾向，只承认产业结构劣化之害而不承认总需求过旺之弊，没有认识到结构失衡除了有自身的原因之外，在很大程度上是由追逐高增长的总量失衡引起的。

我们假设原来的产业结构是优化的，当总需求膨胀之后，能否维持原来优化的产业结构持续发展呢？由于资源是有限的，过旺的总需求超过了资源供给的可能，这就必然会出现争夺资源的现象，在争夺中处于强劲有利地位的，必然会挤掉处于软弱无力地位的，这就不可能实现均衡增长。因此，尽管在短期内使得构成总产值指标的工业和农业部门增长上去了，但势必忽视其他部门的发展：在短期内使盈利高的加工工业上去了，而基础产业必然会遭到忽视。这就不得不付出代价，被忽视的部门将会逐渐变成瓶颈，优化的产业结构便会逐渐变成劣化的产业结构。这是在总量和结构发生矛盾时不由自主的选择。

我国经济学家曾经对国民收入增长中各种因素所起作用进行过测算并作过国际比较，结果发现我国资源配置所起作用是很微小的；有的经济学家测算下来竟是负数。[①] 而许多经济发展较快的国家都是正数，甚至有的国家如联邦德国和日本都在 10% 以上。这说明了我国追逐高增长率使结构劣化，导致宏观经济效益下降，是名义增长速度虽快而实际效益不高的重要原因。

（2）过热地追逐高增长率，必然会因为频繁的波动，导致实

---

① 　张风波主编：《中国宏观经济结构与政策》，中国财政经济出版社 1988 年版，第 54 页。

际经济效益不高。过热的高增长率往往会在短时间里显示出勃勃向上的势头，前景似乎极好，但过不了多久，当把库存和后备吃得差不多之后，便会因资源的硬约束而难以为继，增长速度随之出现滑坡。经济发展的起伏波动，会给经济造成损失。波动幅度越大，损失也越大。我国这些年来经济发展波动频繁，而且高峰和低谷的波幅大，经济增长的不稳定系数高。因不稳定而造成的损失也比其他国家大得多。

（3）过热地追逐高经济增长率，必然会加剧资金的紧张。我国是一个资金极度短缺的国家，采用高投资来加快经济发展，会使得资金利用率降低，经济增长对资金的依赖度加大，资金也更加紧张。这一情况已经明显地在那些乡镇企业迅速发展的地方表现出来。人们通常认为乡镇企业属于劳动密集型企业，加速发展乡镇企业有利于克服资金不足的困难。但如果从新增国民收入的角度看，乡镇企业高投入低产出的特点很突出，企业自我积累自我发展的能力相对较差，如果没有国家在税收、信贷等多方面给予优惠照顾，乡镇企业的弱点会很快暴露出来。有些人没有觉察到这个问题，把我国的高经济增长率寄托在乡镇企业的迅速发展上，结果是乡镇企业对资金的高依赖度，使得对资金的需求越来越大，资金的短缺也日益加剧。

为了说明追逐高增长导致低效益的原因，有必要就我国经济学界中某些同志对哈罗德—多玛模型的误解讲几句。[①]

哈罗德模型考察三个变量，第一个变量是储蓄率 S，假定国民收入 Y 为 1000 单位，消费 850 单位，则储蓄量 X 为 150 单位，$S = X/Y = 150/1000 = 15\%$。第二个变量是资本产出比率 V，$V = K/Y$，其中 K 代表资本存量，Y 代表国民收入量或产出量。假定一年增产 30 单位产品所需要的追加投资为 90 单位，则 $V = 90/30 = 3$。第三

---

① 关于哈罗德—多玛模型的介绍请参阅宋承先、范家骧《增长经济学》，人民出版社 1982 年版，第 25—41 页。

个变量称为有保证的增长率 GW，它是指在 S 和 V 为已知时，为使储蓄全部转化为投资所需要的产量增长率。在这里，哈罗德假定资本产出比率 V 是不变的，因而资本存量 K 的增长率 $\Delta K/K = I/K$，必定等于产量或国民收入的增长率 $\Delta Y/Y$（其中 I 代表投资，ΔK 代表由投资 I 所引起的资本存量的增加量，故 I 就是 ΔK；ΔY 代表本年国民收入的增量，Y 代表上年国民收入）。因为 $GW = \Delta Y/Y$，故 $GW = \Delta Y/Y \quad \Delta/K \quad I/Y \cdot Y/K$；由于在均衡条件下投资和储蓄是相等的，故 $I/Y = X/Y = S$；因而 $GW = I/Y \cdot Y/K = S \cdot Y/K$；$Y/K$ 是 V 的倒数，故而 $GW = S/V$。

对于哈罗德模型所分析的三个因素间的关系，我国经济学界有些同志推导出的结论是：积累（投资）率愈高，经济增长率也愈高。这一推导并不符合哈罗德增长理论的原意。哈罗德模型的原意是：对于任何一个给定的储蓄率 S，都有一个唯一能够实现均衡增长的 GW 和它相对应。如果经济增长率低于这一要求，就会出现投资不足，形成投资小于储蓄，就会因需求不足而出现经济不稳定。这一理论是为避免投资率小于储蓄率而提出的。所以哈罗德模型假设的资本产出比例 V 是不变的。我们有些同志把哈罗德模型误解为不断扩大投资可以提高经济增长率，实践的结果证明过高的投资率意味着超越总供给的总需求膨胀，总供需的缺口又会造成资源短缺，这势必出现强制替代、大材小用、优材劣用等状况，紧张的运转使资源运作效益下降；再就是总量失衡必然随之以结构失衡，资源配置效益也相应下降；加以过热的扩张吸收了大量未经训练的新工人，社会劳动生产率也随之降低，过高的投入使资本产出比例恶化了。

（二）投资利用率和投资利用效率倒 U 形曲线

哈罗德模型中的资本产出比率即资本系数 V 是不变的，因为在他的理论假定中资本系数是由生产技术的要求决定的。而在我国，新投资的加入会引起资源配置状况的变化，特别是新投资是适度还是过量会对经济运行发生重大影响，从而使得整个社会资金存量的利用效益发生变化。因而我们判定 V 是可变的，把 V 改称投资利用率，反映新投资加入后所引起的资本存量利用效率的变化。

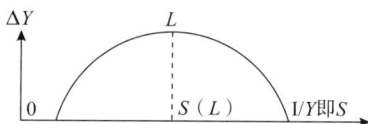

图 2

当 V 从不变到可变时，经济增长率 GW 与投资率 I 即资金增量 ΔK 之间的关系，就从正相关变成可变的了。即当投资率 I 达到投资利用率的临界点之前，投资利用效率 V 会不断提高，呈现正相关关系，从而使经济增长率 GW 加速；当投资率 I 达到临界点之后，投资率 I 愈高则投资利用效率 V 愈低，呈现负相关关系，故经济增长率 GW 呈现减速状态。把这种状况用图形表示便构成投资利用效率倒 U 形曲线。

从图 2 可以看到，通过增加投资加快经济增长是有一定限度的，这个限度就是投资利用效率的临界点 $S（L）$，超过这一临界点便会形成负效应。所以，$GW = S \cdot I/V$，而根据 S 和 I/V 的变化关系，需要把 S 控制在临界点以内，即 $S \geqslant S（L）$。

我国一直把经济增长速度作为社会主义经济建设中的头等大事，把追逐增长速度作为奋斗目标。我们对于这一最终目标并无异议，但我认为取得长期的高经济增长率在客观上存在着两条途径或两种方法：一种是通过提高投资率实现高经济增长，另一种是通过提高投资利用率实现高经济增长。通过投资利用效率曲线的分析，我是主张后者的。

前一途径是通过提高投资率来加速经济增长，这是我国多年来采取的惯常做法，但过高的投资率很快会达到投资利用的临界点，高投入低产出，实际效果很不理想。尽管这一做法从短期来说，实现了暂时的总产值高增长，可是因为效益差，投资利用率在降低，要获得同样高的经济增长率需要更多的资金来推动，需要更高的投资率；而与此同时，高投入低产出使得资金利税率下降，使得资金更加紧张。这正是我国资金推动因素高于其他许多国家的奥秘所在，也是从长期看实际增长并不理想的奥秘所在。所以，通过提高投资率来加速经济增长这条途径是不可取的。因为由此会形成高投资率—低投资利用率—低资金积累—更高的投资率—更低的投资利用率的恶性循环。这绝不是危言耸听，而是在实际生活中已经不止一次地出现投资利用效率曲线的后段状态了。

我主张采取提高投资利用率的途径。投资利用率是个综合性指标，它包括的因素很多，自然资源的合理开发和利用，技术进步，资源配置改善，规模经济效益，劳动者技术提高和素质改善，社会生产合乎比例，企业体制模式与经营机制，都是重要因素，本文舍象了这些因素，着重指出提高投资利用率的一个决定性因素是控制投资率，把投资增长控制在国力所允许的范围以内。我国过去属于数量型经济增长，其特点是主要靠扩大投资取得生产增长，通常增加100亿元工业产值需要新增150亿元乃至更多的投资，因而追求过高的经济增长速度，便会使投资需求的增长超过有效供给的增长，扩大总供需的缺口，使得关系到投资利用效率的各项因素都随之恶化。此时进行治理整顿，下力气控制经济增长速度和压缩投资需求，采取"供给略大于需求"的对策，从短期看，似乎是不利于经济的高速增长，但由此可以使投资利用效率逐步得到改善，从而出现控制投资率—保持适度经济增长率—投资利用效率改善—资金利税率提高—相同的投资率可以有数量更多的投资效益—经济增长速度逐渐加快。由此可以进入良性循环。从长期看，不是降低而是加快经济增长速度。所以，要实现长期的高速增长，必须把提高投资利用效率放在首位，把发展速度控制住，把投资率控制住。

在实际操作中，要把追逐高经济增长率的倾向控制住，要把经济增长速度降下来，是极其困难的。1985 年的调整，连续召开四次省长会议，企图采取"软着陆"的、温和的控制投资需求和控制货币供给量的方式，减缓经济增长速度。而实际上，当 1986 年年初稍一出现经济增长停滞的迹象，便又重新起飞。1988 年 9 月，因经济增长过快，投资规模过大，物价上涨过猛，提出了治理整顿；但治理不到一年，投资规模只压缩 3%—7%。经济增长速度稍有下降，不少地方便叫了起来。现在，有些政府官员和经济学家认为不搞高经济增长不行，说必须保住高的经济增长速度才能够保住财政收入，否则，各级政府连维持吃饭财政都有困难，势必由此而增发票子，加剧通货膨胀。这种说法确实反映了实际情况。例如，1988 年经济增长率高达 17%，而财政收入的增长率却低于通货膨胀率，实际上是负增长，使得财政部门捉襟见肘，安排收支极其困难。但是，世界上有许多国家长期维持 3%—4% 的年经济增长率，被认为是稳定的经济繁荣，日子过得很好。为什么我国经济增长率低于 10%，便连维持吃饭财政都会发生困难呢？我们不能因为确是事实，便认为其为合理，而要看到这是一种很不正常、很不合理的情况。因它反映了效益的低下，正说明高投入低产出维持高经济增长的路子必须改变；否则会陷于高资金投入—低产出效益—更高资金投入—更低产出效益的怪圈，财政将会更加困难。所以要控制经济增长速度，使之维持在合理水平上，为经济发展战略转变创造条件，逐步从数量型、粗放型发展转向效益型、集约型发展，情况才会逐步好起米。

有些同志不同意控制经济增长速度，还有一个理由是认为经济增长速度同时也是有效供给的增长速度，因而压低经济增长速度意味着减少有效供给，认为压速度并不能使供需缺口缩小，只不过使高增长的供需缺口变为低增长的供需缺口，丧失赶超的时机。这个意见也确实反映了近几年调整经济过程中的一些实际情况，即由于调控方法不当和调控手段失灵，投资需求和消费需求并没有切实压缩下来，反而因为卡紧资金使得企业流动资金很紧，相互拖欠，流通阻滞，打击了生产，使得需求有所减少而有效供给减少得更多，供需缺口反而扩大。但这是调控方法不当造成的，并不意味着不需要控制经济增长速度。应该看到，靠内部挖潜取得的经济增长并不需要控制，但当前我国经济增长中挖潜所占比重很小，因而，不控制经济增长速度就无法把过高的投资率压下来，就无法平衡供需以至转向"供给略大于需求"，就无法提高投资利用效率以转入良性循环。

（原载《经济研究》1989 年第 11 期）

中国经济体制改革过程中的
双重价格和灰色经济

一 双重经济体制与双重价格的不可避免性

中国的经济体制改革，已经进入了双重经济体制并存的阶段，即由上而下的计划原则与横向联系中的市场原则普遍并存。在现实生活中，双重的计划体制、双重的物资流通体制和双重的价格体制是三位一体的。其中，双重的计划体制（决定如何产出）是双重经济体制的基础，双重的物资流通体制（决定如何投入）是双重计划体制的保证，而双重价格体制则是整个双重经济体制的集中表现，它是双重体制中矛盾和摩擦的焦点。

由于双重体制特别是其中的双重价格存在着种种弊端，有不少经济学家认为出现这一过程是改革的失误。但我以为，出现这一过程是不可避免的。社会主义国家经济体制改革从经济运行的角度来讲，总是以市场为取向的改革，即由原来的完全由指令性计划组织经济运行的机制，转向在国家计划指导下利用市场组织经济运行的机制。但是这一转变是相当艰巨的，培育市场和形成市场秩序需要有一个过程，从计划价格向市场价格转轨更不可能一蹴而就，以至于有的经济学家认为这是社会主义国家经济体制改革中最困难的事情。

特别要指出的是，社会主义国家在进行经济体制改革时，面对的价格体系都是极其扭曲、很不合理的。这在计划经济中，本来可以通过集中性的计划调价来理顺，大规模的集中性调价在苏联和东欧国家每隔5—7年进行一次、阻力不大。捷克在1968年进行的经济改革，就是准备先进行集中性的计划调价，然后再放开价格，改变价格形成机制。尽管这一设想为以后的突发事变所打断，但也表明了主持这一改革的奥塔、锡克的见识。但是，以后各个社会主义国家的改革都是从调整地方、企业、个人的利益关系起步，没有想到地方、企业、个人的利益关系强化之后，却给继起的改革设置了障碍，再要进行集中性的计划调价会打乱已经形成的利益格局和生产、分配格局，往往遭到抵制，而且给予补偿则在算账时是中央算不过地方，地方算不过企业，中央财政无力承担。这使得在理论上本属可行的"价税财联动、价格体系改革一步到位"的改革方案，在新的实践条件下成了经济学家的天真设想。20多年前捷克人所设想的价格改革道路已走不通了。

在利益格局变化之后，企业对于国家统一计划调价和市场价格变动持有截然不同的态度。对于因国家计划调价而利益受到的损失要求国家给予弥补，甚至想受损小弥补多；对于市场价格如投入品价格上涨、产出品价格下跌等变动则具有很强的应变能力，会主动通过改善经营、改进技术、更换品种等途径消化，消化不了也只好自认倒霉。因而，价格体系改革从"以调为主"转向"调放结合"，是顺应企业行为和态度变化的客观必然。但我国原有的价格体系极度扭曲，一下子把价格全部放开，会引起多大的震荡和多大的利益变化，最高明的经济学家也难以作出确切的回答，因而只能采取分步走的办法，陆续地分批地把某些产业部门和某些产品由计划定价转向市场价格，如我国曾先后放开了几百种小商品价格和自行车、缝纫机等主要工业消费品价格。但这样变动有其局限性，价格体系扭曲的状况难以改变，特别是一些短线物资的价格不可能放开，难以对投资方向和产业结构的调整起到积极的影响。现实生活中的种种矛盾把改革引上了双轨制的道路，也许走上这条道路是选择的失误，但已经走了上去，想退回来或者走出去也是极其困难的。

计划价格和与之作为补充的市场价格的双轨并存，在我国由来已久。粮食统购统销之后出现的集市贸易，实行"大计划、小自由"，在"小自由"的集市上实行的是与计划价格不同的按供需形成价格的原则。20 世纪 70 年代流行起来的在物资统一调拨之外的协作串换，虽然仍按计划调拨价格进行财务结算，但一辆 212 吉普车换 30 吨钢材，2 吨钢材换 7 箱平板玻璃，实际上是带有物物交换性质的双重价格。不过那时候市场价的适用范围很小，成不了什么气候。所以一般都是从 1984 年国务院发布扩大企业自主权 10 条规定，允许企业在完成计划调拨任务后自销一部分产品并允许价格浮动，作为转向双轨制的分界线。

双轨制的推行是因为扭曲的价格一时难以理顺，全面放开价格又未具备条件，因而承认了原来的协作价格的合法性而把双轨价制度化了。在实践中，价格双轨制确实起到了刺激企业增多计划外议价产品的积极性，有利于调剂余缺、调节流通；特别是对于那些得不到计划内平价调拨物资供应的乡镇企业，由此减少了找米下锅的困难，成为乡镇企业发展的支撑点。但是，随着两种价格差距的不断拉开，它的弊端也越来越突出。由于计划内平价和计划外高价出售商品的比例确定找不出科学的依据，只能够用基数法，因基数高低不同造成了苦乐不均，国营大中型企业承担国家调拨分配物资的任务重，使得大企业处于不利地位。由于两种价格差距过大，不少企业把计划内产品流向计划外，冲击了计划的实现。双轨价的存在使得生产同一种产品的不同企业因原材料按平价或议价购进的比例不同，产成品按平价或议价销售的比例不同，使得它们的盈亏差异不能反映真实的效益差异，使得企业不是把注意力放在改善经营管理上，而是放在怎样能够得到平价原材料和多按议价销售产品上。所有这些现象从理论上概括就是双轨制导致了竞争机制的紊乱。

二　价格信号和数量信号的并用

在双轨制条件下，微观经济活动中价格信号和数量信号会并存，价格调节方式和配额供给方式会并用。[①] 在这时，微观主体所经常面对的是一个非均衡的不能结清的市场，从而需要引入数量信号和数量调节方式，借以确定市场供求均衡状态以外的均衡位置，这种位置通常被称作"短边规则"，即当求大于供时，供给方处于市场的短边，供求均衡点（成交量）由供方所能提供的供给量决定，需方受到数量限制；当供大于求时，需方处于市场的短边，供求均衡点（成交量）由求方所能提供的需求量决定，供方受到数量限制。在我国，由于经常出现的是需求过旺和供给短缺，因而数量信号和配额调节主要表现为对需求方的数量限制。

在非均衡的市场条件下，价格信号和数量信号并存、价格方式调节和数量方式调节并用，可以使两者起到互补作用，形成微观活动中计划调节和市场调节的某种板块式的结合，某些部门和某些企业的产品是由价格信号和价格方式调节的，另一些部门和另一些企业的产品是由数量信号和数量方式调节的，两者的比重将随市场状况的变化而不断变化，形成微观主体活动中计划调节与市场调节不断有进有退的"板块式结合"。

从长远来说，随着经济体制改革的推进和市场体系的完善，价格信号和价格方式调节的范围会扩大，但也不可能扩大到微观主体活动的全部领域，还会有一部分仍旧要采用数量信号和数量方式调节。这主要表现为三类：第一类是对外部经济效益影响特别大的部

---

① 经济理论讨论中的大量文章把数量信号和配额调节方式称作"产品经济"，这虽然是习惯用语却并不准确，因为在这种方式中也仍然是商品货币关系，计划调拨分配的配额并不是无偿分配产品，而只是分配购买权利，购销双方之间仍旧要通过买卖和结算，不过结算的价格是固定的扭曲的。这与经典作家设想的不通过买卖的直接的产品分配是不一样的。

门，如铁道、邮政、电话、电讯等，这些部门服务质量的优劣，往往会引起外部的经济效益相当巨大的变动，因而从社会的角度来看，不能够只着眼于这些部门本身的经济效益而听凭由价格来调节供求，更应当考虑外部经济效益加强调节的预见性，这就需要采用必要的数量信号和数量方式调节。第二类是某些具有高度垄断性的部门，与其由企业定价或市场定价（在垄断条件下市场定价实质也是企业定价）形成垄断价格，不如由国家计划定价能够较全面地反映和协调供方和需方的利益，而在这种计划固定价格条件下也就需要采用数量信号与数量方式调节。第三类是某些供需矛盾突出而且具有长期性的重要消费品，也以继续实行直接的计划控制并采取数量方式调节比较适宜。例如我国人口众多而耕地面积有限、粮食供需矛盾将会长期存在，因而粮食种植面积必须由计划保证，粮食购销价格必须由计划控制，在这方面过早地放弃数量信号和数量方式调节会带来灾害性的后果。综上所述，可见即使在将来的微观主体活动中也仍然有一部分要实行直接的计划调控，从这个角度考察，在将来也仍会存在"板块式"的结合。

数量信号和数量方式调节是在价格不能变动或不易变动时的可行的调节方式，但这种调节方式有一些明显的缺陷，各种数量信号的量值是不统一的，有些是模糊不清的，据以判断市场供求的总体状况缺乏标准性和准确性；数量信号和数量方式调节容易受到人为的操纵。有可能成为滋生批条子、走后门等权力交易的温床；它的经济刺激性不如价格信号和价格方式调节那么明显，在价格过分扭曲时还有可能出现逆方向的调节。所以，一般情况下在非价格竞争的一些领域里使用时效果会好一些，而在外部交易成本大于内部管理成本时使用的效果会更好一些。数量方式调节在采取定量配给、凭证凭票供给等方式时界定比较清楚，弊端较少，而在采取批条子、批许可证等方式时随机因素较多，权力交易的弊端也随之而来。价格方式和数量方式的调节通常是互相替代的关系，但价格双轨制却同时兼容了两种信号和两种方式的调节，起初的设想是由此兼采两种方式调节的长处使之互补，在实际生活中有时却表现为兼采了两种方式的短处，加剧了两者之间的摩擦。

但是两者的摩擦也是有差别的。价格信号和数量信号并存、价格调节和配额调节并用有两种形式：一种是部门之间即一些部门的产品价格完全放开由市场调节，而另一些部门的产品价格固定，从而采用数量信号和配额供给；另一种是在同一个部门内同一个企业里也是两者兼用。而配额供给又有平均分配、按比例分配和按优先顺序分配三种方式；价格调节又有价格变动比较平稳和价格变动比较剧烈的程度差别，还有自销产品价格完全放开与有限度地上下浮动的区分。这样，两种信号、两种调节方式的并用有着多种不同的排列组合，彼此间的互补与摩擦也因排列组合的不同而呈现出种种差异。

在计划价格完全固定时，供求的调节不得不由数量信号和配额方式来实现，为了避免这种方式过于僵化，人们曾经设想允许企业自销一部分产品，价格在规定的上下限内浮动，供大于求时自销产品价格可以降到规定的低限，求大于供时自销产品价格可以升到规定的高限，从而利用两种调节方式的长处使之彼此互补。但是，总需求过旺造成的通货膨胀却打乱了这种设想，浮动价格的高限很快被冲垮，使得两种调节方式的摩擦加剧。不过摩擦的程度也因配额供给的方式而有区别，平均定量分配的产品如粮食、食油等，市场议价供应只是补充不足和调剂品种，两种方式的摩擦不那么剧烈；按比例分配使处于市场长边的各个交易者都同比例地按配给得到所需要的部分产品，又同比例地从市场得到另一部分产品，两种方式虽然有价格差异，但矛盾不突出；而按优先顺序确定配给对象和配给数量，优先顺序的确定又没有硬性的尺度，则给配额决定者以很大的权力和弄权的机会，批条子、走后门、拉关系的盛行，加剧了两种方式的冲突和摩擦。与此同时，则是在相当普遍的领域里出现了灰色经济和"寻租"现象。

三　灰色经济和"寻租"现象

在改革过程中，人们对于价格双轨制弊端的指责，对于市场调节的失落感，主要是对灰色经济和"寻租"现象的不满。但是，这并不是市场调节和价格双轨制所必然具有的缺陷，在一个敞开交易的市场里是不会出现灰色经济的，与此同时，我国早就存在双重价格，而"寻租"活动的泛滥，则是近几年的事情。因而对出现此类不正常现象要从理论上进行探索。

经济学上讲的"寻租"，是指寻求不劳而获的收入，从经济发展的历史看，不劳而获的收入是由土地、资本、劳动力等生产要素被私人占有所引起的。马克思考察了资本主义商品经济中的级差地租和绝对地租，指出地租的来源是农产品价格形成中存在一个利润之外的额外利润，它的性质是生产者剩余，这个剩余不能归于生产者，而必须让渡给拥有土地所有权的地主，地租不能高于额外利润，否则资本就会从农业移出，地主会找不到租佃者；地租也不能低于额外利润，否则资本会因能得到比平均利润更高的利润而涌入，从而把地租抬高。至于我国目前充斥于经济生活中的寻租现象，则是寻找由牌市价差额构成的消费者剩余，这是过去的经济学未曾讨论过的"租"，也由此出现了过去的经济学未曾讨论过的"寻租"现象。

双轨价格中的平价是政府人为地压低了产品和资源的价格，使价格中包含的利润远低于平均利润乃至发生亏损（由政府补贴），这是用行政方法把生产者利益转移给购买者，使购买者在以平价购得产品的同时获得了额外的收益即获得消费者剩余。如果没有人为的价格扭曲，市场上每一种产品和资源都能够保持其能使得供给和需求趋于平衡的市场均衡价格，那就无"租"可寻了。只有当人为地压低资源或产品的价格使之低于原来的市场均衡价格时，市场上的供给量将比原来减少，市场上的需求量将比原来扩大，供给和需求之间就无法自动均衡而形成了日趋扩大的缺口，这种缺口无法通过价格的变动自行消除，因此只有靠政府的行政干预和计划分配来维持低廉的牌价，双轨制中牌市价的差额利益即"租"就是靠行政力量维持下来的。

原来认为价格双轨制可以一方面维持计划调拨的低价，另一方面又通过较高的市价促使生产者增加供给，对粮食实行统购统销之后开放了粮食集市贸易，在"大计划"之下有"小自由"，使经济运行不至于被卡得过死，确曾起到过上述积极作用。以后普遍推行双轨价，曾经设想由此可以增加市场供给，从而降低市价，使牌市价差额缩小，再相应地调整牌价，便可以逐步地从双轨转向单轨。然而，事情的发展却与原来的设想相背驰。其原因是：（一）追求经济增长高速度造成了社会总需求过于旺盛，有限的供给增加赶不上过旺的需求增加，供需缺口的扩大使得市价剧烈上升，牌市价差额不是趋于缩小而是成倍地扩大。（二）农产品的供给弹性和工业生产资料的供给弹性不一样，所以，对农产品实行双轨价虽有刺激供给、缩小牌市价差额的经验，推广到增产周期长的工业生产资料领域便走了样，牌市价差额的扩大使得从双轨过渡到单轨成为极其困难的事情。（三）粮、油、布等可以通过普遍的定量的票证发放，界定牌价供给的范围，市场调节这一部分只是调剂品种补充不足；而当双轨制扩大到工业生产资料领域之后，却发现计划分配与市场调节之间的范围很难明确界定，对双轨运行的监督成本很高，计划内外的倒腾，转手间即可获取暴利，从而诱使经济主体竞相争夺国家分配的平价资源，展开"寻租"的竞争，"寻租"的动力与牌市价的差额幅度成正比，双轨制成了当前我国"寻租"行为的主要途径。

按牌价调拨的产品和资源本来是维护计划调节领域里经济活动的手段，所谓平价来平价去，如按统购价收购粮食，需要按牌价供给农药、农用薄膜、化肥等农业生产资料。然而，牌市价的巨大差额，使得按牌价出售者丧失了生产者剩余，转化了按牌价购入者的消费者剩余，而拥有对产品和资源进行计划分配权力的单位和个人也同时拥有了分配剩余的权力，使得"寻租"活动和行贿受贿的腐败现象联系起来了，大量的资源从计划内溢出，通过平价转议价、牌价转市价而获利。

我国有些经济学家把出现灰色经济和"寻租"活动完全归罪于价格双轨制，但我以为这尚未接触到深层根源。产品的计划调拨分配和计划价格要求有计划地组织供需平衡，如果不是这样，而是一面总需求过旺，一面价格固定，就会因普遍的求大于供而出现灰色经济。苏联除食品之外并没有实行价格双轨制，然而需求的过于旺盛使得倒买倒卖的灰色经济普遍存在，我们在苏联调查访问时有的经济学家估计，人们的消费支出有 1/4 到 1/3 是通过灰色经济得到满足的。在我国，彩电、自行车等消费品并存没有实行双轨价，但在紧俏时也一度出现市场价以外的灰市价，票证、各种批文、许可证、火车皮等并未实行双轨制，甚至本身并无价格，然而也成为倒买倒卖和贪污索贿的对象，这是因为需求过旺而采取了数量调节和配额方式，票证、批文、许可证等作为购买权也就有了让渡的价格。而当需求不那么旺盛时，两种信号、两种方式调节之间的矛盾和摩擦就不那么强烈，1989 年紧缩后彩电和自行车等不仅不再是倒卖的对象，而且因为市场疲软而大量积压，便证明总供需协调与否是事情的关键。有人说我国在去冬今春之交出现"倒爷冬眠"，这一方面是行政方式的整顿起了作用，另一方面市场疲软可能是更主要的原因。

寻租活动把相当多的一部分牌价商品变成了市价商品，从最终的买者来说，多数是按市价消费；而生产者还是按压低的牌价调出产品，市价的高昂对于生产者起不到刺激作用，供给并不能由此而增加。这样在灰色经济的寻租活动中，在造租者和寻租者分割消费者剩余的交易中，价格双轨制所可能起到的促进供给的积极作用丧失殆尽，价格机制被扭曲为导致经济剩余流失的机制，结构性短缺也由此而成为痼疾。因为在人为的价格扭曲状况下，凡是"瓶颈"

部门都是因为国家规定的价格过低，乃至增产越多亏损越大，方才成为"瓶颈"，而双轨制中的市价给生产者的利益远不如给造租者和寻租者的利益，双轨价并不能促使结构优化和供给增加。所以，"瓶颈"部门的长期存在和市场的自发调节的积极作用不能发挥出来，都必须从灰色经济和寻租活动中去寻找解答，而用灰色经济和寻租现象来否定市场调节作用和否定改革的市场导向则是不公道的。

（原载《中国物价》1990 年第 5 期）

正确处理短期经济稳定和
长期经济稳定的关系

一　陷入"两难"的症结和相应的对策

我国当前出现了一系列的"两难"，最突出的是如何对待市场，一些同志认为目前市场疲软，需要放松银根，刺激经济增长，可是银根松了有可能引起需求过旺，再度推动物价上涨；另一些同志认为总需求膨胀仍是当前主要矛盾，仍应控制需求，继续平抑物价，但由此又可能压抑市场，影响速度。按理说，储蓄是信用回笼的重要途径，是取得建设资金的重要渠道，但现在储蓄多了怕市场疲软，少了又怕物价不稳，也是"两难"。在物价问题上，某些稳定物价的措施往往会引起比价复归，加深价格扭曲；而对扭曲的价格加以理顺，又顾虑引起人心浮动，影响物价稳定；……一系列的"两难"，使不少同志认为现在的经济工作陷于困境。进难退也难，处于僵持状态。

为什么会出现"两难"呢？这从宏观经济理论来说，是因为互有联系的经济目标是可以互换的（稳定物价和经济增长可以互换，短缺和通货膨胀可以互换），凡属可以相互影响的各个变量都可以互换，在宏观管理中对于经济目标的选择不能忽略这种互换关系，必须掌握各个目标的"度"和多种目标之间的协调。

经济生活中的矛盾很多，目标也很多，从组织经济工作的角度考察，最要紧的是要处理好长期稳定和短期稳定的关系，这从目前来说就是要处理好治理整顿、发展和改革三者之间的关系。我国当前面临着三种选择：第一种选择是尽快结束治理整顿，转入发展和改革。近来出现认为治理整顿已经到位的种种议论，有的说紧缩需求总量的目标已经达到，生产滑坡、市场疲软已经成为经济生活中的突出矛盾，主张用"注水入泵"即增加贷款注入货币的对策，促使市场销售和工业增长率回升；有的说加快改革的时机已经到来。这些议论虽然各有其不同的侧重点，但都认为治理整顿阶段可以结束。第二种选择是继续治理整顿，待经济根本好转后再转入发展与改革。这是与前一种议论截然相反的见解，论者认为治理整顿的任务仍很艰巨，通货膨胀率只降了一个多百分点，经济结构失衡的状况尚未根本好转，而且偿债高峰的到来又会出现新的困难，因而需要继续治理整顿。认为过早地提出发展和改革，有可能陷入新一轮的循环，摆不脱膨胀—紧缩—再膨胀—再紧缩的怪圈，而我们国家已经受不起反复的折腾。主张宁肯慢些，也要稳住经济，以保证社会稳定和政治稳定。第三种选择是治理整顿、发展、改革三者统筹兼顾、有机结合、协调推进。

笔者认为前两种主张虽然不一样，但其共同的特点是把治理整顿同发展与改革对立起来，割裂开来，互不衔接，是不可取的。一年多的治理整顿已经取得了初步成效，但不能认为已经到位了，尤其是基建规模控制、货币投放压缩、物价上涨率下降，在一定程度上都是采用行政方法，深层的矛盾并未消除。正因为这样，需要继续坚持治理整顿，但要改进治理整顿的方法，调整治理整顿的重点。与此同时，还要推进发展和改革。因为稳定不等于停滞，只有在发展中求稳定，在推进改革中实现稳定，经济稳定才牢靠。而且，只有建立在稳定基础上的发展才是健康的发展，只有在稳定的环境中推出改革才能真正实现机制转换，取得改革实效。既不能中止治理整顿转入发展和改革，也不能继续治理整顿却停了发展和改革，必须对三者统筹兼顾，彼此协调，有序推进。

行为短期化，办什么事都想立竿见影，讲求速效，这是我国多年来的积弊。但事实上，经济工作是不能急于求成的，发展不能急于求成，改革不能急于求成，治理整顿也同样不能急于求成。经济工作中出现的许多两难困境是多种因素在长时期里造成的，摆脱困境也只能逐步缓解，想凭几个妙招形成撞击反射便能扭转乾坤，是不现实的幻想。因而，着眼点要放在促进良性循环上，对于经济运行中一环套一环的连环套要有序地逐步地去解开，只要不是朝恶性循环方向发展而是朝良性循环方向发展，便能看到光明灿烂的前景。

二　调整经济的两种选择

治理整顿就是调整经济。调整本来可以有两种选择，一种是实行峻急的紧缩措施，经过一段剧烈的阵痛，可以较快地将经济调整过来；另一种是实行和缓的紧缩措施，调整的力度小，经济的波动也小，但调整时间要拉长。这两种调整方式和发展的关系是不同的，前者先调后发展，后者是发展中调整，调整中发展。对于两种调整方式的选择，我国有不少经济学家倾向于前者，认为后一种调整方式会拖延调整进度，错失调整的有利时机，有可能是微调近于不调，"软着陆"并未着陆，存在着重新进入剧烈通货膨胀的危险。然而我国目前的情况是：企业不能倒闭，工人不能失业，淘汰机制在国营企业里并未形成；而且如今的条件不同于20世纪60年代，农民进城后再让他们回去也非易事，基建下马和乡镇企业、私人企业歇业、解雇了一批合同工，就引起了数百万劳动大军南下北上寻找新的就业岗位；如果国有制企业也解雇工人，使失业队伍继续扩大，又没有相应的社会保险保障制度相配合，就会成为严重的社会问题。因而我国今天不具备采取前一种调整方式的条件，只能采取后一种调整方式。中央最近决定适当松动，在保持适度增长的状况下继续调整，正是基于这种考虑。

适当松动和适度增长是针对目前市场和生产状况的短期对策，着眼于短期稳定。而从长期来看，社会总需求过旺特别是潜在需求过旺的状况并未从根本上得到解决，供大于需、市场疲软是表层的暂时性现象，短缺是深层的本质，城乡居民对于通货膨胀预期的心态变化并不稳固；加以我国正进入偿债高峰，新的困难将会接踵而来，这就必须继续把控制总需求、治理环境作为经济正常运行的前提。适当松动只是放宽紧缩力度和改变"一刀切"做法，并不意味着放弃紧缩方针。那种把适当松动当作上马和起飞前奏的想法是不对的。我国经济中存在着强烈的扩张冲动，不断萌生着各种短缺，目前又尚未形成抑制扩张冲动的内在机制，因而对于治理整顿必须有股韧劲。只有坚持治理整顿的正确方针，才能抑制来自各个方面的扩张冲动压力，才能避免膨胀—紧缩—松动—再膨胀的循环。

三　产业结构优化的着眼点与途径

优化结构，疏解"瓶颈"，重点发展农业、交通运输、能源和原材料工业，这个问题提了多年，国家也对重点工程投入了不少资金，但由于加工工业发展得更快，在"水多加面，面多加水"的"水面效应"作用之下，只是扩大了社会总生产的规模，"瓶颈"约束并未缓解。产生这种现象有多方面的原因，只有针对这些原因，根据客观可能，采取因势利导的对策，才有可能逐步缓解经济发展中的"瓶颈"，逐步推进产业结构的优化。

目前我国固定资产投资的资金来源，由中央财政所提供的不过在十分之一左右，其余的资金是由地方、企业、个人以及银行贷款提供的，如果只是中央财政提供的资金搞重点建设，其他方面提供的资金不搞重点建设，那么结构优化将始终不能实现。对此可以有三种设想，第一种设想是集中财力，增强中央财政的调控能力，支持重点建设；第二种设想是财力分配格局不变，采取措施促使地方、企业以及社会资金和银行贷款投入短缺的"瓶颈"部门；第三种设想是对前两种设想作不同的组合。以上三种设想从理论上说都能够对优化结构起到作用，但是过大地改变财力分配格局涉及经济体制改革的一系列问题，需要另作讨论，因而在这里还只能对第二种和第三种设想作些探讨。

地方、企业以及社会资金投向加工工业而不投向基础产业，除了初级产品价低利小对投资者没有吸引力之外，还有一个重要原因是基础产业需要的投资量大、建设时间长，而地方、企业以及社会资金零星分散，在现行投资体制下只能搞些小型的、分散的、低技术的投资项目，以致在现行财力分配格局造成的投资分散化条件下，基础产业不易发展，规模经济效益越来越差，这就需要寻找在财力分散以后能够促使资金集聚的新形式。在这方面，可以利用的已经证明其在集聚资金方面起到重要作用的股份集资形式，可以借鉴。关于把现有国营企业改组为股份制企业的主张，由于对企业产权组织应当采取什么形式，存在着不同见解和争论，可以另议。但是把股份公司作为集聚资金的一种有效形式，我认为犹豫顾虑似属多余。不能因国家没有足够力量发展基础产业，就不允许企业和地方集资去办基础产业；不能够一方面批评投资分散化、小型化、低技术化，另一方面却又对企业和地方集聚资金投于重点建设多有怀疑，自己把自己憋死了。

优化产业结构需要发展能源、交通运输和原材料工业，以缓解"瓶颈"，提高整个社会的资源配置效益，但也要看到重工业需要的投资多而它的收益却低于平均水平，过分发展重工业不利于资金积累；它对能源的需求量大，过分发展会引起能源的长期紧缺；它对劳动力的需求量小，过分发展会造成就业困难。因而，"瓶颈"需要疏解，但目标是协调发展，不能回到优先发展重工业的老路上去。

促使结构优化不能简单地理解为填平补齐，还要充实、改造和提高加工工业，推进加工工业的技术升级、规模效益升级、专业化协作水平升级、产品结构和技术性能升级。否则，疏解"瓶颈"只是单纯的防御战，不能推动产业结构的升级。如果加工工业仍旧是高消耗、低水平、低效益，那么整个经济运行便转不上良性循环。所以，产业结构优化还应当包括如何降低加工工业的物质消耗和提高附加价值的内容，还应当着眼于促进产业结构调整，对产业发展的引导不能只着眼于近期，还应当着眼于将来，这就要选择发展那些能够带动其他行业发展提高的先导行业和支柱产业，这是优化产业结构的焦点：结构优化从最终产品来说还存在着产品结构与需求结构之间如何适应的问题，所以对需求结构变化的预测与引导，对于制定产业政策来说将会越来越重要。

我国人口多，每年都有一大批适龄青年进入待业者行列，控制经济增长速度和进行产业结构调整，会在一定程度上限制工业部门吸收新增劳动力的能力，需要为新增劳动力寻找出路，这需要大力发展第三产业。第三产业需要的投资少，提供的就业岗位多，而且有很多领域还是空白点或是严重短缺。只要允许大家去办，有明确的政策和法规，发展的余地很大，优化结构有必要把这方面的内容包括在内。

四　采用经济手段控制需求和通货膨胀

目前海内外人士对治理整顿存在着种种误解，如认为治理整顿是发展的停滞，是体制的复旧，便是不正确的见解，但产生此类见解也和治理整顿中采取的某些行政方法以及某些简单化、"一刀切"的做法有关。制止通货膨胀既可以采取行政方法也可以采取经济方法，1988年第四季度时通货膨胀势头很猛，实行急刹车不能不采取一些行政方法；而且过去的改革中存在着某些取消了指令性计划便有了市场并能自动形成市场秩序的天真想法，有的放得过头，有的放了以后没有管。针对这些状况强化行政手段在当时也属必要，而且有的行政方法如控制基本建设投资规模、对某些稀缺物资实行计划调拨分配等在今后也仍要采用，否定过多也不适宜。但当时采取的某些行政方法如关闭市场、实行专营、冻结物价等，则属于临时性的非常规方法，只能在短期内采用。在通货膨胀势头得到抑制以后应该加以改进，才有利于长期稳定。

前段时间治理整顿主要是抑制物价上涨势头，是控制基建规模和紧缩银行信贷投放，在这些方面虽然已经取得了某些成效，但是，财政仍旧有相当大的赤字，财政困难有增无减。这个问题不解决，物价上涨的潜在因素始终存在，随时可以因某种偶发因素而表面化。1950 年和 1965 年稳定物价，都是紧紧抓住财政收支平衡这一环；如今想求得财政经济状况的根本好转，也同样要把克服财政困难作为重点。

我国连年出现财政赤字，固然与财政支出是否卡紧有一定关联，但更重要的在于财政收入实在减得太多，1978 年时财政收入占国民收入比例达到 36%，到 1989 年时下降到低于 19%，财政收入和支出规模不对称，形成了"小财政、大政府"的矛盾，以至于不得不打财政赤字。今后几年处于还债高峰时期，财政将更加困难，因而治理整顿的重点转向增加财政收入，将是缩减和消灭财政赤字从而稳定物价的根本性措施，也是治理整顿向深层推进的根本措施。

克服财政困难，主要是提高财政收入占国民收入比例，提高中央财政收入占财政收入比例。在这两个比例之中，更重要的是前一个比例。如果财政收入占国民收入的比例能够提高 3—4 个百分点，增加 300 亿—400 亿元财政收入，国家的日子就会比现在好过得多。做到这一点，既要进行改革，又要进行整顿。改革有两种选择，一种是开征新税，如开征遗产税等；另一种是改革现有税种，如把现在按所有制区分的几种所得税归并为一种或者两种，平衡税负，促进竞争，把产品税逐步转为增值税，促进专业化和协作。由于开征新税有的税源不广，有的属于先立法打基础性质，一时不可能增加太多的收入，因此，近期的重点要放在改革和整顿现有税种上面。这几年税收减免过滥，优惠过多，有的地方为了增强本地产品竞争能力，也为了留些底子而采取了"藏富于企业"的做法，越权减免，搞得突出的一些省财政收入占国民收入比重已经下降到12%左右，再加上偷税漏税也很普遍，整顿原有税收的潜力相当大。如果把产品税、增值税和所得税的减免权集中到国家税务局，把偷漏堵塞，再把不应该补贴的和可补可不补的财政补贴停止一些，财政的日子就会比现在好过得多。

对于我国今后进行宏观调节应该以财政为主还是以银行为主，近年来也有争论。从理论上讲，进行计划调节需要掌握一定的财力，运用财政调节的分量要重些；进行市场调节则可以多运用银行的调节功能。但由于近年来财政捉襟见肘，回旋余地很小，实际上不论强调哪一种调节都把主要的担子交给银行，然而银行又挑不起这副担子。因为目前我国尚无债券股票的二级市场，银行不可能利用公开市场业务进行调节；专业银行贷大于存的资金来自中央银行，存款准备金率调高降低不过是一手交准备金一手再向中央银行要求增加贷款；利率提高降低对调节货币供需的作用有限，所以，目前银行调节的主要手段仍旧是信贷规模，这在信贷指标宽松时往往拿贷款支持了扩大基本建设投资规模，在信贷指标紧时因基建投资贷款一时收不回来，抽紧银根便抽紧了流动资金，影响了生产和流通。我国这几年经济的过热和过冷，都和过分突出了银行的信贷调节有关联。所以，在今后一段时期里还得增强财政调控的实力，把财政和银行的关系摆正。从银行来说则要真正发挥中国人民银行作为中央银行的职能，在经济上升时能够控制住贷款特别是基本建设投资贷款的发放，避免过热；在经济冷却时便不至于因过分紧缩而挤了企业流动资金，引起生产滑坡、市场萎缩和长长的债务链。

治理整顿方法的改进和治理整顿重点的转移，都需要和改革结合起来，然后才能从治标转向控制总需求膨胀的治本。这方面的难度，在于既要保持适度增长又要避免过热，这就需要掌握调节的艺术，特别要清醒地认识到信贷投放对经济增长的时滞，不要放松银根后一时未见效果便不断放松，这样等到见效时可能又转入过热了。所以在放松银根时一定要把控制总需求作为财政信贷调节的根本政策，不能只是采取事后的跟踪调节政策，还得加强预测和制定科学的预警指标体系，使跟踪调节逐步转向科学的预期调节。

五　正确处理稳定经济和理顺价格的关系

治理整顿和改革相协调，最主要是处理好稳定物价和价格改革的关系。稳定物价是治理整顿的一项重要目标，但是，对于这个目标也有着不同的理解，一种理解是把稳定物价和价格改革割裂开来，认为治理整顿期间只能考虑稳定物价，不能再考虑价格改革，价格改革只能推移到物价稳定以后再议；另一种理解则认为稳定物价是为了稳定经济，因而物价迅猛上涨的势头得到控制之后，还得逐步改变价格扭曲状况，理顺价格，才有利于经济的顺畅运行，有利于长期稳定。笔者赞同后一种理解。

我国价格扭曲状况经过改革有所理顺，但同时又出现了双轨价的新扭曲，有些价格在理顺后又出现比价复归而再度扭曲，这是造成经济运行不畅和产业结构失衡的一个重要原因。因此，要使经济运行转入良性循环，还是要有步骤地把价格理顺。何况扭曲价格本身就是一种抑制性隐蔽性通货膨胀，通货膨胀和短缺是可以互换的，治理整顿不能只消除公开性通货膨胀而不理睬抑制性通货膨胀，只有在消除抑制性通货膨胀条件下把物价指数降低才是真正的降低和稳定。

从消费者心理来说，1988年出现的剧烈通货膨胀固然招致普遍的不满，但也提高了消费者的承受能力，群众对于1989年的物价形势表示满意便是证明。因而，如果在价格扭曲状况下采用行政性冻结某些商品价格的办法把物价上涨率降下来，乃至降到5%以下，然后再开始价格改革又因结构性调整而使物价指数上升乃至上升到两位数，那时候消费者又不能承受了。所以把物价稳定和价格改革机械割裂、分成两截是很笨拙的做法，而把两者结合进行是比较合理的。

当然，推进价格改革决不是要求一步到位和一次放开，那样做仍然是我国脆弱的经济所不能承受的。可以设想的是：在控制总需求、控制货币供给量的前提下，把因通货增发而引起的物价上涨因素控制在低限如3%以内，腾出余地进行有计划的调价与有计划的放价，比如把由于消除价格扭曲而引起的结构性价格控制在7%—8%。两者合计物价上涨总幅度每年都比上年低点，这是目前消费者心理所能承受的。这样，经过三五年时间，可以使除去粮价、房租以外的那些不合理价格得到改善。在这个过程中，为了保持对价格的可控度，调放结合时要以调为主，但是过去已经放开在前些时又用行政方法管起来的一些消费品价格，需要重新放开；鉴于目前市场疲软，再度放开不会出大的问题；再是由地方政府包干物价上涨指数只给1—2个自主调价百分点的做法需要改进，因为发生不发生通货膨胀的关键是宏观经济上对社会总供需的调控是否得当，采取地方政府包干的做法往往会助长些不适当的硬性控制物价的行政方法，妨碍经济的正常运行。先迈开这一步，然后再考虑在可能条件下陆续放开价格。

如果我国能够采取逐步稳定物价和逐步推进价格改革的做法，价格扭曲状况可以逐步改变，因价格扭曲而引起的产业发展导向失误可以减轻，这对于促使产业结构调整是创造了一个较好的环境条件；长期形成的抑制性通货膨胀可以逐步释放，这对于在供需平衡基础上实现真正可靠的物价稳定很有利。不仅如此，由于我国目前的财政困难在一定程度上是补贴过多引起的，而价格补贴和企业政策性亏损扩大是因为价格扭曲，所以理顺价格对于克服财政困难有直接减少补贴的好处，至于一个合理的价格体系促使经济运行转入良性循环，由此给财政带来的利益就更大了。

为此而需要进行的最重要的配套措施，是必须使工资调整和物价调整相结合，保证城乡居民的实际生活水平不致因物价调整而受到损害，实际生活水平还能有所提高。使工资和物价挂钩有多种方法，一种方法是工资和物价直接挂钩，实行指数化或者类似指数化的补偿制度；另一种方法是通过每年的调资升级，使工资和物价间接挂钩。国家采取后一种方法有较大的回旋余地，也有利于相应地进行工资的结构性调整，比较主动灵活。但是必须坚持每年调整，不能够物价上涨工资不动，而且工资上升幅度还得比物价上升幅度略高一些，使人民生活逐年有所改善。当然改善也不能过快，工资增长必须控制在略低于国民收入增长幅度之内，平均工资的提高不能超过劳动生产率的提高，然后才能符合过紧日子不是过苦日子的精神。

六　在推进价格和市场改革的同时深化企业改革

运行机制改革和企业改革是经济体制改革的两条主线。应该承认，目前我国企业是在一个相当艰难的外部环境中进行生产经营活动，原材料、燃料供应不及时和价格上涨，交通运输不畅，市场销售疲软，人欠和欠人的债务链，协作件的缺乏保证，所有这些都使得企业领导焦头烂额，疲于应付。这在一定程度上制约了企业改革和企业经济效益的提高，所以要在改善企业生产经营外部环境的基础上推进企业改革。

改善外部环境有三种方法，第一种是计划的方法，第二种是市场的方法，第三种是计划和市场相结合的方法。过去几十年我国采用计划方法来安排企业生产的外部环境，原材料和燃料按计划供应，交通运输按计划安排，资金按计划贷放，产品由商业部门按计划收购，对于这种方法的利弊有种种争论，而如今已不可能回到这种状况。前些年在改革中曾经设想通过市场的力量来形成一个比较协调顺畅的外部环境，但实践证明取消了计划不等于就有了一个协调顺畅的市场，市场无序造成了更多的磕磕碰碰。现在强调的是计划和市场相结合，一方面推进价格改革和培育市场，另一方面改进计划管理，对经济运行有计划加以引导和组织，逐步使企业生产经营的外部环境向好的方向发展。

外部环境的改善为推进企业改革提高企业自身的适应能力和创新能力创造了条件。对于企业改革有着各种不同的议论和设想，现在强调的是稳定承包制，这符合治理整顿期间稳定经济、稳定社会、稳定政治的要求。因为承包制确实是体现所有权和经营权分离的一种经营方式，它使企业承担起责任，也扩大了企业的自主权，实践证明它具有可行性；而且承包制已经形成的利益激励也不宜轻易变动，否则企业适应环境变化所作努力和创新所作努力得不到报偿，企业就不会继续努力。但是稳定不等于停滞，承包制仍需完善和改进，一方面企业内部还有着相当大的潜力，正等待通过企业管理的整顿和企业内部管理制度的改革去调动积极因素挖掘潜力；另一方面企业和国家关系也需要进一步调整和完善，前些时为了强化控制而采取对企业的一些行政束缚还得在条件允许时逐步松绑，确定企业承包基数的"一对一"谈判方式也得在条件允许时加以改进。稳定承包制还需要明确国家和企业之间的权责利关系，现在实行的利润承包或者税利承包却在先天上具有不稳定的基因，承包基数的确定本身并无客观合理的标准，是在谈判桌上通过争论和妥协解决的因而是可以不断变动的。稳定承包制就得用可以稳定的权利义务关系来加以稳定，这就得用财产承包来取代税利承包，因为国家作为所有者是体现在对企业财产的所有权上，转变为财产承包关系才能说是真正界定了所有者和经营者的关系。鉴于目前尚有种种原因使得部门之间财产收益高低悬殊，因而需要分部门确定财产收费率，有步骤地从基数承包转向按财产收费承包。对承包制作这样的改进有不小的工作量，在增加负担的企业里也会形成一些阻力，但从企业改革的前景来说这样做更合理些，而且今后不再需要调整承包基数，将有利于承包制的稳定，从而有利于促使企业从行为短期化转向有长远打算，这对于促使企业提高经济效益是有好处的。

　　我国现在实行的承包制是无淘汰承包，企业经营不善、完不成承包合同乃至发生严重亏蚀，并不会倒闭，仍旧要由国家包下来。不能让企业倒闭的一个重要原因是不能让工人失业，否则在没有失业保险的我国会成为严重的社会问题。但另一方面，尽管在企业里有着大量"在职失业"的冗员，仍旧无法使大量进入劳动年龄的待业青年走上就业岗位，预计在今后一段时间里至少有4%的待业率。因而，社会保险保障制度改革已不能再踏步不前，这是推进打破"大锅饭"的企业改革和打破"铁饭碗"的劳动体制改革所必需的配套改革。

　　我国现在的双轨体制，仍然存在着导致投资扩张和经济过热的内在机制，仍然属于短缺经济，控制总需求不使之膨胀仍是艰巨的任务，所以治理整顿还得继续一段时间。但行政干预虽然在一定时期可以见效，却不能固定化制度化，否则有可能积累矛盾，不利于转向良性循环，所以在治理整顿的同时还得推进改革，使治标和治本相结合，通过系统的改革使我国经济逐步摆脱困境，逐步走向良性循环。但从世界各国的经验来看，并不存在可以消灭经济波动的经济体制：传统体制中作为短缺经济的弊端是应当通过改革来加以消除的，但新体制在它具有积极方面的同时也会产生一些消极方面，也仍然有可能产生一些诱发总需求膨胀的新因素；在以总需求不足为主要特征的资本主义国家里不断萌发因需求过旺而造成的通货膨胀，就证明了这一点，证明了任何改革都具有平抑波动和鼓动波动的双重效应。所以，在强调体制改革的同时还得强调政策调控，在推进改革的同时还得坚持治理整顿，使社会总需求不至于再度膨胀，使经济运行能够始终保持一个相对宽松的环境。宽松环境本身不是目的，但却是经济运行转向良性循环所必须具备的条件。

（原载《财贸经济》1990年第7期）

双重体制下的劳动力流动与工资分配[*]

一 中国经济的双轨运行体制，使劳动力流动和工资分配形成了规则和机理完全不同的两大块

经过 12 年的经济体制改革，中国进入了从传统经济体制模式转换到新经济体制模式的体制转换阶段。在此阶段中，经济运行的特点是双重体制并存，各种经济活动都具有双轨运行的特点。考察中国的劳动力流动与工资分配，也同样要把握双轨制的特点。

在 1979 年以前，中国劳动力的流动程度是极低的。2 亿左右的城镇人口由国家统一包下来，成年的劳动力由国家统一分配工作，一经分配便难以再改变工作岗位，"铁饭碗"使得企业不能辞退职工，也使得职工不能自主更换职业。还有 8 亿人口被凝滞在农村，农村公社和生产队对农民外出务工进行严格的限制，户口管理和粮油配给也给农民进城设置了难以逾越的障碍。这种状况在改革以后起了变化，劳动力流动也呈现双轨运行的特点：一块的流动度仍旧很低，这就是继续捧着"铁饭碗"的国营企业、国家机关以

　　* 本文是国家社会科学基金项目和福特基金项目的阶段性研究成果。原文篇幅较长，发表时作了删节，其中讨论农村劳动力流动和离退休职工再就业以及专业技术人员兼职问题，将另文发表。合作者：黎汉明。

及由国家拨给资金的学校、医院、科研等单位的职工，尽管提出"双向选择"即职工自主选择职业、单位自主选择职工，把允许劳动力自由流动和形成劳动力市场作为改革的目标，但实际上步子迈得很小。另一块的流动度则很大，中外合资、合营、外资企业和私人企业里的职工是没有"铁饭碗"的，企业既能自主招收职工也能自主辞退职工，反过来劳动者也要对是否进入这些单位作出选择，这种"双向选择"使得劳动力自然地流动起来，个体工商户和他们雇的少量"帮工"也具有较高的流动度；流动度最高的则是农民，原来的种种束缚有的已经淡化，有的作用甚微，城乡收入的显著差距吸引大量农民流向城市，成为中国当前和今后一段时期劳动力流动的主力军。

在任何动态经济中，工资差别一般都是引起劳动力流动的主要力量。在存在劳动力市场的状况下，因劳动力供给和需求变动而引起的工资变动，推动着劳动力的流动和实现劳动力资源的合理配置。中国过去在所有制上趋于单一化，而且由国家统一规定国营企业、国家行政和事业单位工资分配的办法，具有吃"大锅饭"的特点，平均主义严重。改革以后，也逐渐分割成为规则和机理完全不同的两大块。前一块即国营企业、国家行政机关和事业单位仍旧由国家统一规定工资水平和工资标准，实行统一调资升级的工资制度，但是在奖金发放和各种工资外的福利方面有了较明显的差别；后一块是个体工商户、私人企业和"三资"企业，还有既非国营、又非私营的挂靠某一单位的公司，形成了国家工资管理所达不到的新领域。这一领域的工资是由市场调节的。本来，按照市场调节的理论，在劳动力总量供给过多的状况下，这一领域里的收入分配不可能过高，而实践中却出现这一领域中的收入普遍较高的状况。这是中国经济双轨运行的特殊条件造成的。

以上两块虽然差别很大，但又不是封闭式地互不相干地运行，而是彼此影响。低收入领域向高收入领域的攀比，劳动力从低收入领域向高收入领域的流动，使得传统的对劳动力调配和收入分配的控制能力趋于弱化，造成了转轨期中所特有的无序与混乱现象，产生了种种社会矛盾。但是，有序正蕴含于无序之中，新的生长点也正露出了嫩芽和花蕾。

二　全民和集体单位劳动用工制度改革和劳动力流动

（一）劳动用工改革的进展以及"新人新办法、老人老办法"的苦衷

在某些经济学家近年来发表的文章里，仍在议论中国全民和集体单位劳动用工制度的僵化，仍在批评"一次分配定终身"和"铁饭碗""大锅饭"。殊不知这 10 多年来，全民和集体单位劳动用工制度改革已经迈出不小的步子。从企业劳动力增量即新吸收劳动力这方面来看，原来由劳动部门"统包统配"的就业制度已经有了转变，企业已经具有一定的招工、用工、奖罚、辞退的自主权。新的招工方法已经从由劳动部门统一调配改为由企业招考择优录用，其中最主要的一项改革是实行劳动合同制，新招收的职工不再是捧"铁饭碗"的固定工而是捧"瓷饭碗"的合同工，企业在一定程度上可以行使自主用工和择优用人的权利，这有利于控制冗员的增长和扭转劳动力素质下降的趋势。劳动合同制也使劳动者有了自主择业的权利，使劳动者有了多次选择的可能。这样，传统体制"一次分配定终身"的弊病在一定程度上得到克服，劳动合同制给予劳动者和企业解除合同的平等权利，终止解除合同后，企业和职工都有重新进行相互选择的机会。到 1990 年 6 月底，全民所有制企业合同制职工已达 1210 万人，占全民单位职工总数的 12%，集体单位合同制职工达 370 万人，占集体单位职工总数的 10%。有关部门预测，10 年后，合同制工人将占 50% 以上，20 年后将达到 95% 以上。与此同时，在某些地区和企业还实行了养老保险统筹和待业保险制度。这解除了职工流动的后顾之忧，也为企业合理调节人员创造了条件。

中国在推行劳动合同制时采取了极其审慎的态度，考虑到职工长期捧"铁饭碗"所形成的习惯，在全民单位实行了"新人新办法、老人老办法"的双轨体制，即对原有的固定工不实行劳动合同制，仍旧实行原来的固定工制。因而，对于企业劳动力存量即对于原有老职工这个方面，主要是实行优化劳动组合、全员劳动合同管理等项改革措施，这使得企业能够根据落实企业承包经营责任制和转换企业经营机制的要求，合理调整劳动组织，引入激励竞争机制，改善劳动者与生产资料的结合状况，提高劳动力资源的利用效率。优化劳动组合后的富余人员，或者由企业发展多种经营另开生产门路给予安置，或者调剂给缺少劳动力的别的企业，或者是在企业内轮流培训提高，从而在保证企业整体劳动力使用程度不断提高的同时，针对企业内部冗员多的状况，对企业内部劳动力余量进行再开发和再利用。目前固定工制度覆盖的职工仍占职工总数的80%以上，劳动用工制度改革能否取得成功，需要得到这部分职工的拥护与参与，因而保持老制度的合理成分并进行必要的改善，按照"老人老办法"的原则保护这部分职工的总体利益，减少改革阻力，提高改革承受力，是审慎和妥善的，当然也有着不得已的苦衷。

（二）全民和集体单位劳动力流动的特点

全民和集体单位劳动用工制度的改革，使得原来的劳动力不流动的僵化状态有了某种程度的改变，但由于这种改变是有限的，因而使得它具有以下几个特点：

①由于按照"老人老办法、新人新办法"的原则实行了固定工和合同工两种劳动用工制度，也就形成了"老人"和"新人"两种流动率，合同工的流动率大大高于固定工，年率达到5%左右，在某些条件较艰苦的部门，其流动率还要高；而固定工流动的年率则很小，一般在1%以下。

②由于职工的工资标准、工资水平、调资升级面等都由国家统一规定，企业与行政机关、科研单位、大中小学等之间的人员流动都是带着工资级别走，更换工作岗位并不能提高工资级别，因而职

工要求调动工作便不是出于工资（狭义工资）方面的考虑。应是或者认为换一个工作岗位更有利于本人才能的发挥，或者是由于劳动条件、离家远近、人际关系等方面的原因。而这几年奖金福利等方面收入在职工收入中的比重加大，从广义工资收入来说差距已经拉开，因而出现了福利待遇差的单位的职工向福利待遇好的单位流动的趋势，尤其是在住房条件紧的状况下，凭优先分给一套住房的条件，往往能从别的单位"挖"进人才。因此，从广义工资收入来说，它在人员流动中所起到的作用正在加大。

③"双向选择"是劳动用工制度改革的重要内容，目前的状况是，职工选择企业比较容易，合同制职工要辞职并不太难，固定工要求调动工作固然阻力重重，但只要态度坚决，磨上些时候还是能够调走；而企业要选择职工的难度却相当大，想要的进不来，不想要的送不走，不仅固定工不能辞退，辞退合同工也不容易，即使企业生产下降、人浮于事，也无法裁减人员。因而"双向选择"偏向于职工这头，两者并不平衡。劳动力流动的主动权在职工，而作为劳动用工主体的企业则仍旧采用调动和分配工作的老办法来进行劳动力流动的组织工作。

④在改革中，个人对于择业自由产生了双重态度。他们既想获得新体制所给予的自主权却又不愿放弃旧体制所给予的安全保障；既批评"铁饭碗"又不肯放弃"铁饭碗"，这表现为有些人已经从事个体经营或者别的"挣大钱"的行当，却仍旧要求全民或集体单位给予留职停薪，保留着退路；表现为人们议论批评人浮于事却不愿意真的失业，要求绝对的经济安全，要求"从摇篮到坟墓"都包下来的社会保险，这种社会惰性使得个人对于"双向选择"抱着既爱又怕的双重态度，也使劳动体制改革在对失业的畏惧面前成了最难办的事情。

因而，继续推进国营企业劳动用工制度的改革，把固定工统统改为合同工，促使流不动的这一块流动起来，看来是很有必要的。

（三）劳动用工制度改革的难点

主要因为中国面对着庞大的就业压力，对国营企业的劳动工资管理中引入市场机制，还有着种种疑虑和畏惧。中国劳动力供给量远大于需求量，这不仅因为每年有几百万进入劳动年龄的年轻人等待就业，机关、工厂和商店中滞留着数以千万计的"在职失业"者，更主要的是中国农村中存在着数以亿计的剩余劳动力等待转移到非农产业，劳动力供给过剩的状况不可能在短期内改变。与此同时，中国积累基金比例虽高，但绝对数量有限，靠投资建设提供新增就业岗位而形成的劳动力需求量有限。有不少经济学家认为，由于劳动力供需矛盾过于突出，在庞大的就业压力之下，劳动力市场改革的步伐不能过快，尤其是不能过分强调企业效率而把减人作为全民和集体单位劳动用工改革的目标，否则会加大就业压力，造成社会问题，这种审慎的考虑当然是有道理的。

但是，审慎不等于停步不前，从改革的目标来说，还是要走上实实在在的"双向选择"的道路。因为，劳动力供给大于需求是发展中国家普遍存在的问题，在先进工业和落后农业并存的二元经济里会不断有过剩劳动力从农业中游离出来进入产业后备军的队伍，这种矛盾的存在并不会阻碍劳动力市场的形成，关键是要重视和正确对待，采用行政办法如果只是把矛盾掩盖下来，那就不过是把问题推迟到以后再去解决。而且，中国劳动力供给在总量上虽然过剩，但结构性短缺却很突出，技术人才普遍紧缺：矿山工厂普遍是"一线紧、二线松、三线肿"，而且各个单位里脏、重、累、粗的活计没有人干，还得另雇临时工或农民工做城里人不愿做的工作。这些都表明，用行政办法安排劳动就业必然会人为地造成"有人没事做、有事没人做"的结构性矛盾，要解决这个矛盾，就必须利用市场机制。

在社会主义经济体制改革中，打破"铁饭碗"这一口号获得了许多有识之士的拥护，认为这是改革僵化的劳动体制所必需的。然而对于失业却引起了较普遍的恐惧，似乎失业只能是资本主义经济中的产物，消灭失业才是社会主义制度优越性的表现。其实，打破"铁饭碗"和出现失业是同一桩事情的两种说法，要打破"铁饭碗"而又不出现失业是很不现实的。失业是商品经济运行过程中合理配置生产要素的必然产物，尽管人类社会在进入资本主义阶段之后，作为劳动力相对过剩的失业现象集中地、大量地涌现出来，但并不能由此而把失业作为资本主义的独有之物。在商品经济中，劳动力供需处于不断的变化之中，当生产力水平发展到一定程度、生产社会化达到一定规模时，不仅会因技术进步使原来的劳动力供需发生变化而出现劳动力相对过剩，还会从原来的社会分工中分离出新的分工而使劳动力供需发生变化，从而出现新的就业岗位并产生新的劳动力队伍。这种运动过程在社会主义的商品经济中同样会出现，只不过社会主义国家原来实行的统包统配的就业体制和低工资、高就业的政策把矛盾掩盖起来了，"在职失业"即隐性失业成为中国特有的失业形式。只是由于隐性失业为社会所忽视，才形成失业与社会主义无缘的错觉。

经过 10 多年的改革，中国的所有制结构起了变化，在集体、个体和私人经济以及外资企业中，隐蔽的在职失业基本上不存在，淘汰冗员是企业搞好经营管理所必需的，在那里不允许"大锅饭"和"铁饭碗"，劳动力使用基本上是满负荷的。吸收过剩劳动力的包袱压到了国营企业肩上，成为国营企业的社会义务，这就使国营企业与非国营企业处于不平等的地位，国营企业吸收的劳动力超过了按其技术水平、生产规模和生产结构所能容纳的数量，国营企业中大量冗员的存在，降低了劳动生产率，虽然职工个人的工资并不高，但由于一个人能够干的工作让许多人来干，物化在产品中的劳动量并不少。这使得廉价劳动力的优势在实际上要打上好几个折扣。使产品没有竞争能力、企业里人多活少、干活的和不干活的都一样享受工资和各种福利待遇，许多企业里都出现"三个和尚吃水"效应，职工中出现了追求和攀比舒适安逸的工作条件，鄙视苦、脏、累工作岗位，"临时工干、合同工站、固定工看"的现象，使得以吃苦耐劳闻名于世的中国工人逐渐变懒。这样，究竟是用"在职失业"来掩盖实际存在的失业现象好，还是使隐性失业显性化好，便成为改革中面临的选择。由此可见，对失业有一个正确的认识，是改革能不能取得实质性成果的关键。其实，隐性失业和显性失业、"在职失业"和社会失业都一样是失业，而隐性失业的弊病更大。把隐性失业显性化，就是要从根本上改革现在的固定工制度，使职工"能进能出"，把"铁饭碗"变成"瓷饭碗"；就是要从彼此不能选择变为"双向选择"，把"在职失业"的冗员推向社会。这样做可以形成竞争淘汰的压力，用咄咄逼人的失业机制来改变捧"铁饭碗"时的闲适自在的无压力状态，激励劳动者勤奋上进好好劳动；还有利于改变目前"有人无事干"与"有事无人干"并存的状况；有利于企业卸下包袱，增强活力，使经营管理得到改善，其积极意义要远大于可能承担的风险。

我们把隐性失业和显性失业的利弊进行比较，并不意味着消除隐性的"在职失业"可以一蹴而就，因为这在实际生活中是极其复杂的事情，需要审时度势、妥善处理。在这里需要着重指出的是，隐性失业显性化是不可逆转的趋势，它将经过一个不太短暂的过程才能逐步实现。在这个过程中，一定程度上继续存在的"在职失业"将是国营企业的特殊负担和特殊社会义务。与此同时，一定程度的社会失业的出现又会不断加重国家提供社会保障的负担，"在职失业"或是社会失业两者都要花钱，因而需要针对其实际情况采取相应的收入分配政策。那种在优化劳动组合时把精减下来的职工工资总额全都分给留下的职工的做法，从收入分配管理的角度看是不完善的，由此将引起分配总量的增加，从而导致个人可支配收入的膨胀。

（四）全民和集体单位的劳动用工制度改革

在全民和集体单位的劳动用工制度改革中，对"老人"之所以要采取"老办法"，还因为传统的固定工制度同福利及保险有着紧密的联系；固定工之所以难以流动而形成"一次分配定终身"

的格局，还因为企业不仅是就业的场所，而且是生活服务、社会管理、社会保险等与就业职工各种权利与义务紧密相关的实现单位，固定工的医疗保险、住房、业余生活、退休养老、子女入托、就学和就业等都由企业包了下来。这种企业办社会的格局如果不改变，固定工的"一次分配定终身"的状况就很难改变。从这个意义上讲，传统的福利和保险制度实际上是作为传统用工制度的一个部分而存在的。因而，中国在第八个五年计划期间所准备推进的住房制度改革、医疗保险制度改革、福利和保险制度的改革将有利于继续对传统劳动用工制度进行改革，从而逐渐减轻因流不动的一块而产生的种种苦恼，减轻流不动和已流动了的两块之间发生的摩擦。

由隐性失业转变为显性失业，需要相应地进行社会保险制度的改革，实行失业保险和失业救济制度。但是，从世界各国的情况看，失业有4种形式：（1）摩擦性失业；（2）结构性失业；（3）周期性失业；（4）就业岗位短缺性失业。失业保险和失业救济对于第一种情况即对摩擦性失业最有用，因为摩擦性失业是由于允许职工流动以及允许企业辞退职工造成的，失业保险使工人在寻找新工作的失业期间无后顾之忧，使"双向选择"成为可能，它起到了允许职工去寻找更佳配置而不是在他面对的第一个工作岗位上固定下来。失业保险对于社会固然是损失，但可以因劳动资源配置合理而得到补偿。失业保险对第二种情况的作用是有限的，因为某种技术岗位缺人而求职者却因不具备上述技能而失业，这种状况单靠失业保险解决不了，它必须通过培训短缺人才方能改变。对于第三种状况来说，失业保险可以起到在周期性下降期间保证失业者生活的作用，而真正减少失业却要靠熨平周期的宏观调节政策的实施。至于对第四种情况来说，失业保险对就业岗位的短缺是无能为力的，在中国庞大的就业压力下，属于第四种情况的失业队伍相当大，失业保险的实行对于这种情况会徒然增加负担却并不能提供新的就业岗位，并未消除劳动用工制度改革所面对的障碍。可见，失业保险的改革需要推进，但认为实行了失业保险便可以使劳动用工制度改革的难点迎刃而解的想法，是过于天真的。

三　劳动力在不同所有制之间的流动

（一）　不同所有制之间的收入差别

经济活动的双轨运行，使得国有制经济和非国有制经济之间的收入差距逐渐拉开。其中，集体所有制经济的工资等级和工资标准一般是参照国有经济，只是奖金管理较松，但是全民办的集体单位（如劳动服务公司）的职工收入则一般低于母体，使平均的统计数略低于全民职工收入；经营管理好的集体企业职工收入则大体比国有经济多出 20%—50%；中外合资、合营和外资企业职工收入普遍高于国有经济，一般高出 50%—200%。最突出的是个体和私营经济中的从业者的收入。辽宁省营口市千户调查表明，个体经济1988 年人均月收入 358.8 元（年均 4306 元），是当地在职职工的1.6 倍。北京市 1988 年据典型调查推算的个体经济的人均月收入为 629 元（年均 7548 元），是全市职工实际平均收入的 3.8 倍。而在交通运输、饮食、房修 3 个行业中，个体户的收入则为同行业全民和集体职工收入的 5.8、7.2 和 7.5 倍。广州市抽样调查表明，私营经济的人均月收入为 1000—1500 元（年均收入 12000—18000元），相当于职工平均月工资的 3—4 倍。[①]

有人认为，两个领域里收入差距的拉大是两者效率差异的结果。但在我们看来，两个领域里收入差距的拉开，效率高低不是主要因素，还有着其他种种原因。一是竞争不足。尽管个体、私人经济和 10 年前相比有了很大发展，到 1987 年年底，全国城乡个体工商业者已有 1370 多万户，2000 多万人，雇工 8 人以上的私营企业约 22.5 万户，雇工总数 360 多万人，然而他们在整个国民经济中

① 《中国的个体和私营经济》，《经济日报》1988 年 10 月 21 日。

所占比重仍然是很小的。申请领照开户受到种种限制是外部的束缚，社会观念的凝固和政策不稳定使得人们进入这一领域有种种顾虑是内在的束缚，然而这种低发展状态却使它们获得了非竞争性的高收入。二是负担不同。国营企业中有潜在失业的大量冗员而无法淘汰，同时承担着种种社会责任，而在非国有领域里却没有这些负担，私人企业和"三资"企业可以随时解雇职工，可以不考虑职工生老病死以及住房、子女入学等社会福利，这些企业的职工还可以享受作为一个城市居民都能享受到的价格补贴等社会优惠，并把这些负担都转化成为货币性收入，便显得在这一领域中的收入高了。三是双轨运行中的利益斜率偏离，这是比前两个原因要隐蔽得多的原因。由于非国有领域中的经济活动主要循着市场轨道运行，按照市场价结算，而且有较充分的自主权，允许经济主体选择比较利益最大的行当，有的还能通过牌价和议价的差额获取额外利益。加上国家对于"三资"企业给予了较多的税收优惠，私营和个体经济则因为控制困难而存在着较严重的偷漏税行为，因而使它们与国有制经济的税收负担悬殊。这样，在双轨运行中本来就出现了利益倾斜，而现在这一斜率更加偏离，使较多的利益落到了非国有领域，使得这一领域里的从业人员获得高得多的收入。

（二）劳动者在各种所有制经济之间的流动

考察中国劳动者在各种所有制之间的流动，必须注意到对流动仍旧有着种种限制。中国并不像市场经济国家那样存在劳动者频繁地更换职业的状况，初始的选择往往就成为终身的选择。然而，外资企业和个体与私人企业从无到有地发展起来，个体劳动者如雨后春笋般地发展，它们从业人员的增加也正表明劳动者在流向新的领域。我们可以把1978年和1989年的按经济类型区分的社会劳动者人数作一比较。

表1　　　　　　　　按经济类型区分的社会劳动者情况　　　单位：千人；%

	1978 年		1989 年	
	人数	比重	人数	比重
社会劳动者合计	401520	100	553290	100
全部职工	94990	23.66	137420	24.8
其中：全民所有制单位	74510	18.6	101080	18.3
城镇集体所有制单位	20480	5.1	35020	6.3
其他所有制单位	0	—	1320	0.2
城镇个体劳动者	150	0.04	6480	1.2
农村劳动者	306380	76.3	409390	74.0

从上表中可以看到，其他所有制单位职工及个体劳动者增长虽快，但所占比重低；而农村劳动者仍占社会劳动者的74%，城镇劳动者仍集中在全民和集体单位。这种就业的所有制结构与中国目前的生产力发展水平不相适应。特别是过多的劳动力进入全民所有制单位，超过了它的吸收能力，造成人浮于事的"在职失业"，成为全民单位的沉重负担。

这几年非公有的其他所有制单位和个体经济的发展提供了新的就业岗位，这些企业需要吸收熟练劳动力时引起了劳动者在不同所有制之间的流动。劳动部门组织的职业介绍机构积极促进这方面的流动，使流动不畅的状况逐渐改善。为了适应中国长期实行的人事档案制度，人才交流中心等职业介绍机构还实行了为流动中的职工保存管理档案的办法，解除了他们多途径就业之后怕回不到全民单位的后顾之忧，北京市上述机构在1988年和1989年为职工保存档案达4000多人次，他们当中被外资企业雇用的占8%，到乡镇企业的占28%，受雇于私人企业的占22%，跨省市就业和出国的占14%，企业优化下岗、限期调离又一时找不到工作的占25%。上述数字反映了这两年通过职业介绍机构实现劳动者流动的状况。

（三）城镇待业人员对所有制的选择意向

北京市在 1990 年下半年对朝阳、海淀等 5 个区的待业人员的职业选择方向作过抽样调查，选择进入全民所有制单位的占76.5%；选择进入"三资"企业的占 14.7%；选择进入集体所有制单位的占 5.5%；选择当个体户或私营企业职工的占 2.4%。

全民单位的职工货币工资待遇一般低于非全民单位，然而待业人员仍旧愿意到全民单位工作，这除了传统观念的影响之外，还由于这些年来受政策变动等多种因素影响，一部分集体所有制和个体、私营企业的发展不够稳定，住房、子女入托等带有福利性质的隐性收入不如全民单位，加上中国的社会保障制度还没有覆盖到集体、个体和私营企业，这样，待业者还是希望劳动部门能把他们介绍到"保险系数较大"的全民所有制单位就业。

不同经历的待业人员在所有制选择上的差异也很明显。毕业后待业的人员对所有制的选择较强，主要集中于全民所有制（占78.8%）和"三资"企业（占 14.9%）；辞退、除名、离职、退职人员希望到集体所有制单位和个体、私人企业就业的比例高于平均数（分别为 8.3% 和 28%）；劳动合同制工人在合同期满申请再就业的要求到"三资"企业去的人数占再就业人数的 30%，比中等学校毕业后待业人员反映的选择意向强了一倍。

根据北京市劳动局在 1987 年所做的一次全面调查，北京市私营和个体经济的雇工中来自外地和本市郊县农村的占 79%，受雇人员中有城镇户口的虽占 21%，但又主要是在远郊县。这表明，北京市区的人还是不愿意当私营企业和个体经济的雇工，待业人员不愿意去，已经取得"铁饭碗"的全民和集体单位职工当然更不愿意往那里流动。这反过来又可以对不同所有制的收入状况做一番注解，即调查资料反映的私营和个体经济职工的货币收入当然高于全民和集体，但如果加上各种福利性的隐性收入，实际待遇还是低于全员和集体，再加上私营和个体经济劳动强度大、劳动时间长、闲暇时间少，按相关系数折算后的实际待遇就更低于全民和集体单位了。因此，全民和集体职工流向私营和个体经济主要是两种形式：一种是辞职后自己申请执照从事个体经营；另一种是一人领照，全家出动，朋友帮忙，以第二职业出现的劳动力向私营和个体经济流动，对此虽无确切数据，但据观察这种形式发展的势头是相当快的。

四　劳动力在不同产业部门之间的流动①

（一）不同产业部门之间的收入差别

在市场经济中，不同产业部门之间的收入差别是由不同产业部门的劳动力供给和需求状况决定的。反过来，不同产业部门间的收入差别又推动了劳动者在不同产业部门之间流动，从而实现劳动力资源的合理配置。中国的情况不是这样，劳动力资源的配置通过计划调配来实现，是否合理取决于计划调配的质量。至于各产业部门的收入差别，主要是根据劳动条件和劳动强度等方面的不同情况加以规定。总的来说，不同行业职工的收入差别不大，平均主义倾向是主要的。

近些年来，不同行业之间的收入有所拉开。据北京市的资料，1989年职工收入水平最高的是交通、运输、邮电业，年人均收入3138元；第二位是地质勘探业，为2984元；第三位是建筑业，为2908元；第四位是卫生体育和社会福利业，为2838元；第五位是工业，为2725元；第六位是科研单位，为2685元；第七位是房地产管理和城市公用事业，为2676元；第八位是商业、饮食业和物资供销业，为2647元；第九位是金融保险业，为2568元；第十位是教育、文艺、广播电视业，为2495元；最低的是党政机关、社会团体，为2327元。收入水平高的行业和低的行业之间的比例大

---

①　由于劳动力向非农产业流动、农村劳动力向城镇流动是中国经济发展中的突出问题，因此将另文专门论述，本节不包括这方面的分析。

体上是4:3。不同产业部门收入差距的拉开，不完全取决于国家规定的工资标准，还受到这些部门的奖金与其他收入状况的影响。有些部门实行了特殊的收入分配办法，例如建筑施工行业推行百元产值工资含量包干之后，既因效率提高而增加了职工收入，也因建材涨价及外包工增加产值而增加了职工收入，这使得建筑行业职工平均工资超过其他行业。再如出租汽车行业推行按运行公里提成办法之后，出租汽车司机收入跳跃式地上升。而这两个行业之所以能够推行新的工资制度，是因为这两个行业实行的是市场运行的规则，有条件给职工以高工资。公共汽车因为收费低还要财政补贴，机关团体则因为工资标准由国家规定，便没有条件给司机以高工资了。

（二）劳动力在产业部门间的流动及城镇待业人员的产业部门选择

不同产业部门的收入差距是拉开了，但是，劳动力的部门所有制和单位所有制，却使得人才流动困难重重，而且，决定劳动力流向的除了工资收入高低之外，还有劳动条件、劳动强度、离家远近、社会的职业评价等因素，有些产业部门虽然待遇较高，然而条件差，如地质勘探是野外作业，建筑业是露天作业，煤矿是井下作业，较高的待遇仍未高到足以吸引城镇劳动力流向这些部门，仍不得不大量吸收农民当合同工、临时工。至于待遇不高、而劳动比较累的纺织工业更加对职工"招不进、留不住"。因而，目前中国劳动力过剩的状况虽然普遍存在，但对于某些苦、脏、累工种相对集中的行业来说，劳动力不足的状况却相当突出。

在改革以前长达30年的时间里，劳动者到什么产业部门去从事什么工作，是由劳动部门统一调配的，各个产业部门需要的劳动力都能得到满足。至于从求职者的就业意愿来说，当时填写的第一志愿一般都要求去工厂，这是因为人们认为工人阶级政治地位高，当工人光荣，工厂的福利待遇也相对较好。现在的状况则是求职者较多地讲实际，劳动比较轻松的第三产业是就业的热点，而分配到劳动条件差的产业往往被拒绝，以致某些产业"后继无人"。调查结果是：希望到第一产业（农、林、牧、渔）就业的占1.5%；希望到第二产业就业的占14.6%，其中，工业占12.7%，建筑业占1.9%；希望到第三产业就业的占83.9%，其中流通部门（商业、仓储、交通运输）占41.1%，旅游、公用事业和其他服务业占20.2%，教育、文化科学、卫生占15%，党政机关、社会团体占7.6%。

北京市的抽样调查还表明，求职者选择职业的排列次序是，收入高居第1位，占33.7%，其次分别为工作稳定有保障，能发挥自己才能，工作条件好，至于对社会贡献大则只占2.8%。

在问卷调查中，有36.2%的人表示"不满足条件就不去"，41.6%的人表示"满足最低条件就去"，22%的人表示"有单位要就去"。在最后这一部分人中，80%是女性或25岁以上的大龄青年，恰恰是招工单位所不愿要的人。

求职人员的择业热点集中于那些收入高、劳动强度低、劳动条件好的工种，这种状况在职业教育中反映尤为突出，原来属于中学生报考热点的技工学校，这几年报考人数少于计划招生数。1990年北京重型机械厂技校计划招收80名技校生和40名定向培训生，结果只招到3人。而北京近几年新办起的职业高中由于所办专业大多属于饭店服务员、售货员等热门工种，其报名人数与计划招生数之比是2.1∶1。尤其是亚运会期间的服务人员主要从职业高中选拔，经过电视、电台、报纸等传播媒介的宣传，更加使职业高中成为吃香的升学途径。这表明了家长和青年对职业选择的意向。

五 劳动力的地区流动

（一）地区收入差别的拉开

中国原来是由国家统一规定工资标准和工资水平，在地区之间是根据各地不同的物价水平划分11类工资区，实行不同的工资系数，每类工资区按1类工资区的工资标准递增3%，即同等级职工在物价高的11类工资区比物价低的1类工资区的工资高30%（后来把 1、2 类区归并到 3 类区），至于对边远地区生活费用特高的则按 11 类工资区标准另加生活费补贴。补贴有 40 个标准，补贴低的不到10%，高的超过 100%。1985 年实行工资改革时，仍旧沿袭原来办法保留了地区之间工资系数的差别。也就是说，中国原来除了对地区物价差别给予补偿之外，没有其他的地区差别，收入分配在地区之间同样呈现出平均主义色彩。

但是，经济体制改革之后，职工收入来源除了固定性工资收入之外，还有奖金和其他不以工资形式出现的各种工资外收入，东部沿海地区经济发展快，经济效益比内地高，职工的工资外收入名目多，增长快。经济特区还规定了特区工资标准（如深圳）或者发给特区津贴（如厦门），工资增长更快，这样就拉开了地区之间的收入差距。据统计，1988 年全国全民所有制单位职工年平均工资为 1853 元，而深圳的年平均工资为 3269 元，广州为 2718 元，厦门为 2309 元。上海的年平均工资为 2354 元，北京为 2160 元，天津为 2091 元，[①] 都高于全国平均数，深圳高出 76.4%。还应注意到的是深圳、厦门等地"三资"企业、个体和私营经济发展快，其职工收入高于当地全民单位职工，因此地区间收入差别拉开的幅度比上述统计数字还要大些，地区间的平均主义已经在实践中被逐渐打破。

中国经济发展中出现的地区之间不平衡是由许多因素决定的，过去曾经采取投资向内地倾斜的办法来缩小内地与沿海的经济差距，因效果差而不得不放弃。这几年因沿海地区和内陆地区发展不平衡，又出现各种要求均衡发展的呼声。但凡要中国继续实行对外开放政策，作为对外开放前沿的沿海地区总是能从与国际交往中获得较多利益，从多方面得到较快发展的机会。因此，地区间收入差距拉开，东部沿海地区职工收入增长较快的趋势将会继续下去。

（二）劳动力在地区间的流动

对于劳动力在地区之间的流动，要从政策取向和实际流向两个

---

① 《中国劳动工资统计年鉴·1989》，劳动人事出版社 1989 年版，第 85 页。

方面考察。从政府的政策取向来说，是着眼于人才在地区经济发展中的重要作用，鼓励人才流向内陆地区。西南和西北不少地方的政府对于外地有中级以上专业职称的专业技术人才流向该地，给予提升1—2级工资、解决家属就业和农村户口转为城镇户口、保证安排住房等优惠，中央政府在大学毕业生分配上给内陆地区以较多分配名额，号召人民发扬奉献精神，建设内陆地区特别是边疆、少数民族地区、贫困地区，这也就是说，在政策取向上是鼓励人才从东往西流向内地。

然而在劳动力的实际流向上，则是从西往东流向沿海地区。西部地区要吸引技术人才和管理人才来开发西部，然而吸引过来的数额远少于流出的数额，这给西部地区的经济发展和技术进步造成某些困难。然而这些地区经济不发达，没有足够的财力从收入分配上吸引和留住人才（提升1—2级工资和沿海地区的高额奖金以及工资外收入相比是微乎其微的），因此，又采取了种种行政办法，限制技术人才和管理人才从西部流出。一个中级以上职称的专业人员办理调出本地区的手续，往往要以年来计算其过程。

劳动力流向东部沿海地区，尤其是深圳、珠海、厦门，汕头、梅南这几个经济特区，成为人才流入的热点。

表2　　　　　　　　　　经济特区职工人数的变化　　　　　　　　单位：千人

特区名称	1984年年底全部职工人数	1989年年底全部职工人数
深圳全市	182.7	482.4
其中，市区	154.4	412.0
珠海全市	86.5	147.2
其中，市区	39.3	86.7
汕头全市	643.7	778.3
其中：市区	279.7	352.7
厦门全市	232.2	287.2
其中，市区	211.4	257.5

资料来源：根据《中国统计年鉴·1985》第169—184页及《中国统计年鉴·1999》第75—76页编制，海南经济特区因成立较晚，缺乏对比资料，故略去。

从表2中可以看出，职工人数增加最快的是深圳市区和珠海市区，在5年时间里，前者增长166.8%，后者增长120.6%。还应注意到的是，这些数字并不包括外地建筑企业承包深圳、珠海建设工程的劳动者以及临时流入的劳动者，加上这些因素，实际上的增长数比统计数还要更大一些。

劳动力流向沿海地区及经济特区，加快了这些地区的经济发展，但劳动力的过多流入也成为这些地区的经济负担和社会问题。因此，近几年这些地区在继续吸收外地劳动力流入的同时，又都采取了限制外地劳动力流入的行政措施，以控制流入的数量，成为流入热点的深圳等地对进入的限制尤其严格。这种控制流入速度的做法，目的在于避免流入过猛而引起社会混乱。

这样，中国劳动力在地区间的流动是在受到流出地和流入地的双重限制下进行的。显然，如果没有这些行政限制，劳动力的流动将会以更大的规模展开，但这样也会给流出地造成更大的发展困难和给流入地带来沉重的社会负担。从目前来看，这些行政措施似乎是必要的，然而行政措施毕竟只是治标，从治本来看还得合理调节地区收入分配，然后才能使劳动力流动趋于合理和适度。

六　劳动力流动的障碍及进一步改革的前景

（一）流不动的苦恼和流动了的冲击

中国经济体制改革的转轨阶段也正是双轨运行不断冲突和不断发生矛盾的阶段。劳动力的流动和工资分配也是如此，流动度高的一块正冲击着流动度低的一块，工资性收入分配灵活的一块正冲击着还不那么灵活的一块。面对着来自两个方面的矛盾，人们正在为流不动而感到苦恼却又有不得不这么做的苦衷，而与此同时，又在为已经流动起来那一部分中与"活"一起出现的"乱"所形成的冲击而感到困惑。

双轨运行使得流动了的一块不断冲击着流不动的一块，合营、合作、外资企业、私人企业和个体经济的用工按照市场原则不容许冗员存在，而全民和集体单位却要把安排就业的责任担起来，负担的不同出现了摩擦，前者劳动力能够流动，而后者流不动也出现了摩擦。对于发生在所有制间、地区间、部门间的摩擦和冲突，前面已经逐一做了实证的分析。至于全民和集体单位内采取的"新人新办法、老人老办法"的改革步骤，则造成了固定工和合同工的身份差别，使某些企业固定工产生了"贵族"工人的优越感，而合同工则产生自卑感，从而在稳定固定工的同时却使得合同工不稳定，降低了职工队伍素质；企业不得不年年培训新工人而增加了培训费用；与此同时，由于两种用工制度并存而在某些企业里出现了合同工固定化的倾向，又背离了推行劳动合同制的初衷。

由此可见，在中国经济体制改革过程中出现的双重体制并存，在劳动用工和工资分配方面出现两个领域，这些虽然都是不可避免的现象，但是两个领域的差距需要缩小。对于"老人老办法"不能做凝固化的理解，对原来的固定工的管理制度也需要逐步改革。要把全员劳动合同制作为改革的目标，采取渐进的方式，破除"铁饭碗"，改变统包统配的一次分配定终身的就业制度，促使流不动的这一块逐渐流动起来。

从目前的状况看，由于已经出现流动了的一块，由市场机制调节的劳动力资源已经显示出活力，面对的问题是健全法规以建立运行的规则，避免在"活"的同时出现"乱"。而由于流动了的一块正不断地向流不动的一块施加压力，需要推进改革以逐步缓解分割为两个领域所形成的摩擦和冲突。当然，全民和集体单位劳动用工制度的改革不是一项孤立的改革，它要和整个改革有机地结合起来，才有利于劳动用工制度改革的推进，其中最主要的是：（1）企业改革的进展，因为劳动用工自主权是企业自主权的一个重要组成部分，如果企业在其他方面没有自主权，那么过早地推进劳动用工自主权的改革，就会形成孤军突进，不易执行；反过来，如果企业其他方面自主权的改革推进了，而在劳动用工制度方面却迟迟未改，也会限制企业自主权的行使。所以，要根据企业改革的进展与企业经营机制的转变，相应地推进劳动用工制度方面的改革。目前中国正在研究如何搞活国营大中型企业，预计今后将会有较大进展。（2）劳动用工制度改革中的最大难点在于就业压力，而传统发展战略是不利于缓解就业压力的。因而，在深化改革、促进体制模式转换的同时，还需要促进发展模式的转换，加快那些投资少、吸收劳动力多、能加速资金积累的产业部门的发展。这也就是说，要把产业部门配置和劳动力资源配置有机地结合起来，从而缓解就业压力，为推进劳动用工制度改革创造较为有利的宏观环境。

（二）劳动力合理流动的前提是工资分配合理，而工资分配合理的前提是改革的整体推进

从世界各国的情况来看，在一个并非凝固的而是不断运动着的经济中，工资收入差额终究是引起劳动力流动的最重要原因，这就是说，当劳动条件等因素相同时，工资低的部门中的职工会向工资高的部门流动；当工资相同时，劳动条件差的部门中的职工会向劳动条件好的部门流动。各部门的劳动力供需状况调节着各部门的工资，反过来工资又调节着各部门的劳动力供需，从而使工资成为劳动力配置的中心问题。近几年中国之所以出现了两个领域中劳动力流动的摩擦与冲突，显得有些乱，其中一个重要原因是因为在不同的所有制、不同部门、不同单位、不同地区之间的工资收入分配出现无序的混乱现象。要使劳动力合理流动，不能够单靠行政性措施，最重要的是要理顺工资收入的分配。

关于因工资收入差距而引起劳动力流动的实证分析，在本文的前几部分已经做了简要的叙述。这个问题最明显地表现在劳动力在部门间的流动上，煤炭、纺织、环卫等产业部门之所以会出现对劳动力"招不进、留不住"的现象，是因为这些产业部门劳动繁重而工资待遇并未与劳动繁重程度相适应，甚至工资收入还低于劳动相对较轻、劳动条件相对较好的旅游服务等部门，由此引起了青年人择业观念的变化，造成就业结构的倾斜，造成"有人无事做和有事无人做"并存的就业结构失衡，原来作为就业热点的工业逐渐成为就业的冷点。由于产生工资收入不合理差距的主要原因是价格等方面不合理所造成的产业部门间以及企业之间的经济差距，那些劳动繁重部门想提高职工待遇却因为不合理价格所反映的"经济效益差"而缺乏必要的条件。显然，如果没有整个经济改革配套的协调的进展，想要改变收入分配中的不合理状况是不容易的。

劳动力在地区间的流动也是如此，在中国有不少经济学家论证人才应当流向西北和西南地区，以促进西北和西南地区的经济开发和发展。然而西北和西南地区条件较中部和东部差，而劳动者的收入却低于中部和东部，尤其低于经济特区，这使得人才并不是从东向西流而是从西向东流。显然，如果没有有效的政策改变因经济发展条件差异而形成的工资收入差异状况，是不易实现人才西流的要求的。目前采取的种种限制人才在地区间流动的行政措施并非治本的措施，难以达到劳动力优化配置的目标。因而地区经济的协调发展，从宏观上看是改变地区间工资分配和劳动力流动引起的冲突的必要条件。

劳动力在不同所有制之间的流动则具有中国自己的特点。全民和集体单位的工资待遇低于其他所有制而引起了劳动力某种程度的流动，但全民和集体单位仍旧对职工有强大的吸引力。这种吸引力既来自政治因素，认为当全民和集体职工光荣；也来自当全民和集体职工有安全感，没有失业的威胁。还要看到的是，全民和集体单位职工的货币工资收入虽低，但福利性的实惠却不少，住房分配加上生老病死都不用发愁，也使得职工不愿意离开。社会上认为夫妇择业的"最佳组合"是一方在全民和集体单位就业，有住房和各种福利保障；另一方在合资企业就业，拿高薪。这种"最佳组合"，便是在中国特殊条件下形成的判断。应该说，上述吸引力中，有些方面是由传统体制和习惯势力所造成的扭曲的现象，是需要通过改革逐渐转变的；不能因为对职工有利而认为不需改了。从宏观上考察，对于不同所有制的经济发展应当创造一个平等竞争的环境，在平等环境中形成的收入差距才是合理的差距，由此形成的劳动力流动才是合理的流动。

对于劳动力在所有制间的流动，要看到今后的劳动就业不可能继续由全民单位包下来，还得发展集体经济和劳动服务企业，发展个体经济、私营经济和其他各种经济成分，发挥它们在扩大劳动就业方面的重要作用。现在有些人因为个体户收入高而主张限制个体户，其实，个体户收入之所以畸高，就是因为个体户少，因缺乏竞争而使各种收费价格降不下来，因为个体户收入高而限制发证发照的结果往往适得其反。这也就是说，扩大就业门路的要求和促进收入分配合理与劳动力流动合理是一致的而不是矛盾的。

从劳动力流动引起的"冲击"来说，在20世纪80年代，最大的冲击将始终是农村劳动力的盲目流向城镇。中国农村的劳动力是过剩的，从农业劳动向非农业劳动转移是不可阻挡的趋势。转移的途径不外4种形式：（1）在从事农业的同时务工或者发展多种经营，成为"既不离乡又不离土"的兼营农户；（2）到乡镇企业就业，成为"离土不离乡"的非农户；（3）由城镇有计划、有组织地招收农民进城务工；（4）农民盲目涌入城镇谋求职业。由于中国国家大，情况复杂，在农副业较发达的地区可能以第一种形式为主，在乡镇企业较发达的地区可能以第二种形式为主，而在农副业和乡镇企业都不发达的地区，农民进城便成了他们改善境遇的主要途径。所以要做好组织引导，发展第三种形式，避免出现第三种形式中的大批盲目外流。还需看到，农民离乡进城主要由于城乡收入的差异，如果在农村经济发展后收入多了，那么动员他们进城也可能不愿意去，所以从整体角度来看，还得致力于发展农村经济特别是发展贫困地区的农村经济，单纯地"堵"是堵不住的。

中国经济体制模式转轨将会持续相当长的时间。在转轨过程中双重体制的并存，在工资分配和劳动力流动方面，两种体制、两个领域的并存也同样将持续相当长的时间。因而，密切注视转轨过程中出现的两个领域工资分配和劳动力流动中所出现的种种新摩擦和冲突，进行滚动式的研究，是非常必要的。因为这将是中国在 20 世纪 90 年代里经济发展和经济改革中最突出的问题，解决好了将因为劳动资源配置趋于合理而加速经济发展，解决得不好将阻滞经济发展并且引起社会的不安定。

（原载《中国社会科学》1991 年第 5 期）

财政体制改革与中央地方财政关系变化[*]

一 统收统支财政体制的演变

我国原来的高度集中、统收统支的财政体制，是在 1950 年春统一全国财政经济工作时形成的。这一体制存在着三个主要问题：一是地方财政和机动财力极小，不能因地制宜地灵活使用资金，不利于地方积极性的发挥；二是大量繁杂的财政事务都集中在中央财政，分散了主要精力，影响了国家财政对重大问题的研究和对大政方针的决策能力；三是大量国家资金经常处于上缴下拨的循环过程中，影响了财政资金的及时调度和使用。基于这些情况，从 1953 年以后便转向统一领导、分级管理的财政体制，起初分为中央级、大行政区级和省（市）级三级财政。后来分为中央、省（市）、县三级财政。在三级财政权力的划分上，"大跃进"时期地方财权较大，20 世纪 60 年代调整时期又收回下放给地方的财权，实行了比较集中统一的体制，1971—1973 年实行财政收支大包干的体制，地方财权扩大，1974 年以后包不下去了，于是又收回财权，实行收支指标由上而下逐级核定，收入按固定比例留成（即地方从收入中按一定比例提取地方机动财力），超收另定分成比例，支出按指标包干的高度集中的财政体制。

我国在改革前的 30 年里，财政体制几经变动，有中央财权过

---

[*]　合作者：徐亚平。

于集中的时候，也有地方财政分权过多的时候，但当时的放与收主要是随着政治形势的变动而变动，而且，由于1958年以后经济发展出现曲折，经济运行很不正常，各个年度财政体制上实行的多种办法，基本上属于解决当时出现的突出问题而采取的一些过渡办法，其目的是为了在困难中勉强维持过日子，当时的财政体制具有以下特点：①地方财权的下放和上收与企业的下放和上收互有联系，由于相当长的时期里是一部分企业下放给地方管理，一部分企业由中央直接管理，因而，组织财政收入的职责一部分在地方，一部分在中央各主管部门，中央和地方财政收入比重因各自管理的范围变化而有变动。而且各种收入统统纳入财政预算再由财政统一分配，因而具有统收性质。②地方虽然有自己的财政收入，但中央财政仍处于支配地位，它通过中央集权制度和高度集中的国家计划控制着地方政府的经济活动，从财政体制来说，虽然划分了中央和地方的收支范围，但是由于各个支出项目都是由上面的各个条条逐级核定的，而且"打酱油的钱不能打醋"，地方财政对预算资金不能统筹安排，当时的收支划分实际上属于以收入抵拨支出的性质，中央财政的决策能力控制着地方财政的资金规模、使用范围和方向。因而，当时虽然实行了分级管理，在性质上仍属于统支。③当时地方财政的真正财权主要表现为支配地方机动财力的自主权，因而地方政府对地方机动财力大小是十分关心的。地方机动财力主要由地方组织的财政收入按一定的比例分成，超收之后，地方可以分得较高的比例，地方预算收大于支、略有结余时，可以留用一部分，核定地方预算支出时，给地方留有一定比例的预备费用由地方自主安排，这些方面的数额多时，地方便可以自行安排一些建设项目，自主权相对大一些。但总起来说，地方机动财力在地方财力中所占比重有限，地方自主支配的财力是有限的。

二　以"分灶吃饭"为主要特征的财政体制改革

1978 年年底，党的十一届三中全会提出，要在认真总结历史经验的基础上，对经济体制逐步进行全面改革。当时，因财政困难而使财政体制改革显得最为紧迫。因而，于 1979 年在四川和江苏两地试点，四川试行的是"划分收支、分级包干"；江苏试行的是"总数分成，比例包干"，两种办法都扩大了地方的财权，加重了地方的责任。1979 年，由于国家采取了提高农副产品收购价格、调整部分职工工资、减免一部分农村税收、安排和扩大劳动就业、试行企业基金制度等重大经济措施，归还多年来在提高人民生活方面的欠账，国家财政减收增支的情况加剧，从而酿成了 1979 年国家财政前所未有的巨额赤字 170.9 亿元。当时的局面是，中央财政压力很重，各方面都向中央财政要钱，难以应付，因而，当时从试点转向全面推行分灶吃饭，扩大地方财权，使财政体制改革在城市经济体制改革中先行了一步，这并不是有意识的安排，而是逼出来的，是把担子分给地方，"千斤重担众人挑"。

1980 年 2 月 1 日，国务院决定改革财政体制，实行"划分收支、分级包干"，即，除了北京、天津、上海三大市以外，其余各地都实行了形式不同的"分灶吃饭"办法，财力分配由过去以"条条"为主改为以"块块"为主，使地方的权、责、利统一起来了。其主要内容是：（1）明确划分中央和地方财政的收支范围。对财政收入实行分类分成，划分为固定收入、固定比例分成收入、调剂收入三类，财政支出的正常部分，按企业和事业的隶属关系划分。（2）地方财政收入大于支出的地区，其多余部分按一定的比例上缴中央；收入小于支出的，由中央按差额给予定额补助。（3）财政收支包干基数确定后，地方上缴比例、调剂收入、分成比例和定额补助，由中央核定，五年不变。地方在划定的收支范围内，多收多支，少收少支，自求平衡。

实行这种体制收到了比较明显的效果。一是相对稳定了地方财力，虽然由地方支配的财力仅比实行这种体制前提高了一个百分点，但是，一定五年不变有利于地方因地制宜地运用自有财力安排经济发展规划。二是调动了地方增收节支、发展地区经济的积极性。三是在当时国家财政困难的情况下，地方财政也承担了一部分平衡国家财政收支的任务。四是打破了传统的统收统支、收支脱节的局面，使权责利在一定程度上结合起来。

由于我国国家大，情况复杂，在改革过程中又实行了多种形式的"分灶吃饭"财政体制，并且在实施中不断修正，其演变情况是：

（一）1977—1980 年江苏省实行固定比例包干的财政体制

即根据该省历史上地方财政支出占财政收入的比例，确定一个收入上缴、留用的比例，一定四年。比例确定后，地方的支出由留给地方的收入解决，自求平衡。根据这个体制，江苏省1977年上缴国家财政58%，留用42%，从1978年起，上缴国家财政61%，留用39%。这是向分灶吃饭财政体制迈出的重要一步，它扩大了地方的自主权，冲破了以条条为主的限制，也避免了在财政指标安排上年年讨价还价、争执不休的矛盾，为地方自主统筹安排自有财力提供了保证。从1981年起，江苏省也执行了全国"划分收支、分级包干"体制。

（二）1980 年起在广东、福建实行"划分收支、定额上交（定额补助）、五年不变"的财政体制

这两个省靠近港澳，华侨多，资源比较丰富，具有加快经济发展的诸多有利条件。中央决定给它们在对外经济活动方面以特殊政策和灵活措施，赋予地方以更多的自主权，使之发挥优越条件，抓紧有利的国际形势，先走一步，把经济尽快搞上去。因此，决定从1980年起，在财政收入方面，除中央直属企业、事业单位的收入和关税归中央财政外，其余支出均作为地方支出。按照上述划分收支的范围，以1979年收支决算为基数，确定广东定额上交10亿

元，福建定额补助 1.5 亿元，都是一定五年不变。执行体制中增加的收入及节约的支出全部归地方支配。这种体制在更大的程度上扩大了地方财权，促进了地区经济的迅速发展。

（三）民族自治地区的分灶吃饭财政体制

从 1980 年起，中央对地方实行新财政体制时，在体制上给予五个自治区和云南、青海、贵州以较多的照顾。除了保留原有的特殊照顾、并将其纳入地方财政包干范围之内，新体制还做出三条新规定：一是对民族自治地区的补助数额由以前的一年一定改为一定五年不变，五年内收入增加部分全部留给地方；二是中央财政对民族自治区的定额补助数额每年递增 10%；三是设立一笔支援经济不发达地区（包括边远地区、革命根据地和经济基础落后的地区）发展资金，由中央财政专案拨款，有重点地使用。这一新体制使民族自治地区的财力迅速增加，部分地改变了生产条件，改善了人民的物质文化生活。

三 分灶吃饭财政体制向地方包干的演变

（一）1985—1987 年实行"划分税种、核定收支、分级包干"的财政体制

随着经济改革的迅速发展和国营企业全面实行利改税，情况发生了很大的变化，中央、地方、部门、企业的分配关系和过去有了很大的不同，为了促进经济改革与发展的顺利进行，国务院决定从 1985 年起改革"划分收支、分级包干"的财政体制。新体制的基本原则是，在总结以往财政体制经验的基础上，存利去弊，继续坚持"统一领导，分级管理"，进一步明确各级财政的权力和责任，做到权责结合，充分发挥中央和地方两个积极性。新体制的主要内容是：（1）财政收入的划分，基本上按照利改税第二步改革后的税种设置，划分为中央财政固定收入、地方财政固定收入、中央和地方财政共享收入三大类。财政支出的划分仍按照隶属关系。

（2）重新核定基数，地方财政的收入包干基数以地方1983年的决算收入数为依据，地方财政的支出基数按照1983年的既得财力确定。（3）中央和地方的分成：凡地方固定收入大于地方支出的，定额（或按一定比例）上解中央；地方固定收入小于地方支出的，从中央、地方共享收入中确定一个分成比例留给地方；地方固定收入和中央地方共享收入全部留给地方还不足以抵拨支出的，由中央定额补助。收入分成比例或上解补助数额确定以后一定五年不变，地方多收入可以多支出，少收入就少支出，自求收支平衡。（4）民族自治地区和广东、福建省仍实行原来的体制。（5）由于经济体制改革期间的变化因素很多，完全实行"划分税种"的条件尚不具备，为了更好地处理中央与地方之间的关系，国家决定对新体制采取部分变通措施，即：1985—1987年，暂时实行"总额分成"的过渡办法，除中央的固定收入不参与分成外，把地方的固定收入和中央、地方共享收入加在一起，同地方财政支出挂钩，确定一个分成比例，实行总额分成。待条件成熟，再实行"划分税种"的办法。

新体制具有明显的优点。一是它的设计是以税种作为划分各级财政收入的依据，尽管因实际情况还有不够彻底的欠缺之处，但它毕竟还是改变了过去以企事业单位行政隶属关系划分收入的办法。二是按照新体制的规定，中央财政收入比较稳定，并且具有增长的趋势，这有利于保证国家的宏观调控职能的实施和重点建设的资金需要，同时也充分照顾了地方的利益，保护了地方的积极性。三是坚持了"统一领导、分级管理"的原则，合理安排了中央与地方的分配关系，除个别地区外，全国基本上执行了统一的财政体制，为经济改革和经济发展中的地区间平等竞争创造了条件。新体制实行的三年间，在国家财政收入中，中央财政收入占39%，地方财政收入占61%，中央财政支出占43%，地方财政支出占57%。

（二）1988年以后实行的"地方包干"体制

由于经济体制改革期间的各种不确定因素很多，变动很大，致使财政收入的不稳定性加大，因此，在实行"划分税种、核定收支、分级包干"体制到期时，各级地方财政纷纷要求继续执行和完善分级包干的财政体制，提高中央财政和地方财政"分灶吃饭"的透明度。这样，国家决定从 1988 年起，进一步改进包干体制，对全国 37 个地区（不含广州、西安两市）分别实行不同形式的财政包干体制。其主要形式有：（1）收入递增的包干体制。即：以 1987 年财政收入和地方应得的财政支出为基数，参照各地近几年的收入增长情况，确定地方收入递增率和留成、上解比例。在递增率以内的收入中央和地方按比例分成，超过递增率的收入全部留给地方，收入达不到递增率，影响上解中央的部分，由地方用自有财力补足。（2）总额分成的包干体制，即，根据前两年的财政收支情况核定收支基数，以地方财政支出占总收入的比重，确定地方的留成和上解中央比例。（3）总额分成加增长分成的包干体制。即，在"总额分成"体制的基础上，收入比上年增长的部分另加分成比例，即每年以上年实际收入为基数，基数部分按总额比例分成，实际收入比上年增长的部分，除按总额分成比例分成外，另加增长分成比例。（4）上解额递增包干的体制，即：以 1987 年上解中央的收入为基数，每年按一定比例递增上缴。（5）定额上缴的包干体制。即：按原来核实的财政收支基数，财政收入大于支出的部分，确定固定的上解数额。（6）定额补助的包干体制。即：按原来核定的财政收支基数，支出大于收入的部分，实行固定数额补助。国家要求各地，包盈和包亏由地方自己负责，自求平衡。

（三）"八五"期间改革地方财政包干体制，为实现分税制准备条件的设想

现行的财政大包干体制虽然调动了地方组织收入、压缩支出的积极性，促进了地方经济的发展，扭转了一些收入上缴大户地区财政收入下降的局面，但是，它本身还有许多不完善之处。比如，在中央与地方事权不清的基础上，中央财政收入在整个国家财政收入中所古的份额过低，因而连年赤字，这既削弱了中央财政的宏观调

控能力，又使进一步的经济改革因缺乏足够的财力基础而困难重重，按企业隶属关系划分各级财政收入来源的做法，既造成了各级财税部门对不同企业的亲疏远近不同，影响了财政收入，特别是中央财政收入的足额入库，又强化了政府与企业的血缘关系，阻碍了政企分开的改革进程，以财政支出基数作为分配地方财政收入的依据，造成了苦乐不均，在某种程度上鼓励了增加支出的短期行为。此外，我国的税制结构还存在一些不完善之处，价格体系中不合理的比价关系没有得到有效的调整，企业承包使国家与企业的分配关系处于不稳定、不规范的状态，投资、计划、工资、物资等体制的改革也迫在眉睫。所有这些表明，我们必须在深化改革中，改进和完善现行地方财政包干体制，同时，创造条件，向中央与地方按税种划分财政收入的分税制过渡。其要点应是：（1）明确划分中央政府与地方政府的事权范围，据此确定各级政府应拥有的财权和财力规模。（2）在"八五"期间稳定和完善财政包干体制的同时积极推进分税制改革的试点工作。在提高企业经济效益的基础上，逐步提高财政收入占国民收入的比重和中央财政占国家财政收入的比重，提高财政对宏观经济的调控能力，在税制结构上适当增加地方税种，逐步扩大地方固定收入的范围，调整产品税与增值税的征收范围，适时开征消费税，统一和规范所得税，改变"包税"的局面，使所得税成为调节国家与企业分配关系的有力杠杆，同时扩大利税分流、税后承包、取消税前还贷的改革试点，完善国有资产管理体系和职能，适时进行国营企业清产核资，摸清家底，为明确企业产权关系做好基础性工作；积极推进价格、投资体制与财政体制的配套改革，防止财政体制改革的孤军深入。（3）在"八五"期间分税制和企业税利分流试点的基础上，于"九五"期间全面推开，普遍实行。努力做到在适当兼顾地方利益的同时，通过提高企业经济效益和严防跑冒滴漏，增加财政收入，特别是中央财政收入，使中央税能准确反映国家统一行使的宏观调控、结构调整等职能，将经过改进和新开征的地方性税种划为地方税，由地方组织征收；以上述分税为基础，对财政收入仍大于支出的地方可以实行递增上缴、比例分成等方法，对财政收入不抵支出的地方，可以实行定额补贴、递减补贴等办法；在严格划分税收管理权限的前提下，同步设立中央税局和地方税局，分别征收中央税和地方税。

四 财政体系改革的利弊及其和其他经济体制改革的关系

实行"分灶吃饭"财政体制的背景是1979年发生了巨额财政赤字。当时实行分灶吃饭主要是为了克服财政困难。在统收统支的财政体制下，各地都在伸手向上，中央财政压缩支出的余地极小，向地方分派压缩支出的任务十分困难，在这种情况下，财政体制改革在经济体制改革中先行一步，由"一灶吃饭"改为"分灶吃饭"，使地方财政眼睛向内，积极压缩支出，增产节约，分担财政困难，第二年就取得了财政赤字减少43亿元的效果。它迫使地方政府为了增加本地财政收入而拼命发展生产、强化对企业的直接行政干预，从而造成投资规模膨胀和产业结构失衡，以及更高程度的政企合一，导致了地方封锁、市场割据和形式多样的地方主义或"诸侯经济"。这样，它又给继起的改革制造了障碍。

（一）"分灶吃饭"体制的成效

（1）它增加了地方财力，扩大了地方自主支配自有财力的权限。实践表明，在各种包干体制下，地方政府可以支配的财力大体包括财政预算资金、预算外资金、差额包干的信贷资金、地方外汇留成，以及各种地方政府债券和国内外借款。仅从财政资金看，1988年地方总财力（预算资金加预算外资金）就比1982年增加了约2.7倍，在国家财政收支中，地方财政所占比重逐年上升。

（2）它调动了地方政府当家理财、增收节支的积极性，促进了地区经济发展，带动了整个国民经济的增长，壮大了国家财力。在统收统支的体制下，大家花钱，国家平衡，压力在中央；实行包干体制后，把全国一灶吃饭改为各地分灶吃饭，加重了地方政府平衡预算的责任心。并且，由于分灶吃饭一定五年，使地方有可能立足眼前、预测几年后的地方财力规模，做到心中有数，统筹安排本地区经济发展战略规划，提高资金使用效益，搞好各项事业的发展。

（3）它为地方政府进行"自费改革"提供了财力保证。由于地方有了相对稳定的自有财力，一些地方政府为有效地增加地方财力，还根据国家产业政策和地方经济发展规划，关停并转了一些长年亏损的落后企业，加快了地区产业结构合理化的进程。同时，一些地方政府运用自有财力进行"自费改革"，为建立地区商品经济运行机制做出了努力。

（二）经济体制改革中出现"诸侯经济"现象是各种包干体制综合作用的结果

分灶吃饭财政体制强化了地方利益，确实出现了一些副作用。但是，"诸侯经济"现象的出现是多种因素综合作用的结果。

在财政分灶吃饭前后，我国还实行了物资、信贷、外汇等包干体制。各种包干体制与财政的"分灶吃饭"体制融为一体，使地方利益更加突出。应该指出，在这些包干体制中，对地方政府最有诱惑力的还是信贷资金"差额包干"。因为财政分灶伊始，地方财政基本上是保"人吃马喂"的收支盘子，已无大的油水可榨，预算外资金则一是数量少，二是有专门的用途，地方财政可支配的部分仅占总量的3%左右。在这种情况下，地方政府除挤预算内、抓预算外和向社会集资外，很自然地把眼睛转向了银行，加上银行无贷款硬约束机制、财政实行税前还贷和以税还贷政策，这就使地方政府又有钱、又有权，得心应手地填平补齐地方企业，加速发展本地经济，增加财政收入，但是，各地对信贷资金的运用是很不一样的。西北各省很穷，除了财政收入全部留给地方外，中央财政还给予大量补贴，但是，对信贷资金却因为要还本付息而不敢利用，还有存大于贷的存差向省外流出。大量使用信贷资金而有贷差的，是一些经济发达省份。直到20世纪80年代后期，一些经济不发达省才明白这个道理，而那时的信贷资金已经很紧，地区间拆借无门，信贷资金包干基数已经不大好调整了。与此同时，各级地方政府还利用诸如物资、外贸、外汇等包干体制，实行区域割据，地方封锁，自成体系，层层搞大而全、小而全，资源地区搞就地加工，加工地区努力开发本地资源，各自要求保护本地区工业，于是形成一边是商品和贸易封锁，一边是资源争夺，酿成全国性的"蚕茧大战""羊毛大战""棉纱大战"，造成了有限资源的巨大浪费，严重束缚了生产力的发展。同时，由于相当多的地方政府不顾国家产业规划和区域分工，利用包干得到的权力和财力，拼命发展花钱少、周期短、见效快的加工工业，致使企业规模小型化，技术低级化，经济效益低下，无法形成规模效益，造成地区间产业结构趋同，全国产业结构失调。

（三）经济体制改革中一再出现放权和收权循环的症结所在

中华人民共和国成立以来，我国在中央财政向地方财政下放财权方面经历了三次大变动，1958 年，1970—1973 年，1980 年以后。它们呈现出了几个共同特点，一是放权的目的都是为了调动地方发展经济、增收节支的积极性；二是财权下放总是与信贷、物资、投资等体制的变动相呼应；三是放权后的效应大体相同，一放就乱，宏观失控；四是放权没有明确的依据，因而形成收权—放权—收权的循环。

经济体制改革以来，中央与地方关系的变化更加突出，与前两次不同的是，这次变化没有受到大的政治运动的影响，在宏观失控的情况下，中央没有采取大的收权动作；并且，"诸侯经济"的形成又表明地方利益远远超过前两次。但是，利益关系的冲突影响到宏观调控，为了调控的需要，又自然地出现了某些小的放和收的循环，影响到经济体制改革的推进。其中，有些理论问题很需要做深层次的发掘。

经济体制改革要求充分利用市场机制，把经济搞活，由于市场调节是事后的，总具有一定的盲目性，因而在利用市场机制的同时，要加强宏观调控。我国作为一个人口众多、幅员辽阔的大国，宏观调控不能只由中央政府承担，还应在统一领导下实行分级管理，地方政府是国家进行经济管理的一个层次，作为地区内经济调控的主体承担着执行和传导中央政府各项经济决策的职能，维护着宏观经济的整体利益。然而，财政包干和其他各种包干体制又使得地方政府在组织地区经济活动中有着明显的自身利益，作为地方经济利益的主体，它会据此作出各种维护自身利益的经济决策。一般来说，地方政府的调控主体和利益主体这双重身份之间是统一的，并且，在传统体制下突出的多是全国的整体利益，这时地方政府调控身份为主，作用明显，利益主体的身份和作用让位于前者。但是，在经济体制改革向地方放权，也向企业放权，各种包干体制不仅把企业和地方政府紧紧地捆到了一起，而且使地方政府在发挥其调控主体作用的时候，能够利用各种手段，扩充和实现其利益主体的要求，这就出现了地方政府或者"藏富于民"与中央讨价还价，再通过集资，扩大地方投资，或者越权减免税收，实行价格保护和贸易保护，对企业施以"父爱"，使地方政府的双重身份向经济利益主体一头倾斜，从而出现种种矛盾。因此，通过政企分开等改革措施，淡化地方政府的利益主体身份，已是深化改革中极其重要的方面。

（四）深化经济体制改革中，如何处理中央与地方的关系，部署下一步的财政体制改革

问题的关键在于明确划分中央政府和地方政府的事权范围，这是我国中央财政与地方财政之间财权划分和关系变化的基本依据。从国外情况看，政府职能分成两个主要部分，一是维护国家机器的正常运转，目的是实现社会稳定；二是提供城乡基础设施建设，目的是为企业竞争和经济发展创造外部条件。我国政府的职能与之大体相同。但是，由于我国是发展中的社会主义国家，从现实国情和四十年的实践经历出发，在中央政府与地方政府事权划分和职能分工问题上，还必须注意研究三个问题：（1）我国政府在实现其职能时面临的突出问题是国民经济基础薄弱，经济结构合理化的进程需较长的时间，并且，资金短缺，人口众多，地区发展不平衡，这就决定了我们不可能像发达国家的中央政府那样，完全退出对大中型营利性生产项目的投资，而必须在较长时期内保持并在某种程度上强化这一职能。（2）在取消按行政隶属关系划分各级财政收入的同时，地方政府必须坚决退出营利性生产项目的投资，集中力量搞好地方基础设施建设，若地方自有财力尚有不足，可通过地方政府债券或向外借款解决，或经中央财政批准后，通过开征地方零星税种筹集资金，严禁向企事业单位强行摊派。（3）由于各种经济的和非经济的原因，我国各级政府的职能显现出模糊、分散的状态。例如，政府为人民提供的社会福利和社会保障采取了政府、企业、事业和农村基层单位等多渠道、多源头、多形式（多有重叠）、意义不明、透明度极弱的管理体制，也就是说，政府在国民收入再分配中为人民提供的社会福利、社会保障资金远远小于初次分配中企事业单位扣留的资金。这就影响了政府职能的发挥，也淡化了社会主义制度的优越性。这种社会福利和社会保障资金来源不明，渠道不清的状况不改变，是很难划清中央、地方、部门、企业的权责界限的。而在这方面的改革推进，也将有利于各级政府事权和财权的界定。

在经济体制改革中有步骤地推进政企分开，是实现各级政府经济职能转换的关键一环，政企分开包括两个基本内容。一是要明确企业的产权关系，明确划分政府作为国有资产的代表和国家政权的管理者这两重身份。但是，目前由于价格扭曲，流动资金供应体制存在弊端，通货膨胀的潜在压力以及结构性矛盾突出，企业无法实现清产核资的要求，国有资产存量不清，加之国有资产产权多头管理的体制，企业产权关系至今仍然模糊，还要花费较大的气力。二是要真正切断政府与企业的亲缘关系，使企业真正成为独立经营、自负盈亏的经济实体，政府则可以在投资环境、社会保障、技术开发、信息传递诸方面为企业服务。但是，从目前乃至整个"八五"

期间的现实情况看，实现政企分开的难度还相当大，这主要是因为在财政包干制、企业承包制，以及信贷资金差额包干制下，地方政府增加收入、扩大投资、攀比速度的冲动，把各级政府与企业紧紧地捆在一起，强化了政企合一，而取消了财政包干制，向彻底的分税制过渡又有赖于各级政府事权的划分、税制结构的调整，以及较为健全的法制，这些都需要较长时间的艰苦努力。因而，应通过深化改革，为政企分开创造条件，其要点是：扩大税利分流、税后还贷、税后承包的试点，强化企业内部管理，使企业内部的工资总额、实现税利、资产增值和全员劳动生产率形成相互制约的运行机制；建立健全国有资产体系，选择适当时机，在全国开展一次全面的清产核资，摸清国有资产家底；扩大股份制企业试点并逐步完善立法，积极、稳妥地开放证券市场，鼓励个人股；允许新建企业采取股份制形式积聚资金；随着社会保障体制的建立与完善，可以对那些经营不善而长期亏损的企业实行拍卖或破产。

从经济体制改革的远景来看，地方政府在经济发展中应起什么作用呢？根据我国的具体情况，地方政府的经济职能应主要包括四个方面：（1）根据全国国民经济发展计划，从本地区的实际情况出发，统筹规划地区经济和社会发展战略，实现生产力的合理布局，保证本地区经济的协调发展。（2）在贯彻执行中央政府宏观经济决策，维护全局利益的前提下，通过经济杠杆的协调运用，对本地区经济实施调节、控制和监督，以保证国家计划的完成和地区经济的发展。（3）加强经济信息的研究和传递，对地方重大建设项目组织科研攻关，推进新产品的开发和新技术的应用，提高地区内的科学技术水平。（4）加强基础设施建设，促进文教科卫等公益事业的发展，为企业平等竞争创造良好的外部环境。

多年来我国在中央集权和地方分权关系上，曾出现多次收放循环。为了促进国民经济的更快增长，放权便作为有效的对策被提上议程；一旦需要进行经济调整，收权又似乎是唯一办法。这种放放收收的反复，从经济体制改革的角度考察，是改革尚不彻底，新旧两种体制并存的结果。因为"诸侯经济"现象的出现并不是地方分权的必然结果，而是市场发育度低，市场力量弱小，地方才能够以调控主体的权力分割市场来保护本地区的利益。许多发展中国家都有地方政府和地方特殊的利益，但因为市场的发育已经冲破了地区的狭隘范围，就搞不起地方保护主义，欧洲各国都是独立的国家，并没有一个凌驾于其上的中央政府来进行调控，然而却因为共同的利益使它们打开国界，形成欧洲共同市场。所以，处理中央集权和地方分权需要明确中央政府和地方政府的职责，而解决"诸侯经济"的关键却是需要借助于市场的力量。市场受到限制，价格出现扭曲，地方保护主义便有了生长的温床，盲目发展"短、平、快"的加工行业和产业结构趋同的现象便难以避免。这也就是说，不同层次的问题需要通过不同层次的改革来解决，"诸侯经济"这个深层的问题需要通过深化以市场为取向的改革解决。至于从财政体制说，中央和地方财权关系是需要经常调整的，总的原则是使财权和事权相适应，明确了事权，划分财权才有依据。

（原载《经济学家》1992年第4期）

论我国市场经济发展中的
宏观调控与政府职能*

在我国市场经济迅速发展的条件下，如何对传统的和现存的不适应社会主义市场经济发展要求的宏观管理体制、宏观调控目标和模式进行更深入的改革，如何通过这种改革实现政府职能的转换，如何在保证市场充当有效配置资源的主角的同时，通过市场实现国家对国民经济运行的宏观调控，并在这个过程中实现我国经济的长期持续、稳定、协调地高速发展，所有这些问题，都是在理论和实践上亟待解决的重大问题。

一 宏观调控的范围以及政府实现过程与市场实现过程的比较

1. 在市场经济条件下，国家对国民经济进行宏观调控的范围是有界的。这个"界"就在于凡是那些市场可以较好地发挥合理有效配置资源的作用，或可以使其能够较好地发挥这种作用的领域，都应划归到国家宏观调控的范围之外（世界银行，1991 年）。国家需要花大力气紧紧扭住不放的是宏观总量和结构，包括财政政策、货币政策、收入政策、投资政策、外资政策、进出口政策、就业政策、福利政策、公共产品和非公共产品政策、产业政策以及消费、储蓄、投资等重要总量指标和结构指标。如果在市场经济发展

---

* 合作者：刘迎秋。

中把宏观调控的范围（注意，不是指宏观管理方式的范围）打得过宽，即使主观愿望再好，也终将抑制微观运行的活力和创造力，阻碍甚至严重损害社会主义市场经济的健康发展。

2. 要深刻理解和把握市场经济条件下宏观调控的有界范围，比较一下宏观调控的政府实现过程和市场实现过程是有益的。典型的宏观调控的政府实现过程，是传统体制下的那种指令性计划实现过程。在这个过程中，指令性计划是政府用以指导生产、投资、分配、消费的总构架。这种计划必须尽其所能地达到详细、具体、上下串通、永不间断的程度。这就决定了宏观调控的政府实现过程是一种成本极高的过程。第一，单纯凭行政机构进行信息的搜集、整理、筛选、加工，其代价是高昂的。第二，计划的制订虽然以国家为主体，但又不能完全排斥上下串通（征询意见），以此来求得行动的一致性。如果征询不到"家"，意见不能够达成"妥协"，计划就会成为一纸空文。这就要求各级行政首长"一致通过"某项计划。因此，达成一致的过程总是以巨大的、有时甚至是难以计算的费用来支撑的。第三，要保证计划的永不间断，还要有相应的政府机构与之相适应。有多少政府机构，就要有多少座"庙"，同时也就要求多少个"神"。人浮于事，效率低下，是计划不间断性的最大机会成本。总之，典型的宏观调控政府实现过程，是一种成本极高的宏观管理过程。据此，我们可以提出一个可以验证的理论假说：只有在极特殊的情况下（比如国民经济遭到战争威胁的非常时期和战后经济重建初期），典型的宏观调控的政府实现过程才表现为控制强度与社会经济福利和效率正相关；否则，则负相关。

典型的宏观调控的市场实现过程，是以美国为代表的发达资本主义市场经济的国家只干预宏观总量的市场实现过程。在这种过程中，通货膨胀率、经济增长率、就业率和国际收支状况是其核心指标。政府在国民经济运行和管理中的作用，首先是"守夜人"，其次才是"交通警"。政府完全依赖市场、追踪市场，是这种宏观调控市场实现过程的突出特征。因此，直到今天，这种实现过程始终摆脱不了失业、"滞胀"、资本过剩、需求不足的威胁。尽管其效率要比典型的政府实现过程高，但其实现成本也相当高。因为第一，失业的大量存在是以大幅度压低潜在经济增长率为代价的；第二，"滞胀"的百治不愈是以损害公众经济福利为代价的；第三，资本过剩的日趋严重是以牺牲本国人民的全面发展和落后国家与地区的经济发展为基础的。如此等等。据此，同样可以提出一个能够验证的理论假说：除非在信息技术相当落后的机器大工业时期，国家干预宏观总量的市场实现过程才表现为国家干预与社会经济福利和效率正相关；否则，则负相关。

3. 实践证明，典型的宏观调控的政府实现过程和市场实现过程都有其内在缺陷。我们强调在社会主义市场经济运行中要实行计划与市场的结合，实质在于克服上述两种过程的内在缺陷，达到宏观调控政府实现过程与市场实现过程的结合。这种结合可称作"双层次分工结合论"，即宏观层次的分工结合和微观层次的分工结合。

所谓宏观层次的分工结合，即国民经济活动总体层次上的分工结合。在这一层次上，市场不仅始终具有配置资源的基础作用，而且始终具有实现政府过程与市场过程分工结合的中介作用。通过市场的这种中介作用，一方面解决政府究竟应着重控制哪些经济指标，以有效把握国民经济发展的方向、增长的趋势和结构的协调与合理化、高效化问题；另一方面解决政府究竟应建立哪些机构，以能够真正总揽全局。市场中介作用的实质在于为政府实现过程和市场实现过程的分工结合筛选、加工应由政府决策的重大经济指标和政策。具体说，包括财政政策、货币政策、收入政策、产业政策和总供求在总量上的平衡与结构上的协调、物价和货币流通状况、国际收支与经济增长等指标以及与发展战略目标和方向有关的中长期规划。

所谓微观层次的分工结合，主要是指通过价格信号和数量信号的分工结合。但考虑到我国现状，可将这一层次的分工结合划分为两个阶段。其一是社会主义市场经济体制尚未完全确立其支配地位的目前阶段。在这个阶段上，由于市场主体的主权地位还未充分形成，市场体系的发育程度也还比较低，因此，为减少由价格信号的调节及其"蛛网效应"所可能引起的波动与震荡，还不能完全放弃数量信号的控制（如投资规模和方向、贷款额度等）和必要的行政干预。但要把这种数量控制和行政干预上升到自觉、理智、严格遵循客观经济规律的高度。其二是社会主义市场经济体制已经基本确立起支配地位之后。这时，宏观调控的政府实现过程与市场实现过程在微观层次的分工结合，将不再依靠数量控制，而主要运用价格信号的调节。但是，由于在产权界限不清、非竞争性消费和公共物品的供求等场合广泛存在着的"市场失灵"（R. 穆斯格雷夫等，1987 年），这一层次的分工结合还不能没有行政干预，只是这种干预在范围、内容和频率上被降到很低的限度罢了。这时，政府的主要行政职能将只限于帮助决定谁应拥有什么权利和保护这些权利。

二　改革现行宏观调控体系的指导方针和原则

1. 社会主义市场经济体制的确立过程，是与经济结构的转换和发展战略的选择紧密联系在一起的。这三个方面互为牵扯、互相影响，需要在推进改革的过程中不断加以协调。首先，体制变革会引起供给、需求、就业、产业等方面结构的变动。这种变动绝非哪个个人的主观意志可以随意左右或改变的，同时它又并非是纯粹自然选择的结果，而是由多种力量相互交织所形成的合力推动的。前些年，我国试图通过结构调整，达到优化结构、提高效率的目的。但由于体制变量的变动慢于政策变量的变动，缺乏存量调整的机制，加之扭曲的价格所给出的利益导向信号，一方面不断再造出了供给结构的超稳态和趋同化（所谓冰箱、彩电等的"140 条生产线"现象），另一方面还不断再造着产业结构的失衡。加上福利型消费、收入分配实物化倾向的影响，本应优化的结构，始终未能实现优化。

其次，发展战略的选择也要求与体制转换相协调。到目前为止，我国传统体制下所形成的数量型、粗放型、外延型经济发展战略仍占明显优势。投入的边际收益递减，离开了大量投入经济便得不到发展，是这种发展战略的主要特征。而产生这种特征的制度基础，仍然是"软预算约束"、企业负盈不负亏。因此，要使发展战略的选择走上良性循环的轨道，仍需加快经济体制的根本转换。

最后，经济体制的转换、经济结构的调整和经济发展战略的选择能否达到协调和相互正向推进，又都有赖于政府职能的转变和宏观调控体系的变革。政府职能不转变，宏观调控体系仍沿用传统方式，必然导致"脚不正，难免鞋歪"。

2. 宏观经济管理的根本任务是保证实现总供求的动态平衡，包括短期动态平衡和长期动态平衡两大方面。无论是短期动态平衡，还是长期动态平衡，都应是高水平基础上的动态平衡和发展中的稳定。对我国这样一个社会主义发展中的大国来说，通过动态平衡、实现经济发展，力争每隔几年上一个新台阶，是一个压倒一切的硬道理。国际环境、周边国家和地区经济高速增长的挑战、我国社会主义制度的巩固及其优越性的发挥等，在客观上都要求我国经济发展有一个合理的、与国力和制度潜力相适应的较高的发展速度。

当然，加快发展速度不等于脱离现实和可能。多年来，我们吃"高指标"的苦头已经不止一次了。因"欲速而不达"所支付的"学费"也够多了。这个历史教训必须认真汲取，要防止经济过热、过热后再依靠行政方式压规模、砍投资的现象重演。这里的关键是明确区分下述几种关系：

第一，制度变量与政策变量的关系。制度变量是一种慢变量。即使在制度变革过程之中，这种变量的变动也应相对稳定，防止随意性。政策变量则是一种快变量，具有极大灵活性，要针对短期经济运行状况及时进行调整。制度变量影响和制约着政策变量。制度变量的随意性将破坏政策变量的有效性。我国消除"过热"的体制根源在于推进改革，但并不是所有改革都能抑制"过热"，某些激发地方和企业追逐高增长的改革，往往会冲击稳定增长。

第二，直接行政控制和间接市场调节的关系。在向社会主义市场经济体制转换的现阶段，保留必要的行政控制是有意义的。但要有明确界限。例如，由于银行体系和资金市场体系尚未达到健全和协调的要求，在投资贷款规模结构上实行一定程度的额度控制是可以的。完全放弃这种额度控制，货币投资的运行机制就会出现错位和混乱。而能否使这种控制发挥其应有的作用，关键则在于使额度规定与市场运行状况相吻合。要把间接市场调节真正置于资源配置基础的地位。

第三，传统计划经济下的宏观调控，典型西方市场经济下的宏观调控与社会主义市场经济条件下的宏观调控的关系，特别是社会主义市场经济条件下的宏观调控与转轨时期（即既非市场经济又非计划经济时期）的宏观调控的关系。放弃传统办法，不照抄西方做法，立足现实，面向长远，是处理好上述关系的关键。要首先从现状入手，根据现行体制条件和市场条件，实施宏观调控。以重点解决宏观调控的微观基础和市场环境为入口，明确必要的行政干预范围，实现合理、有效的宏观调控。同时，在这个过程中，要为尽快建立与社会主义市场经济体制相适应的宏观调控体系创造必要的条件。

第四，经济发展的自然增长与企望经济发展有一个更高的速度的关系。企望经济发展有一个较高的速度并不是什么坏事。问题是不能靠传统体制下那套指标管理的办法和往下压指标的方式，来求取这种企望的实现。历史经验反复证明，经济增长的高速度不是压出来的，而是在经济结构及其内在潜力的释放中自然形成的。"压"的结果只能是使经济发展的速度陷入非良性循环。特别是地方和企业在顺向决策之外，还出现了逆向决策趋向，在中央和地方、政府和企业之间出现了"博弈"机制，更增加了宏观调控的难度，因此，要使国民经济发展保持长期、持续、稳定、协调的高速度，从宏观调控角度看，关键还是转变政府职能和工作方法，把工作重点转到为企业服务、塑造公平竞争的市场环境、制定公平竞争的各项规则和监督实施这些规则上来。

3. 宏观经济管理的重点在于调整结构。结构问题，是人均GNP超过300美元以后国民经济发展的突出问题。速度、比例、效益最终都将源于结构。过去，片面追求工业部门的增长，以农村经济因无资金可投而得不到多方位发展为代价，必然形成现代工业城市与落后农村鲜明反差的二元经济结构。这种结构不仅会给农村人口的转移造成拖累，而且还会给工业化的进一步发展造成财政拖累。产业"瓶颈"、资源"瓶颈"等，必然成为经济迅速发展的障碍，使高投入、低产出的状况得不到纠正。因此，宏观经济管理的重点必须是在抓好总量平衡的前提下，认真搞好结构调整，通过短线产业和部门的技术改造，发展新兴产业和高新技术，高附加价值产业，推进产业结构的高级化。当前，要注重把缩小二元经济反差、促进农村经济现代化和产业结构的协调与高级化，作为宏观经济管理的核心问题，紧紧扭住不放。

4. 保持较高的经济发展势头要有资金积累。但建设资金的积累并非必须以压低城乡人民收入为前提。过去，受传统计划经济观念的影响，人们往往把经济建设的资金积累与城乡人民收入水平的提高对立起来，为了保建设、上投资，就想方设法卡个人收入，压人民消费。这种政府积累型建设模式，虽然在短期内能够集中人力、物力、财力，保住一批重点建设，办成几件大事，但由于低收入、低消费必然导致消费和生产在低水平上循环，因而实践的结果，不是使人民得到更多的实惠，与发达国家和周边先进国家、地区的差距迅速缩小，而是压制了人民消费水平的提高，加大了与发达国家和地区的差距。

改革开放之初，经过一场关于社会主义生产目的的讨论以后，几乎形成了一种共识，即宁肯降低经济发展速度，也要调整积累、消费比例，要把积累率从 33% 左右降到 25% 左右。尽管在实际执行中，开始的几年（1981—1983 年）积累率确有降低（分别降为28.3%、28.8%、29.7%），但随着城乡居民收入的持续提高，消费绝对额增加的同时，边际储蓄倾向上升，储蓄使 1984—1991 年八年的积累率一直维持在 34% 强的水平。34% 以上的积累率几乎与过去的高积累指标相吻合，但社会经济效益却与过去大不相同，因而形成了一种高收入、高消费、高储蓄、高投资、高速度的发展格局和收入分配与经济增长的良性循环（当然，受传统体制残余的影响，其间也出现过消费、投资双膨胀问题，但那不是主流）。这种实践所给出的一个启示是，用社会积累型建设模式代替政府积累型建设模式，利国、利民、利发展，这是市场经济条件下经济发展的一条成功道路，也是宏观调控体系改革中必须遵循的一个原则。

5. 在我国目前条件下，宏观管理工作必须十分重视长期政策和制度变量的调节，但同时要特别着重加强短期政策变量的调节。短期政策变量的调节是经常性调节，也是国家动用宏观政策调控总量与结构、推动经济发展和经济增长的具体实现过程。例如，自 1992 年春季以来，我国经济逐渐复苏，出现了持续较快增长的势头，与经济高速增长和投资扩张过急相伴生，资源供应特别是生产资料和基建材料供应趋紧、市场货币需求坚挺、城市物价继续明显上扬等问题也逐渐暴露了出来。有关部门分析指出，目前宏观调控仍应在坚持微调的同时，强化市场调节的作用，尽快消除无约束扩张、无秩序竞争等不规则现象。这种分析是确当的。虽然当前我国经济尚未进入"过热"状态，但若放松改革和宏观调控，经济骤然转为"过热"也不是没有可能的。因此，加强短期政策变量的调节，首先是管住货币，同时辅之以财政政策的调节，强化产业结构、信贷结构、投资结构、进出口结构等结构性政策变量的调控。只有这样，才能既保证国民经济的持续高速、高效、高质量增长，又不致因此而给续期经济发展和增长埋下结构失衡、经济大幅度滑坡的种子。注重总量、控制结构，也是改革宏观调控体系中必须始终遵循的一个重要原则。

三　宏观调控体系改革的操作设想

1. 在向社会主义市场经济体制转变的过程中，宏观调控体系的改革不应是传统计划经济模式与操作机构的简单改进或局部调整，而必须是真正反映社会主义市场经济的内在要求，真改、真革，有所创新和中国特色。如果把这种改革降低到只是简单地减少或取消指令性计划的水平，那么，这种改革肯定是不能取得最后成功的。毫无疑问，大幅度削减和缩小指令性计划的范围和强度，始终是宏观调控体系改革的一个重要方面，而且保留少量指令性计划也是社会主义市场经济的发展所需要的。但是，传统的、直到目前仍大量存在的资源"切块分配"以及"讨价还价"式的项目管理与数量控制等，必须从宏观调控体系的设计上予以消除，使宏观调控真正发挥政策管理、信息引导、规范秩序、组织协调、服务监督、低耗高能的作用。

2. 国民经济运行是一个复杂的机能体系，它与人的自组织体系以及为保证这个体系正常运转的神经系统颇为相似。参照人体的自组织体系，可以将与社会主义市场经济发展要求相适应的宏观调控体系具体化为四类相互联系、又各有分工的职能机构、创意机构、决策机构、综合调控机构和专业管理机构。

3. 创意机构。这是一种具有掌舵、把握方向、对重大方针政策问题提出意向性建议功能的机构。在我国市场经济条件下，这种创意机构的最高组织形式，可采取党中央设置中央财经小组的形式。小组成员可在各自分工负责的某项经济工作基础上，通过互相通气、协商与讨论，全面把握国民经济发展的趋势和动向，从整个国民经济这个大系统的基本要求出发，代表中央创造性地提出意向性看法，形成宏观调控和决策体系的能动意源。为了使创意过程更具科学性、合理性、有效性，中央财经小组下另设财经咨询委员会或顾问组。财经咨询委员会或顾问组聘请各方面确有建树和动手能力的经济专家学者专职或兼职担任。发挥他们的专业特长，由他们参与宏观决策的创意活动，提出各种创意性方案与设想。也可以由他们领衔或将某一项专门问题委托其他专家学者具体进行社会调查和研究，提出创意性报告，供中央财经小组研究讨论时参考。

4. 决策机构。这是一种针对国民经济运行和宏观经济管理中出现的重大问题，进行拍板决策、发出政策指令的机构。在我国市场经济条件下，这种决策机构的最高组织形式可采取社会和经济发展决策委员会的形式。决策委员会的最高领导人可由中央财经小组提名、经全国人大选举和党中央批准任命。决策委员会委员，在转轨时期可暂由原国家计委、经贸委、中国人民银行、财政部、外交部的领导人组成；待条件成熟后，则可经全国人大选举和国务院批准任命。决策委员会具体负责接受中央财经小组的创意意向、方案，根据具体经济运行状况制定和颁布宏观经济政策，交由综合调控机构具体执行。

5. 综合调控机构。这是一种执行决策机构发出的各种政策指示和为微观经济单位提供信息服务的综合性调控机构，主要由中国人民银行、财政部、劳动部、统计局等综合性部门组成，具体负责政策调控与宏观指导和服务。

6. 专业管理机构。这是一种把宏观调控的政策指标具体化到具体产业部门的宏观调控与管理机构。它包括若干分支，主要有负责执行产业政策的工商管理局、税务（包括关税）局、社会和国有资产管理局、商品检验局、土地管理局，负责执行长期战略目标政策的计量标准局、财务审计局、专利和版权局，负责行业发展的各种专业局，等等。这些分支机构具体负责专项政策管理和信息指导与服务。

7. 上述四类机构是紧密联系的一个有机体系。这四类机构的联系方式和运作机理，类似人体的神经调节机制，具有较明显的宏观调控的政府实现过程的特征，表现为决策信息在四大类机构间垂直传递、逆向反馈和在各类机构内部横向传递与反馈。其中创意机构、决策机构与综合调控机构和专业管理机构之间的纵向信息传递与逆向反馈关系尤其明显。综合调控机构和专业管理机构处于较低层次，与政策调控、管理与指导和服务的微观对象十分接近，是国家宏观调控的政府实现过程与市场实现过程的基本组织形式和中介。整个宏观调控体系的运作则是以市场即微观主体的自主行为为基础的，市场微观主体的自主行为对宏观政策作出反应的过程则类似于人体的化学调节机制，它构成宏观政策调节有效的信息源和动力源。

8. 宏观调控体系的改革同整个经济体制的改革一样，也是一场深刻的革命。既然是革命，要实现之，就要有点革命的精神。因此，根据党的十四大所提出的改革目标模式，凡与上述四大类机构对不上号的现存宏观管理职能部门，都将成为撤、并、转的对象。为了化解可能出现的各种摩擦和矛盾，降低内耗和改革成本，这项改革的进程不宜推进过急，必须稳中求快、讲求策略。可考虑分两步走：第一步，政府职能转换，逐渐使政府部门转向信息服务和组织协调的轨道；第二步，撤并和向专业化大公司或产业集团转换。为了实现稳步推进，可采取"以点带面"、典型示范的办法，用那些已经先行一步（由专业部转换成专业公司或产业集团）的部门所取得的成就以及给个人所带来的好处，教育、说服、诱导、激励人们增加实现这种转换的主动性和自觉性，以相对平稳和顺利地实现这种转换。

（原载《经济研究》1993 年第 6 期）

投资环境及其评价体系

当今世界，投资已是一项跨越国界的经济活动，各国都在努力吸引境外投资者前来投资。使资金的供给和需求相衔接的焦点，在于有一个良好的投资环境。

在中国，传统体制中计划当局确定投资选点主要着眼于生产力布局，很少考虑和比较不同地点的不同投资环境；体制改革萌生的新的投资主体投资的着眼点仍局限于本企业、本社区、本县、本市、本省，被称作内联的相互投资往往是基于特殊需要而非资金寻找出路的本身要求，彼此对投资环境仍很少考虑。因此，投资环境在中国，是在对外开放中因吸引外资的需要才引起重视和逐渐改进的。

一　投资环境是一个系统,评价投资环境要看整体的功能

目前，一些人对于投资环境的理解比较狭窄，在与外商洽谈时，往往片面地理解投资环境的内涵，着重在税收减免优惠、廉价劳动力、土地免费或低价使用三个方面招徕外商。有的加上了基础设施的改善，却又认为只要把土地免费或低价提供给开发商，就可以由开发商去进行"七通一平"等小区基础设施建设和招徕投资者，于是仍把投资环境简化为上述三个方面。这些人以为，只要舍得在上述三个方面吃点亏，就能塑造一个有利的投资环境，因而不少地方在上述三个方面竞相让步，以此来争夺投资者。

其实，投资环境的科学内涵是指资金得以有效运营的外部条

件。它是一个系统，是一个复合的整体；它作为一个系统总是由作为部分的子系统所组成，具有一定的层次和结构。而从系统的观点出发来评价投资环境时，应当着重从整体与部分（子系统）之间、各个子系统之间的相互联系与相互制约来分析。一般说来，投资环境包括下列子系统：

1. 地理区位

投资场所的地理区位是先天具有不能改变的。它是处于沿海、沿边还是内地，它所处的交通位置及其与世界各地进行经济联系的方便程度，是构成投资环境的重要方面。当然对于不同投资者又有不同的要求，例如，深圳对于香港的投资者，珠海对于澳门的投资者，图们江三角洲对于东北亚经济开发，钦州、北海、防城、湛江以及海南岛对于北部湾经济开发，厦门对于台湾海峡经济开发，都是上选的地理区位。

2. 资源禀赋

世界上有许多国家和地区的资源条件并不优越而经济却发展很快，但这并不是说自然资源不重要。具有丰厚的自然资源储量是产业发展的重要物质基础和有利条件，水产之于浙江舟山，煤矿之于宁夏石嘴山、陕北神木，天然气之于四川自贡，羊毛之于内蒙古和新疆，都是因优异的自然资源而构成良好的投资环境。尤其是某些地方具有多品种的资源禀赋，为当地的产业发展提供了多样的发展机会，更为资源贫乏地区所羡慕。除了物产资源之外，由自然景观和人文古迹构成的旅游资源、港湾条件构成的港口资源，也都属于投资环境的一个方面。

3. 政策环境

当今世界各国为了吸引国外投资，都需要塑造对外资有一定诱惑力的政策环境，通过各种优惠措施，鼓励外商前来投资。对此，人们通常注意的是税收的优惠减免，但实际上政策规定应包括的内容要较此广泛得多。它通常包括：税收减免、利润汇出、外汇平衡方面的各种规定；投资规模、投资比例、经营期限以及土地使用费方面的要求；对产业结构的引导和对外商投资方面的要求，亦即要有明确的鼓励外商投资、允许外商投资、限制外商投资、禁止外商投资的行业划分；对出口义务、内销限制、国产化率、外资企业进口生产所需设备及原料的税收优惠等方面要有明确的规定；还有外资企业注册审批等方面是否便利这个条件。总起来说，政策环境涉及使国外投资者的投资能否获得较高的投资回报即有较高的利润率，而且能够把利润拿回去，上述的种种政策都是围绕这一核心的需要而逐项加以规定的。

4. 基础设施环境

企业进行社会生产和经济活动，需要有基础的不可或缺的生产经营活动条件，这从一个城市说，是指当地的铁路、公路、港口、机场等陆海空交通运输设施条件；邮递及航空邮路、铁路邮路、特快专递业务发展状况；电话、电传打字、传真机设施状况以及接通率高低；能源供应包括电力供应以及停电天数、燃煤供应、油品供应状况；水资源储量和开发量、生产和生活用水供应状况；信息服务设施和生活服务设施状况。再还有企业所在小区的基础设施，这是指小区范围内的道路、供水、供电、电信、排污、排洪、供气以及平整土地这些方面，通常简称为"七通一平"。小区基础设施通常采取成片开发、综合施工的办法，可以避免开发过程中的"挖了填、填了挖"。当由政府负责统筹开发时，把开发费加入土地使用费之中陆续回收。现在有些地方采取土地成片批租给开发商，开发商采取现代市场经济通行的"预售"办法，一面投资进行"七通一平"和建造标准化工业厂房和附属设施，一面在海外"预售"或"预租"楼花，用较少的资金加快了小区开发进展。

5. 经济、社会、市场等宏观环境

东道国和东道城市讲投资环境，通常不大讲宏观环境如何如何，然而在实际上，宏观环境的优劣，是国外投资者选择投资场所的重要考虑条件。投资者十分重视当地的政治稳定度和政策稳定度，即使别的方面给予了种种优惠而政治不稳定、政策不稳定，投资的风险便很大，而风险对于预期利润是用负数来表示的。再如廉价劳动力是吸引外资的重要条件，然而劳动者的素质低，当地的教育文化水平低，则高技术产业就难以吸引过来。当地的经济技术发展水平意味着协作的方便或困难，这对于某些需要大量协作件的产业来说至关重要。与此同时，金融市场是否发达，对于外资企业办理存款、贷款、结算以及融资、发行企业债券等是否方便，至关重要。外国投资者纷纷到中国投资，除了中国有廉价劳动力等有利条件可以成为出口生产基地之外，投资者更加看重中国具有 11 亿人口的广阔国内市场，因而社会收入水平及与之相适应的市场容量，也是宏观环境方面被考虑和比较的重点。

应该看到，由上述子系统所构成的整体投资环境，不仅对于国外投资者是重要的，对于国内投资者也是重要的，它反映了一个城市、一个投资场所能使资金有效运营的整体功能。现在有些地方用各种优惠办法吸引国外投资者，都忽视作为系统的投资环境整体功能的改进，这是很不明智的。系统论原理告诉我们，系统的功能和效应取决于系统的结构和各个要素的状态，孤立地抓某一单项指标改进的效果是有限的，是事倍而功半的，而着眼于系统的整体推进，则可以获得良好的综合功能。特别是某些地方宣称"可以实行比经济特区更优惠的政策""可以比任何地方有更多的优惠"，却想不到这种宣传反而引起国外投资者对我国优惠政策的法律依据以及连续性和稳定性的怀疑，加大了风险预期。这正表明人们对投资环境是一整体系统还缺乏了解。另外，国外投资有直接投资和间接投资的区分，目前我国给予国外直接投资以种种优惠，而对国外间接投资特别是政府债务之外的商业债务及股票等投资形式，注意不够，优惠不多。而从吸引外国直接投资的政策来说，热点又集中在税收优惠，至于对外国投资者的投资自由程度、外汇平衡政策、国产化要求政策等方面研究亦很不够，有些措施则重于宣传而不讲实惠，因而从整体综合系统评价来说还有不少方面需要改进。

二　投资环境是发展的可塑的动态概念

对投资环境的考察，要把它作为一个系统从它的整体功能上考察，与此同时，还得注意到这个整体是在发展中的可塑的动态概念。当今世界上有许多投资场所是蓬勃发展、极具诱惑力的，有些投资则是不具诱惑力的。当今中国正属于前者，正欣欣向荣并且在发展中将使投资环境不断得到改善。正因为这样，中国对于国外投资者有很大的吸引力。

从动态角度预测投资环境变化，最值得重视的是中国经济运行机制的变化趋势。世界上任何国家从封闭转向开放时，都伴随着相应的制度变化，都需要通过改革以改善投资环境。但世界上多数发展中国家的经济运行本来就属于市场经济的体系，它们从封闭转向开放和世界上通行的市场经济接轨的难度不大、变化也不大。而我国则不然，原来的经济运行是以行政命令方式排斥市场机制的计划经济，转入开放型经济意味着对经济运行机制进行根本性的改革，按照国际交往中通行的市场经济的惯例进行经济活动，而这也正是使投资环境改善的根本性措施。由于在这方面并无现成的经验，要靠自己去闯，这就要看敢不敢冒风险、敢不敢为天下先了。深圳等经济特区和沿海开放地区成了我国最早从计划经济转向市场经济的典范，成了改革的"排头兵"和"试验场"，正是因为不如此便无法开放，不如此便无法使投资环境起大的变化，是逼出来的。所以，在当今中国，开放是最大的改革，反过来，从传统的计划经济迈向市场经济的改革，又是从动态考察的投资环境的最大改善和重要趋势。

地理区位和资源禀赋，通常被认为属于先天的静态的投资环境，然而在静态中亦寓有动态。珲春原来是封闭的边境城市，沿边开放后经济有了发展，联合国计划开发署作出以 100 亿美元扶植图们江"金三角"开发的计划后，珲春便成了具有特殊区位优势的投资热点。北海是中国最早的对外通商口岸，但过去因有大山阻挡，被认为腹地不广，而今修建了南昆铁路，西南诸省都成了北海的腹地，便有了特殊的区位优势，再如对稀土资源利用技术的改进和利用范围的扩大，使人们对包头和攀枝花的资源条件有了新的评价。这也就是说，随着交通运输条件改善和科学技术发展，原来被认为静态的投资环境也动了起来，变了起来，需要从变动的角度预测其发展趋势。

投资环境中基础设施等环境的硬件是可以改进的，政策规定等环境的软件更是可以改进的。也正因为其可塑，才会出现"优惠竞赛"的局面。从近年的发展状况看，已经形成了带有盲目性的吸引外资热，各省、各市、各县都在搞开发区，有的省铺开了几十个开发区，人口超1亿的大省四川省搞了140多个开发区。由于开发区的"硬件"建设即基础设施环境建设需要资金投入，开发区铺得过多过大，需要的资金数量也就过大。因需要与可能发生矛盾而分散了财力，将不利于形成"拳头"，不利于形成良好投资环境。原来对引进外资的一些要求，如出口义务和内销比例、国产化率等，有的地方仍在坚守"杠杠"、严格要求，而有的地方却已敞开口子；原来不允许国外投资者涉足的零售商业、金融业，有的地方已经开门让其进来；更值得重视的是原来限制外商投资如单纯引进装配生产线进口散件组装产品内销赚取国内外差价的项目一般不批，现在却是甲地不批到乙地，总能找到投资场所；甚至某些禁止外商投资的污染自然环境破坏自然资源的项目也在某些地方获得批准。出现上述种种盲目吸收外资的状况，不能认为是投资环境的改善。因为，由此造成国外投资者之间、国内投资者和国外投资者之间的竞争条件的混乱与无序，终究是不利于吸引投资的。

把投资环境作为动态来认识，特别重要的是预测劳动力价格和土地价格的变动趋势。国外研究者提出的出口加工区寿命周期理论正是以此为据的。出口加工区设立初期对于国外投资者很有吸引力，因为其有廉价劳动力、廉价土地以及税收优惠等有利条件，是发展出口产业的好场所。然而出口加工区的税收优惠是有期限的，出口加工区的低工资制会随着当地经济发展而成为高工资。加以生产技术条件在变化，后起的出口加工区又对先行的出口加工区展开激烈竞争，因而出口加工区有寿命周期，其投资环境会出现差—好—差的变化。笔者以为这一理论对于劳动密集型产业是适用的，也正因此对劳动密集型产业的投资正从我国沿海地区转移到内陆地区。然而，对于一个城市来说不等于其整体的投资环境的劣化，相反会因为劳动密集型产业的转出而提供了新的发展机遇。因而要从总体上把握投资环境的发展变化趋势，创造其继续发展的动态条件。

从动态角度看，我国各个开发地区的经济在迅速发展，当地的土地价格会不断上涨。因此，人们认为大面积地把成片土地批租给开发商是不明智的，这是把经济发展所形成的土地增值利益白白地送给开发商。精明的做法是小块批租，先郊区后市区，先边缘后中心，因为外围批地项目完成后，城市中心区的地价会上升，把好批租关可以使地方政府获得巨大利益，从而有力量来持续改善客观投资环境。由于大面积批租不可能形成大面积开发，开发总得逐步推开，因而小面积批租是可行的合理的。这是投资环境改善中利益分配的重大政策问题，需要认真研究和改进。

对投资环境不能仅仅从本地的历史状况作纵向动态比较，还得和别的开放城市相比，和国际上别的投资场所相比。当今世界各国，不论是发展中国家还是发达国家，都在竞相争取国外投资者，尤其是我国周边一些国家，与我国同样具有廉价劳动力和廉价土地的优势，相互间的竞争很激烈。因而，我们不能局限于和以往历史状况相比所获得的动态的改善，还要和左邻右舍进行国际比较，下大力气营造符合国际标准的投资环境。特别是在一些具有潜在区位优势的地方，更需要给予特别的关注，扩大开放度，使投资者能获得较高的投资回报，从而吸引更多的投资者，大大提高自身的要素聚集功能，发挥区位优势，成为具有活力的经济增长极。在 90 年代，地区经济的发展速度，在很大程度上是和塑造国际化的投资经济环境紧密联系着的，各地要把它作为自身发展的首要环节和主攻方向，形成动态上可喜的发展势头。这也就是说，动态趋势表明封闭将继续落后，以塑造国际化投资环境为目标扩大开放度才能实现振兴和赶超。

三　建立科学的投资环境评价体系

海外投资者寻找有利的投资场所，需要借助对投资环境的科学的比较评价体系；东道国的东道城市为了吸引投资，需要通过投资环境的比较与评价，既寻找自身弱点作为改进投资环境的主攻方向，又寻找自身优势作为发扬光大的主攻方向。因而，建立科学的投资环境评价体系及相应的数据库以备咨询，是实践发展的客观要求。

对于投资环境评价的研究，始于20世纪60年代末美国经济学界和咨询业界采用的"等级尺度打分法"和"冷热打分法"。前者从以下8个方面来打分，以评估投资环境：（1）资金抽回自由度；（2）外商股权比例；（3）对外商的管制程度；（4）货币稳定性；（5）政治稳定性；（6）给予关税保护的态度；（7）当地资金的可供能力；（8）近5年的通货膨胀率。后者则提出了影响国外投资者"热"或"冷"的7项因素：（1）政治稳定性；（2）市场机会；（3）经济成长及成就；（4）文化一元化；（5）法令阻碍；（6）实质阻碍；（7）地理及文化差距。前者主要考虑了国外投资者来投资时可能遇到的与资金使用有关的影响因素；后者主要考虑了东道国的社会、经济、市场的宏观环境。这些都是投资环境的组成部分，然而是很不全面的，其后的研究者陆续加进各项具体分析因素，推进了对投资环境评价的研究。然而增加投资环境评估因素往往是罗列式的而不明确其在整个系统中的地位，往往是静态的，看不到投资环境的变动趋势，因而它和东道国提供的投资指南之类出版物那样，只给国外投资者提供有关的知识，未能成为决策的科学依据。

由此看来，对投资环境的科学评估，随着国外直接投资的发展将是一个尚未开拓但有广阔前景的研究领域。依据上述投资环境是一个系统、评价投资环境要看其整体功能的观点，以及投资环境是发展的可塑的动态概念的观点，笔者认为应当建立投资环境系统评价和动态分析体系以及可以进行比较研究的数据库。其具体设想是：

1. 建立投资环境系统功能评价体系

建立这个体系就是把构成投资环境的大系统划分为地理区位、资源禀赋、政策环境、基础设施环境、经济社会和市场环境共5类子系统；各子系统又分列若干项构成因素，例如政策环境子系统又可分列法人税减免、设备和原料的关税减免、利润汇回规定、外汇平衡规定、投资规模及经营期限规定、土地使用费标准、限制外资行业规定、出口义务规定、国产化率、当地筹资条件以及审批程序、审批效率等因素；基础设施环境子系统可分列铁路运输条件、公路运输条件、水运条件、空运条件、邮政通信条件、电信条件、电力供应条件、燃煤油品供应条件、供水条件、生活服务设施、信息服务设施、小区基础设施水平等因素；经济社会市场环境子系统可分列政治稳定度、政策稳定度、职工文化素质、外资企业招工条件、工资水平、金融市场条件、社会收入水平及市场容量条件等因素。

打分方法是将每一项因素分为优秀、良好、一般、不佳4个等级，按照4、3.5、3、2.5、2、1.5、1、0.5打分，为此要定出各项因素的计分标准，如电力供应条件按停电时数多寡划分等级等。与此同时，要确定各子系统及其中的因素在总系统中所占权重，计算各项因素系数，各项因素系数乘以所打分数便得出各项因素所获分数。各子系统的权重可以采取经验法，例如投资环境评价总共100分，按经验法分配给地理区位及资源禀赋子系统各15分，政策环境子系统 30 分，基础设施环境及经济社会和市场环境子系统各 20 分，各子系统再分配给各构成因素以相应的分数。还有一种方法是向投资者发放问卷，调查其在确定投资时对各项因素的考虑程度，根据调查结果分配各子系统及其构成因素所占的权重。还有人认为权重是无法计算的，可以采取有一项因素打一项分数，累计总数进行比较的方法。

鉴于投资环境是作为系统发挥其综合功能的，因而不能循 1 + 1 = 2 的思路，而要考虑到子系统优化时综合功能会以乘数形式增长，因而当各子系统和子系统中的构成因素在总体上达到某种标准时，要给总系统以综合功能加分。这样，既有反映投资环境整体功能的综合性评价指标，又有反映投资环境各个侧面的评价指标，便可以较全面地反映某一地区的投资环境状况。

2. 建立投资环境动态预测报告体系

基于对投资环境是发展的可塑的动态概念的认识，对投资环境的评价就得包括两个方面：一个是对现状的评价，另一个是对发展趋势的动态预测。从后者说，需要建立投资环境动态模型，将各项会引起投资环境变化的因素输入模型，预测由此引起的变化。例如南昆铁路建成投入运营之后，对北部湾各城市的投资环境会引起变化；中国重返关贸总协定后，吸引外资的政策环境会起变化。这就需要利用动态模型预测其发展趋势，据以调整对投资环境的评价。

3. 建立可资比较的数据库

投资环境的探讨以及评价体系的建立，是为了在实践中运用。而要真正用起来，就得有数据的比较。笔者曾参加过上海、深圳、厦门、大连等城市的发展战略研究及投资环境评价，深感缺乏比较的、单项研究的局限，深感建立投资环境评价数据库的必要。如果我国相关的主管单位能设立投资环境评估中心或咨询中心，逐年搜集国内各主要城市以及东南亚、东北亚、西亚各主要国家和地区的主要城市的有关投资环境的数据，不断积累，输入数据库，利用计算机进行操作，这将给以后的比较研究提供很大方便。对于投资者选择合适的投资场所，对于东道国和东道城市寻找薄弱环节改善投资环境，都将大有裨益。

投资环境本身是客观存在的事物，但作为对投资环境的评价则是主观的，投资者和接受投资者会因所处地位不同、看问题角度不同而有不同的评价。因此，对投资环境除了一般评价之外，还需要作具体的分析评价。上述评价体系及数据库都是供一般分析使用的，这是具体分析的基础。它表明当地的经营条件及提供的机会，投资者再根据自己所投资行业的产供销状况，进而对利润预期以及风险预期作出判断，才能进行投资决策。至于东道国也不是无条件地吸引外资而要具体分析利弊，调整政策，在作进一步鼓励或限制的政策调整时，上述一般评价的比较同样是一个重要的工具。

（原载《中国社会科学》1994 年第 1 期）

向市场经济转型过程中的中心城市

一 改革过程中的中心城市

早在 10 多年前的改革开放初期，经济理论工作者面对着这样一个颇费斟酌的难题：城市功能为什么会萎缩以及怎样才能发挥城市应有的功能？与此相联系的是改革过程中为了调动地方的积极性，需要适当地把一部分原来集中在中央的权力下放给地方，但下放之后往往会出现某种紊乱和块块分割，又不得不收权，以致多次出现放权和收权的反复，怎样才能有效地解决这一矛盾？

我国的一些中心城市如上海、天津、武汉、广州等，在历史上都曾是某一区域的贸易中心、金融中心、交通运输中心、信息中心。然而中华人民共和国成立后在按行政办法组织经济活动的计划经济体制条件下，城市所发挥的却主要是工业生产基地的功能；城市的经济活动有时只限于为本城市服务，辐射面小。城市作为经济中心的作用下降，功能萎缩。与此同时，按行政方法组织经济活动，人为地阻断了经济活动的自然联系，形成困扰我们多年的城乡分割、市县分割、乡乡分割、城城分割，这些人为的分割压制了经济活力。

发挥中心城市功能和按经济区不按行政区组织经济活动的设想，也早在 10 多年前就提出来了，并且在上海、重庆、大连、武

合作者：杨明远、赵德久。

汉等城市设立打破行政区划的经济区，在常州、沙市等地进行中等城市综合改革试点。当时讨论后得出的认识是组织经济活动既要讲对外开放，也要讲对内开放。故而当时有"内外通开"的提法，想以此打开一个突破口，创造出不同于传统的调拨分配而转向自由购销的经济运行方式。

当时提出这些设想的思路是可贵的和勇于探索的，但应该承认当时的试验并未取得成功。因为那时候仍旧实行调拨分配、分钱分物的计划经济体制；为了发挥中心城市作用而实行的中心城市计划单列，并未冲破传统体制，有时反而演变成新的块块。当时各个城市都曾召开过发展战略讨论会，都曾有过经济中心、贸易中心、金融中心等设想，但在按行政层级组织经济活动时，城市功能只能局限在城市这个行政附属层级的范围之内，经济辐射力很小。这些设想在当时似乎收效颇微。

但是，随着改革的推进，特别是随着社会主义市场经济的改革目标的明确，中心城市的功能逐渐由萎缩转向增强，"内外通开"的冲击还是推动了新旧体制的嬗变，从而使我们看到在推进以市场为取向的改革中，中心城市作用发挥的程度与市场体系的发育状况是相辅相成的，即中心城市作用的发挥促进市场经济发展，反过来市场经济的发展又驱动中心城市作用的进一步发挥，进而带动区域经济乃至整个国民经济的发展，进而呈现出中心城市与市场经济两者在发展中价值取向一致性、相互效应叠加性、运行机制融合性的客观规律。

二　中心城市在发展现代市场经济中的地位和作用

中心城市较一般城市的聚集程度（包括人口集中、资本集中、生产消费集中、基础设施和生产设施集中）要高，社会分工发达，科学技术先进，交通运输便捷。因此，它的经济活动具有明显的集聚性、商品性、高效性和开放性等特征，它在发展大市场大流通中具有优势。这就决定了中心城市在发展市场经济中必然居于主导和先导地位，尽管我国中心城市同发达国家中心城市相比还有差距，但经过几十年的建设和发展，特别是在十多年改革开放大潮的涌动下，中心城市的地位愈见重要，今后必将在发展社会主义市场经济中发挥越来越大的作用。

第一，中心城市市场主体（各类企业）集中，具有现代市场经济的内生优势。

城市的特点是工人和企业的最大集中。一些大城市在这方面特别突出。中心城市在市场经济中的作用的大小，在很大程度上取决于它是否拥有竞争力很强的企业群体和富于竞争精神的企业家队伍。从我国不同所有制企业在中心城市集中分布状况出发，转换国有企业特别是大中型企业的经营机制使其走向市场经济的海洋显得尤为重要。否则，搞大市场、大流通是很难的。

大量的资料表明，中心城市是各类企业最集中、商品生产能力最强、商品交换范围最广的地域，并在整个社会产业中居于极其重要的地位。日本东京、京都等 12 个大工商业城市集中了日本大企业的 80.4%，其中东京占 52.9%。法国 38% 的企业总部设在巴黎，其工业产值占全国的 1/4，各大企业在巴黎地区的营业额占全法国营业总额的 82.75%。英国伦敦加工工业部门从业人员占全国的 1/5，工业产值占全国的 1/4。我国城市工业企业数、工业企业从业人员数和工业总产值分别占全国工业的 35.9%、62.4% 和 70.3%，其中 29 个沿海开放、经济特区、计划单列城市的工业产值占全国的 34%。

中心城市这种企业集聚的特征，决定其具有产生现代市场经济所要求的高效率、高效益的内发生机制；还有利于市场体系的发育，实现市场的规模化、社会化、专业化、现代化和国际化。随着国有企业特别是大中型企业内部经营机制的转换，外部环境的改善，中心城市蕴藏的发育市场的巨大潜能必将充分地释放出来，从而带动我国社会主义市场经济的迅速发展。

第二，中心城市科技力量雄厚，具有开发适应市场需求的新产品的巨大潜力。

在现代社会，技术进步已成为产业升级和经济增长最活跃、最重要的因素。中心城市是先进生产力集聚的地域，是科技人才特别是高科技人才荟萃之地，因而她是研究、开发新技术，试制、生产新产品的重要基地。据统计，全国城市的自然科技人员占全国科技人员的59.7%，副研究员、副教授、高级工程师以上的高级人才约80%在中心城市，在上海、北京、天津等特大中心城市人才集中度更高。中心城市高科技的优势是其市场经济发达的根源所在，也是我国经济实现现代化和外向化的"生长极核"。目前，我国已依托中心城市兴建起30个国家级高新技术开发区，对于"发展高科技，实现产业化"发挥着重要作用。

综观我国的国际、国内历次评选活动中获奖的名、优、新、特产品，大多出自中心城市。同时，中心城市在引进国外先进技术向国内扩散中，起着承外启内、合理嫁接、消化创新的"转换器"作用，对于带动区域乃至全国技术进步、产品更新换代具有十分重要的意义。

第三，中心城市主导产业外向化程度高，具有开拓国内国际市场的扩张力。

改革开放15年来，随着市场经济的发展，我国的中心城市特别是沿海一带的中心城市已形成了各自外向型的出口创汇主导产业和产品。在带动全国参与国际交换和合作中，发挥着重要作用。据统计，1989年，15个沿海开放城市外贸收购总额已高达508.5亿元，外贸出口总额达90.9亿美元。截至1991年年底在我国注册的"三资"企业已达37215个，注册资金460亿美元，其中外商投资262亿美元。这些"三资"企业大部分分布在中心城市特别是沿海中心城市。中心城市外向型主导产业和"三资"企业的形成与发展，大大增强了产品在国际市场的竞争力，进一步开拓了对外开放的广度和深度。上海、天津、北京、广州、沈阳、武汉、哈尔滨等城市分别与世界 100 多个国家和地区建立了经济、技术合作关系，大大地提高了我国经济对外开放的整体水平。

中心城市日益发展的外向型产业已成为带领我国经济进入世界经济的重要枢纽。集中反映在以下几个方面：其一，中心城市外向型主导产业对经济要素具有巨大的聚扩、转换作用。这是由中心城市产业的集聚性、先进性和开放性所决定的。中心城市作为经济要素运行的枢纽，由于它的产业规模大、先进程度高，对诸经济要素的输入和输出、流向和流量具有巨大的调节作用。因而，它对经济要素的聚扩、转换呈现出大范围、大规模、多层次、全方位、高效率、高效益的特点。在扩大对外开放的宏观环境下，中心城市的产业对经济要素聚扩的范围必然向国外拓展，对国际经济要素的聚扩功能也会不断增强，进而带动整个国民经济外向化水平的提高。同时，也进一步增强了中心城市产业聚扩、转化力度。其二，中心城市外向主导产业对宏观经济结构具有巨大的置换、优化作用。中心城市产业的地位，决定了其变化将对客观产业结构产生巨大影响。中心城市产业结构变化的方向、目标、重点、速度等均会引起全国不同产业之间的比例关系及其在不同地域内配置关系的变化。在一定意义上讲，中心城市产业变动过程直接表现为国内产业结构的置换过程，中心城市主导产业演进和升级的程度决定着国内主导产业的高度化水平。中心城市产业结构在不断调整和优化中还会通过自身的传递和扩散机制，引发周围地区乃至全国产业结构的优化，从而使宏观主导产业在市场经济的基础上同国际产业在更高级层次上实行衔接与融合，促进国内经济与世界经济一体化。这对于加速我国市场经济的现代化、国际化无疑是至关重要的。其三，中心城市对宏观经济和微观经济具有高度的协调作用。中心城市作为介于宏、微观经济的中观层次，具有强大的调节功能。它对宏观经济、微观经济运行进行着双向调节，起着抑制、矫正宏观决策失误和引导微观企业活动的作用，使两者与发展社会主义市场经济的客观要求相适应。中心城市对外对内实行两个扇面的辐射，凭借其产业的综合优势和经济实力，把国外先进技术、管理经验引进来加以消化、吸收、创新，再通过内联的渠道向国内广大区域辐射、扩散、转换。中心城市还通过对周围地区的企业的信息指导，技术、资金、人才的扶持、各种形式的横向联合，组建各类企业集团、跨国公司等走向世界，扩大国际交流和合作。

第四，中心城市的各种基础设施和服务设施完善，商贸经济管理机构健全，具有成为大市场、大流通、大外贸枢纽的必要条件。

中心城市大工业与大商业结合在一起，对市场的影响力很大。其主导产业主要是输出产业，其产品主要是向域外销售。商品的外销量在全部商品销售总量中占有相当大的比重。如上海市作为全国的经济中心，每年提供的输出商品占全国商品销售总量的 10% 左右，天津、广州、沈阳、哈尔滨、大连等中心城市生产的商品供应外省市和国外的高达 60%—70%。同时，不能忽视中心城市由于人口集中，来往的流动人口量大，本身也有很大的消费能力。全国 20 个百万人口以上的特大城市，市区非农业人口仅占全国总人口的 4.2%，而社会商品的零售额都占全国的 16%。以上表明，中心城市在客观上就是一个大市场，是一个大的流通中心。从它组织大市场、大流通的有利条件来看，主要反映在以下两个方面：

一是中心城市交通等基础设施先进，商贸服务设施完善，经济综合管理机构健全，为其组织大市场、大流通提供了十分有利的基础条件。一般来说大的商业批发中心、外贸中心、服务中心多集中于中心城市。比较高层的商贸组织管理机构多设在中心城市，加上对外交通的方便，拥有较强的运输、仓储能力和强大优质的供销、管理、涉外队伍，它在高效组织大型的商贸活动方面具有很大的优势。中心城市频繁的商贸经济活动使它成为经济信息、市场信息最重要的发生源和传播源。它通过众多的信息机构和先进的信息设施、手段，提供大量的信息给外界，再把外界的信息收集起来。这样，中心城市不只能组织大市场大流通，而且能够促进市场经济实现高效率和高效益。

二是中心城市具有比较完善的市场经济调节系统，有利于市场体系的发展和规范化、制度化、法制化。中心城市拥有一系列市场经济的调节机构，其中有金融、物价、财税、劳动工资等执行部门；有统计信息、政策研究和咨询等"软件"机构；有工商、审计、商检、海关等监督机构；有司法、仲裁、行政机关等保证部门。只要搞好配套改革，有效地综合发挥这些调节机构和部门的功能，中心城市在组织大市场大流通中就有可能取得更大的成效。

三　对依托中心城市加快发展我国市场经济的几点宏观思考

前述表明，离开中心城市去搞市场经济是很难奏效的。因此，依托中心城市发展市场经济，就成为建设有中国特色的社会主义市场经济的一项必然选择。

第一，以中心城市为"支柱"，以城市体系为依托，以广大农村为腹地，开发、建设、规范市场，构建社会主义市场经济的基础框架。首先，尽快把中心城市从高度集中的计划经济模式中解放出来，冲破条块分割、行政分割、城乡分割的旧体制的束缚，使之连同其拥有的企业走向市场，把中心城市中市场经济的巨大潜能释放出来。中心城市的国有大中型企业转换经营机制应率先突破，加快实行企业股份制的步伐，使其真正成为市场的主体，发挥骨干作用。其次，依据市场经济的客观要求，调整城市建设总体规划和经济社会发展规划，把市场建设纳入城市规划和综合开发轨道，统一规划、合理布局、扩大规模、完善体系、综合开发、配套建设，为发展商品市场、培育生产要素市场、开发区域内外市场提供良好的设施。再次，加强市场制度和法制建设。利用中心城市工商税收、金融、审计法制等组织健全的有利条件，加强对市场的引导、管理、监督和服务，完善市场管理的各种制度、条例和法规，加快市场的制度化、规范化、法制化进程。

　　第二，以沿海、沿江、沿边和内陆地区中心城市为"龙头"，以口岸开放城市为"窗口"，开创我国全方位对外开放的新格局，把国内市场融入到国际市场中去。为此，一要大力推进"三沿"中心城市与相应口岸城市的横向联合，实行外向型企业的强强联合、优势叠加，形成出口规模效益。由分散型对外转向区域化、集团化对外，从整体上增强我国开拓、占领国际市场的合力，扩大出口创汇份额。二要在中心城市之间实行合理分工，选准各自发展的外向型主导产业、企业群体和系列拳头产品，防止和克服结构趋同，相互"内耗"，谋求整体出口效益最大化。三要分层次对外开放，明确开拓国际市场的主攻方向和战略重点。就沿海开放地带而论，可以广州为核心，形成珠江三角洲经济圈；以上海为核心，形成长江三角洲经济圈；以大连、天津、青岛为核心形成渤海湾经济圈；沿边地区中心城市如哈尔滨可以依托松嫩平原的腹地，面向独联体和东欧开拓市场，以充分发挥"地缘"优势。

　　第三，以发展第三产业为突破口，以强化中心城市的综合服务功能为中心，为发展大市场、大流通、大外贸提供良好的基础条件和服务设施。从发展市场经济、扩大对内对外开放要求出发，更新观念，破除重生产、轻流通、轻服务的传统思想，采取超常举债，加快发展中心城市的第三产业。以建设交通运输、邮电通信、商贸设施为重点，推进交通立体化、流通网络化、通信现代化；以基础设施、公用设施、文化教育设施、居民住宅为重点，提高中心城市建设现代化和绿化、美化水平，改善居民的生活条件和外商的投资环境，发展房地产业、科技服务、信息咨询、旅游等行业。进一步完善社会服务和保障体系，努力创造一个有利于社会主义市场经济发展的社会环境。

（原载《经济研究》1994 年第 11 期）

双轨体制下工资收入及其
对劳动力供需的调节[*]

中国长期实行由国家充当分配主体和由国家确定工资标准的非市场化方式，即使是劳动力流动也仍旧实行带档案和工资标准走的流动方式，劳动力流动后工资不变，从而使得工资对于劳动努力程度和劳动者选择就业岗位都起不到调节作用。这种状况直到经济改革之后才逐步改变，但仍处于双轨运作阶段。我们进行的调查，正是测度了工资调节的灵敏度与影响力。

一 双轨运行——中国多元化工资制的形成与收入差距的 拉开

（一）工资运行的双轨格局与收入渠道的增多

中国在经济改革过程中，出现了多元化的经济主体和双轨制的经济运行格局。工资分配也是如此，随着多种所有制结构的形成，随着个体经济和私人企业的发展，中外合资企业、合作企业以及外商独资企业的增多，还有既非国营又非私营的挂靠于某一单位的公司的大量出现，形成了国家工资管理所达不到的新领域。这一领域的工资是由市场调节的，市场中劳动力供给和需求的状况调节着工资的高低。本来按照市场调节的理论，在劳动力总量供给过多的状

---

* 合作者：黎汉明。

况下，职工工资不可能高，而实践中却出现市场调节领域里的职工货币收入普遍较高的状况。这是因为非公有部门里的企业经营灵活，亏本的买卖不干，盈利水平一般高于公有部门，有可能用高于公有部门的工资来吸引有专长有能力的职工，再加上公有部门提高职工货币工资受到种种行政性限制，工资性收入有相当部分是用实物和福利形式表现的，而非公有部门则大都直接用货币表现。这使得非公有部门职工的货币收入高于公有部门，即使在市场劳动力供给大于需求状况下也是如此。

公有部门营利机构（主要指国有企业）的工资形成和分配过程是二元的，即一方面是政府直接干预，另一方面是企业自主决定内部分配。政府直接干预基本上通过与企业谈判确定与经济效益指标挂钩的工资总额以及给企业提供一个被称为"档案工资体系"的等级参照标准来实现。经理、职工具体的工资级数、上浮比例和数量等具体的内部分配过程已由企业自己根据赢利状况决定，但政府对职工货币收入增长干预多、卡得死，企业还得从实物发放和福利开支上找出路，所以这一块的工资分配模式属于准市场型的。

公有部门中非营利机构（国家机关、科研、教育、文卫等）的工资形成和分配，服从单一行政决定，没有发挥商品经济和价值规律调节的作用。而由于连年出现财政赤字，财政部门把卡工资增长作为避免扩大财政赤字的一项重要手段，正常的工资调资升级所需资金也被"财政否决权"所"否决"。这样，工资分配的两个领域就显示出活和死、高和低的显著差别，而且从非市场向市场转化的步伐缓慢。如果我们长期维持一个领域是市场经济分配方式，另一个领域是非市场的产品经济分配方式，其结果不但影响一部分人的工作积极性，而且会加剧两种分配过程的摩擦和矛盾，也不利于建立统一的收入调节体系，以至由阶段性工资调整形成"突击式收入增长"并诱发强周期波动。

在改革过程中还有一个特点是，由于行政型的工资调整迟缓，制度内的标准工资增长，因"财政否决权"而严重偏低时，制度外的各种收入渠道却大大增加，从而呈现出多方面的收入来源①（见图1）。

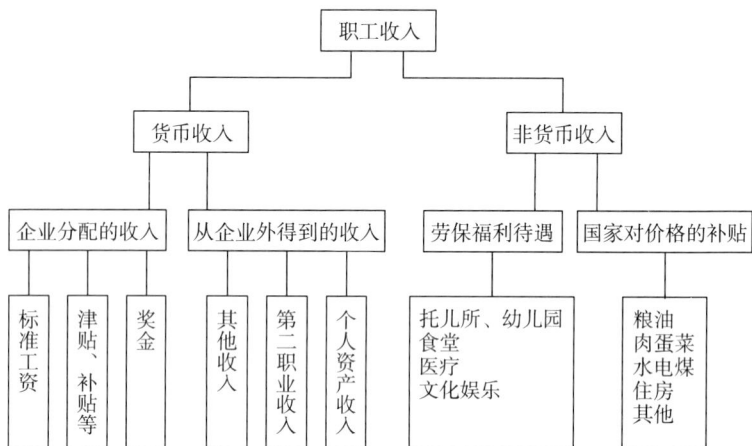

```
                        职工收入
                    ┌──────┴──────┐
                货币收入         非货币收入
            ┌──────┴──────┐   ┌──────┴──────┐
      企业分配的收入  从企业外得到的收入  劳保福利待遇  国家对价格的补贴
      ┌───┬───┐    ┌───┬───┬───┐   │           │
     标  津  奖    其  第  个   托儿所、幼儿园   粮油
     准  贴  金    他  二  人   食堂          肉蛋菜
     工  、      收  职  资   医疗          水电煤
     资  补      入  业  产   文化娱乐       住房
         贴         收  收               其他
         等         入  入
```

图 1

上述多种收入分配渠道的出现，使得无法形成一种统一的透明的均衡工资率，不可能形成一个高效运行的发育成熟的劳动力市场。而且由于市场运行遇到障碍，改革的推进以扭曲形式出现：（1）职工工资收入反而日益福利化、实物化和隐性化。这表明现在：职工收入结构中各组成部分的增长幅度与政府的控制力度成反比。在职工工资总额结构中，奖金、津贴增长超过标准工资增长，标准工资在职工工资总额中所占比重逐渐缩小，福利性收入增长超过职工货币工资增长。"财政否决权"虽然堵住了制度内工资水平的提高，而多渠道却提供了工资外收入不断增长的渠道。（2）在工资、奖金等货币收入受到政府直接或间接控制的情况下，实物化分配成为收入争夺和收入补偿的重要手段，成为扩大个人收入份额和消费需求膨胀的重要途径。②

近几年，中国个人收入分配格局总的发展趋势是：在职工工资

---

① 参见戴园晨《试论工资增长中的财政否决权问题》，《改革》1992 年第 5 期。
② 参见张曙光《论个人收入的实物化》，《经济研究》1990 年第 12 期。

性收入中，奖金、津贴增长超过标准工资增长；在职工货币收入中，工资外收入增长超过工资增长；在职工全部实际收入中，非货币的福利性收入增长超过职工货币收入增长，在城镇居民收入中，非工资收入的增长超过职工收入的增长。这种发展趋势，正是由收入渠道增多所引起的。从制度性工资看，平均主义仍很突出；然而从职工的和居民的全部收入看，各自的收入状况有着较大幅度的变化而且收入差距在不断扩大。

（二）收入差距发生变化且拉开了差距

在中国的传统体制中，居民的收入差距和阶层结构，基本是以等级工资制为基础的，行政机关、事业单位和企业分别有着不同的工资等级，而且比照工资等级在住房、食品供应、医疗、用车、用电话、休假、乘坐飞机火车等方面都有着行政性分层的差异。改革开放以后，传统的和等级工资制相联系的阶层地位生活福利差异仍然存在，但由于收入渠道增多，不同的人从不同来源取得收入，从而使得收入的阶层差异发生新的变化，而且差幅也有扩大。

本次调查职工的高收入和低收入的货币工资差距在 2 倍左右。

收入差距的拉开，从大的范围说表现为非市场型（或准市场型）工资分配的国有经济单位职工平均工资与市场型工资分配的非公有经济单位（私人经济、"三资"企业等）职工平均工资的差距在拉开，其状况见表 1：

表 1　　　　　　　国有与非公有经济单位职工工资差距　　　单位：元

年份	国有经济单位职工平均工资	非公有经济单位职工平均工资	两者比例
1986	1414	1629	1：1.152
1987	1546	1879	1：1.215
1988	1853	2382	1：1.285
1989	2055	2707	1：1.317

续表

年份	国有经济单位职工平均工资	非公有经济单位职工平均工资	两者比例
1990	2284	2987	1∶1.308
1991	2477	3468	1∶1.4
1992	2878	3966	1∶1.378
1993	3532	4966	1∶1.406

资料来源：《中国统计年鉴（1994年）》，中国统计出版社1994年版，第121页。

在非市场型工资分配的领域中，传统的等级工资制也受到冲击，引起了收入差距变化，1958年以后机关、事业单位和企业间平均工资的排序，长期是机关在前然后是企业、事业单位；到1985年后的排序则稳定地表现为企业领先，然后是事业单位、机关，这反映了行政机关和事业单位职工收入增长相对迟缓的状况。

行政机关和事业单位工资增长相对滞后的主要原因，是由于行政型工资调整往往是突进的、累积性的，不规则且波动极强。在中国以市场取向的收入分配制度改革的进程中，迄今为止未能触动的唯有机关和事业单位的工资分配这两大块，工资率的生成及其增长仍然采用中央集权式的方式，仍然取决于政府财政状况和工资问题的严重程度。在这种工资生成方式下，严格的政府行政控制仍占主导地位，不规范且不尽合理的"财政否决权"还发挥着决定性作用，加上缺乏正常的工资增长机制和工资平衡机制，国家机关和事业单位职工的工资水平不能随国民经济发展而正常增长，其平均工资在社会各行业中的相对地位日趋下落。

这种不合理的利益格局使国家机关和事业单位难以吸收优秀人才，社会管理和社会服务的功能弱化对行政事业单位的工资正常增长和正常运转虽然因"财政否决权"而堵住了前门，但工薪收入者并不甘心于工薪的缓慢增长，利益驱动勾起了对收入增长过高的期望值，形成了强大的攀比压力，堵住前门把工资收入增长和运转的压力推向后门，形成"财政否决权"的"横溢效应"。这种"横溢效应"表现在：强化了"官本位"工资制度的固有弊端，使收入增长压力向机构升级、职务职称升级、编制人员膨胀"横向溢出"；有官得有兵，机构升级和职务晋升的泛滥，又连锁反应地引起编制扩大和人员膨胀，以及工资外收入不断膨胀。[①]

二　差距拉开——工资调节功能的逐渐加大

（一）职工收入差异在不同所有制的反映

中国在改革开放过程中，所有制形式逐渐多样化，不同所有制对市场的适应度是不一样的，从而使它们之间的职工收入有着差异，其状况如何？此次调查样本反映的状况见表2。

表2　　　　　　　　不同所有制企业职工的收入状况

所有制	样本数（人）	平均收入（元/年）	标准差（元）	收入分组（元）					
				1500及以下	1501—2000	2001—2500	2501—3000	3001及以上	合计（%）
国有企业	3328	2274.7	1060.7	29.5	19.5	20.5	13.4	17.1	100.0
集体企业	2707	2128.2	1124.0	33.9	25.5	18.5	11.3	10.8	100.0
三资企业	1726	2663.4	1977.0	37.8	10.6	14.8	9.1	27.7	100.0
其他所有制	81	2033.9	948.4	46.2	10.9	26.1	12.6	4.2	100.0

三资企业收入分配受市场的调节度大，其职工平均收入为2663.4元，标准差为1977元，比国有企业职工的平均年收入高388.7元，高17%，标准差高出916.3元，比集体企业职工收入高535.2元，高25%，标准差高出853元。三资企业职工平均收入高，还在于年收入在3001元及以上的高收入职工占27.7%，这个比例远高于国有、集体以及其他所有制企业中高收入职工所占比

---

① 戴园晨：《试论工资增长中的"财政否决权"问题》，《改革》1992年第5期。

例。但年收入在 1500 元及以下的职工在三资企业中占 37.8%，这
个比例也高于国有和集体企业，又表明三资企业中低收入职工的比
重相当大，各级职工的收入差距拉大，而国有和集体企业中收入分
配的平均主义较为突出。三资企业职工收入差距拉大，应该说是和
它所实行的报酬形式是有联系的。不同所有制的样本企业实行的报
酬形式见表 3。

表 3　　　　　　　　不同所有制实行的报酬形式　　　　　单位:%

报酬形式		国有企业	集体企业	三资企业	其他所有制
工资形式	计时工资	23.7	20.6	20.2	18.2
	计件工资	5.3	8.1	11.5	13.1
	固定工资	64.5	63.4	57.7	65.7
	浮动工资	6.5	7.9	10.6	3.0
奖金形式	利润分红	31.0	33.7	36.7	48.5
	按股分红	0.5	1.3	0.2	
	按小费多少	0.4	0.2	0.8	1.5
	其他	68.1	64.9	62.4	50.0

注: 因四舍五入，合计数可能不等于 100%。

在样本资料中可以看到，三资企业的工资分配采用固定工资形
式所占的比重为 57.7%，比国有和集体企业小，后两者分别为
64.5% 和 63.4%；而采用浮动工资和计件工资形式所占比重为
10.6% 和 11.5%，合计比国有和集体企业高出 6—10 个百分点。采
用奖金形式分配时，和企业利润挂钩分配的比重（36.7%）又高
于国有和集体企业的 31.0% 和 33.7%。这表明三资企业更注意运
用不同工资形式及激励机制来调动职工的积极性，从而使得内部的
收入差距拉开。

（二）不同地区间职工收入差异的拉开

中国经济发展过程中出现了人所共知的地区经济发展水平的差
异，这种差异也表现在不同地区间职工收入的差异上。由此影响到

劳动力的供给和需求，引起劳动力的跨地区流动。我们把东部、中部、西部三个地区加以比较，便可以看到东部地区职工的收入高于中部和西部，其状况见表4。

表4　　　　　　　　　　　不同地区职工的收入状况

地区	样本数（人）	平均收入（元/年）	标准差	收入分组（元）					
				1500及以下	1501—2000	2001—2500	2501—3000	3001及以上	合计（%）
东部地区	3378	2332.0	1819.6	27.9	12.6	16.8	14.7	28.0	100.0
中部地区	4642	1680.7	1272.6	38.2	23.1	18.5	9.5	10.7	100.0
西部地区	1273	1805.9	1114.3	28.7	24.8	23.9	11.8	10.8	100.0

东部地区职工的年平均收入比中部、西部地区职工的年平均收入，分别高出651.3元和526.1元，高出的比例为38.8%和29.2%。按收入分组比较，东部地区职工分布在1500元及以下和1501—2000元两个组里的比重为27.9%和12.6%，共为40.5%；而中部地区为38.2%和23.1%，共为61.3%；西部地区为28.7%和24.8%，共为53.5%。分布在2501—3000元和3001元及以上两个组里，东部地区职工为14.7%和28%，共为42.7%；中部地区职工为9.5%和10.7%，共为20.2%，即不到东部地区职工所占份额的一半；西部职工所占比例为11.8%和10.8%，共为22.6%，也只有东部地区职工所占份额的一半强。这表明，东部职工分布在高收入区的比重大。

中国劳动就业制度改革的内容之一是打破干部和固定工"铁饭碗"，普遍推行劳动合同制，但目前则还存在着干部、固定工、合同工、临时工的身份差异，并且在收入分配上有所反映。调查表明作为传统就业身份的干部和固定工，不论在东部、中部还是西部地区，其收入均高于合同工和临时工。

（三）职工收入与学历的相关性加大，脑体倒挂的说法并未得到调查支持

在市场经济中，职工收入高低与所受教育程度亦即学历有很强的相关性。在中国，这种相关性遭到否认，流行的说法认为："在收入分配中存在着脑体倒挂现象"，"手术刀不如理发刀"，"搞导弹的收入不如卖茶叶蛋的收入"。但我们进行的问卷调查，并未支持上述流行说法，样本调查所提供的数据，表明学历高低和收入差距有很密切的相关性，样本资料反映的脑体劳动收入并未倒挂。其状况见表5。

表5　　　　　　　　　　　不同学历职工的收入状况

教育程度	样本数（人）	平均收入（元/年）	标准差	收入分组（元）				
				1500及以下	1501—2000	2001—2500	2501—3000	3001及以上
大学毕业以上	535	2585.9	1684.5	27.3	16.6	15.2	13.9	27.1
大专毕业	1265	2487.0	1473.2	27.7	18.1	19.9	13.5	20.9
高中毕业*	3480	2246.6	1333.0	35.1	20.6	18.5	10.1	15.8
初中毕业**	2222	2206.6	1199.6	35.3	19.9	17.5	12.4	14.8
小学毕业及以下	360	2416.5	1164.4	29.6	13.5	24.8	14.9	17.2

注：①＊包括职业高中和中专。＊＊包括技工学校。

②因四舍五入，合计数可能不等于100％。

问卷调查把职工受教育程度分为5个层次组，调查得到的数据表明年收入在1500元及以下的低收入组中，大学毕业以上教育程度的职工比重为27.3％，比高中毕业的低7.8个百分点，比初中毕业的低8个百分点；而在2501—3000元以及3001元及以上的收入组中，受过大学教育者所占比重比高中毕业者高出3.8个和11.3个百分点，比初中毕业者高出1.5个和12.3个百分点。从社会升学率以及高考竞争激烈程度看，也反证知识还是受尊重的。只

不过提高受教育程度与所能增加的收入之间尚无明显的函数关系；和其他国家相比，人力资本在收入分配中所起作用明显偏小。

如果分别不同所有制企业的调查资料来考察职工的收入与学历关系，则调查资料表明在国有企业内职工收入与学历的相关性，远不如三资企业所表现的那样明显。各个学历组职工的年平均收入最高与最低的差幅，在国有企业里仅为242元/年，仅为最低年收入的11%；三资企业里大学毕业生的收入与初中毕业生收入的差幅则为549.5元，占最低年收入的比重为22.1%。可见，职工的学历在三资企业里得到的重视度高于国有企业，反过来也表明在国有企业里平均主义较为突出，同时也表明学历获得重视程度与市场发育度有着紧密关联。

三　对工资市场调节尚未作出反应的迟钝区

如果说，工资的市场调节已经在不同所有制之间，在不同地区之间，在不同学历者之间，程度不同地得到其调节力和调节度的反应，那么，样本调查又表明还存在着尚未作出反应的迟钝区，主要表现在以下几个方面：

（一）职工收入高低与年龄的相关性尚未从上升线转为市场经济中通常呈现的抛物线

世界各国职工收入的年龄差异，大体上是青年和老年职工的收入相对较少，壮年职工的收入相对较高，从而形成收入和年龄相关性呈现先上升，后来进入老年期下降的抛物线。在中国则由于传统体制是能增不能减，而且工资调整又是若干年调升一次，故而职工收入随年龄而增加。职工工资收入与年龄呈现明显的正相关关系。样本调查资料表明，仍保持这一特点尚未改变，见表6。

表6　　　　　　　　　　不同工龄职工的收入状况

工龄（年）	样本数（人）	平均收入（元/年）	标准差	收入分组（元）				
				1500及以下（%）	1501—2000（%）	2001—2500（%）	2501—3000（%）	3001及以上（%）
10及以下	3179	1923.8	1396.6	48.2	19.5	14.4	6.4	11.4
11—20	2388	2312.3	1216.3	28.0	25.4	20.7	11.2	14.7
21—30	1787	2680.5	1217.2	20.0	15.5	22.3	18.5	23.7
31—40	560	3054.6	1234.5	12.5	6.1	22.5	22.2	36.7
41及以上	62	3217.7	1483.8	18.9	4.1	18.9	17.6	40.5

注：因四舍五入，合计数可能不等于100%。

从5个工龄组观察，工龄较短的职工收入偏于较少，随着工龄增加，职工的收入基本上呈增加趋势，工龄越长，高收入组的比重越大，在市场经济国家中通常呈现的工龄—收入相关性的抛物线，在中国仍由上升线所取代。

样本资料反映三资企业和国有企业一样在职工收入分配上，表现为工龄越长收入越高，呈上升线。这是因为合资企业由中方委派的管理人员多数从原来的管理岗位上调动过来，故而三资企业成立的年限虽然不长，仍旧有不少工龄长的人员处在较高的职位上。然而在样本资料中已经出现了抛物线。集体企业职工收入最高的工龄组是31—40年，工龄41年及以上的其收入反而低于31—40年工龄组；其他所有制的高收入工龄组是11—20年，在此以前和在此以后的都较低。

如果分别不同工龄职工的收入与学历的相关性，调查表明不同学历的职工的收入高低都与工龄长短呈正相关关系，都是一根上升线。只有高中毕业和小学毕业及41年及以上工龄的职工收入出现下降，呈现出轻微的抛物线趋向。

（二）男女职工的收入差异和家庭就业决策尚未市场化

在世界各国从事相同工作的男职工工资收入高于女职工，收入的性别差异是相当普遍的现象。中国传统体制强调保障妇女权益和同工同酬，再加上工资等级基本上是按学历和工作年限定的，男职工与女职工的收入差距相当小。改革以后则有逐渐拉大的趋势。此次调查获得的数据见表7。

表7　　　　　　　　　　职工的性别—所有制—收入状况

所有制	性别					
	男性			女性		
	样本数（人）	平均收入（元/年）	标准差	样本数（人）	平均收入（元/年）	标准差
国有企业	2008	2382.6	1104.3	1312	2114.6	964.9
集体企业	1364	2312.4	1197.3	1332	1940.0	1004.6
三资企业	889	3001.4	2132.0	830	2295.2	1715.0
其他所有制	40	2029.5	882.1	41	2038.2	1019.9

在表7中可以看到，女职工收入低于男职工的状况，在"三资企业"中最为明显，女职工的年平均收入比男职工低706.2元，相当于女职工年平均收入的30%左右。显然，这表明在三资企业中市场调节起的作用最为明显，受政府工资政策所规定的同工同酬等的约束最小。但不能忽视的是，在国有企业和集体企业中，男女职工的收入差距也同样存在，而且有逐渐扩大的趋势。因而，保护妇女权益，克服对妇女的歧视，仍然需要政府在劳动工资政策中作不懈的努力。

确定夫妻双方在市场劳动和家庭劳动之间的最佳配置。中国由于工资率低，夫妻双方都必须从事市场劳动，单靠一方从事市场劳动难以维持家庭的日常生活，所以夫妻双方都得工作，但随着改革的深入，不同的部门、单位之间收入及福利情况的差别，对夫妻双方联合劳动的供给决策的影响很大。尤其是住房福利在不同部门之间的差异对夫妻双方的联合劳动供给决策产生着主要的影响，从而表现为在家庭的劳动供给倾向中，夫妻一方追求货币收入的最大化，另一方则追求非货币性的福利尤其是住房收益的最大化。所以供给决策表现为一方去货币收入高的非国有单位，另一方去住房条件好的行政机关和事业单位。这是当代中国夫妻双方联合劳动供给决策的基本方式，逻辑推理及我们对周围个别事实之积累可以证实这种供给意愿的普遍性。

（三）不同行业职工收入的差异主要取决于行业工资的市场化进程

在课题组进行的专访调查中了解到，职工工资的市场化进程既与企业所有制有着联系，也与所从事的行业有着联系。大体上当前城市青年的就业热点多数是市场化进程快的行业，而青年不愿去的则是工资改革进程慢的行业或者脏重苦累的工种。总的说是工资调节已在起步而进展甚慢。样本调查资料反映的不同行业职工收入分组状况见表 8。

表 8　　　　不同行业职业的收入状况

行业	样本数（人）	平均收入（元/年）	标准差	收入分组（元）				
				1500 及以下	1501—2000	2001—2500	2501—3000	3001 及以上
农林牧渔、水利业	127	2027.1	1405.1	28.3	18.9	21.3	18.1	13.4
工业	7244	1946.5	1489.5	32.2	19.6	19.2	12.0	17.0
建筑业	133	2023.0	1488.6	34.6	18.8	19.5	6.0	21.1
交通运输、邮电通信业	270	2060.9	1695.6	32.2	17.8	14.4	10.0	25.6
商业、公共饮食、物资供销、仓储业	1066	1762.6	1323.1	38.1	21.3	16.7	11.3	12.7
房地产、公用事业、居民服务、咨询业	145	1478.8	1452.4	51.7	22.1	6.2	3.4	16.6
金融保险业	25	2769.6	1863.5	24.0	8.0	12.0	8.0	48.0
其他行业	239	2490.2	2473.3	32.2	7.1	20.5	11.3	28.9

注：因四舍五入，合计数可能不等于 100%。

　　从表8中可以看到，金融保险业的平均工资占到首位，其中年
收入在2501—3000元和3001元及以上的两组之和所占比重达
56%，而其他行业则多数在27%—35%之间。

　　与样本调查同时进行的专访调查还了解到，在不同行业中使用
农民工的比重很不相同。目前中国城市就业者中，有相当部分劳动
力来自农村，由于农民工多数未掌握专业生产技能，进城从事的工
种大都为劳动强度大、劳动环境艰苦的建筑业、市政公用事业。由
于这些产业部门的生产弹性大，当经济发展出现波动特别是采取紧
缩政策时，由于基建工程下马和公用事业发展的暂时停滞，必然会
对低素质劳动力的就业产生负面影响，农民工的就业处于不稳定状
态。这对比于多年来习惯于国家统包统配就业体制下就业"极其"
稳定的状况，应该说是相当大的变化，而且其工资待遇也由此而有
较大的弹性。在专访调查中还了解到，在不同行业之间工资的调节
度不相同，有的行业尚处于工资调节的反应迟钝区，从工资的样本
调查看不到其后果，但在实际生活中这些行业已属于没落的行将被
淘汰的行业，与属于就业热点的行业形成了鲜明对比。从招工难的
反应看，迟钝区实际上也是不迟钝的。

四　收入攀比和工资物价螺旋的生成

（一）收入攀比的普遍存在

　　调查资料表明，职工收入差距拉开是在市场发育度不高的状况
下进行的，收入差距的拉开受许多非市场因素的影响。因而，一方
面收入差距有不合理、不公正的部分，引起种种议论；另一方面则
是传统的平均主义的收入分配和福利制度有着极其深厚的影响，会
顽强地随时随地表现出来，这就引起了国有企业之间普遍的收入攀
比。经济效益高的企业发奖金，经济效益差的企业也攀比。收入攀
比便是企业之间为提高各自职工的收入水平而展开的工资福利
竞赛。

假定攀比者的工资福利水平为 y，其攀比对象的工资福利水平为 Y，这样可以得到攀比系数 m = y/Y。攀比系数的大小反映了攀比者和攀比对象之间工资福利水平差异的大小，也可以反映攀比者现时收入和预期收入的差异，由于攀比者要以其攀比对象的现时收入为参数估计自己可能得到的收入增加额，所以他们往往根据经验，对不同强度、不同条件的劳动进行大致换算，从而得到以其他企业现时收入为基础参数的攀比系数。从发展前景看，在体制转换期中，攀比系数呈上升趋势。

攀比系数与攀比强度成反比关系。攀比者的收入越是小于其攀比对象的单位收入，攀比强度越大；反之则越小。随着部分企业劳动者收入有所增加，其他企业的劳动者预期也应该得到收入的相应提高，从而要求增加收入的压力也随之增加，当这种压力没有条件通过劳动者流动自行缓解，便有可能随着企业分配权限的扩大转化为收入攀比。一旦收入攀比出现，某些企业或行业的工人要求提高收入的期望得到满足，就会在攀比机制的作用下产生系列连锁反应，工资增长就会一轮又一轮进行下去。

在中国的现实条件下，企业经营条件的不平等和职工就业机会的不平等，都是天然存在的。这就很难使职工们对于收入差距的拉开表示理解和服气，加以传统理论和观念尚深入人心，使得收入攀比行为依然存在。分权式的工资生成方式又使企业有了收入分配自主权和扩大个人收入份额的客观制度条件。在劳动力市场发育程度较高，劳动力能够自由流动的条件下，劳动力供给的竞争会校正劳动者对工资的预期目标，企业对劳动力的需求及其选择会使在业职工对工资增长掌握必要的分寸，从而形成工资的自我调节和自我抑制机制，不致因竞相攀比造成工资总水平的超常上升。由于中国的现实是劳动力市场发育程度低，同等劳动获得同等收入的要求不能通过劳动力的流动而释放。"放权让利"是在作为全民所有者代表的政府和作为经营者的企业之间进行的，政府是经济职能和社会职能的双重承担者，当企业赢利时，政府可以通过让利的办法激励企业的积极性，而当企业经营不善亏损时，考虑到社会稳定等非经济因素，政府并不愿意或不能够行使资产处置权而宣告企业破产，反而继续追加对亏损企业的贷款，给予亏损企业减税让利等各种优惠政策来维持产业的生存，使得亏损企业同样也能够进行收入攀比。我们合作研究并在 1988 年提出的"工资侵蚀利润"，正是随收入攀比的普遍化而持续存在，迄今仍是中国经济运行中难以克服的顽症。

（二）工资物价螺旋上涨和宏观调控对工资物价市场化的限制

中国自从 20 世纪 80 年代以来出现了物价持续上涨的现象，这通常被解释为追求高的经济增长速度、扩大固定资产投资规模而引发的。但在实际生活中，因收入攀比而形成的工资增长幅度超过劳动生产率提高幅度的成本推动型物价上升，也占着一定的份额，工资升高推动物价上涨，物价上涨又推动工资上升的工资物价螺旋也已经形成。从改革的角度看，出现这种状况是不可逆的，因为中国原来的福利型低工资制是非市场的工资分配，因低工资制又要求低物价来支持。当中国实行改革开放并和发达国家经济交往日益增多时，国内市场会逐渐和国际市场接轨，国内市场价格会逐渐向国际市场价格靠拢。这时候，发达国家的通货膨胀率虽低而物价水平比我国高得多，我国的物价尤其是涉外的物价向国际市场靠拢，便会带动我国国内市场物价上升；工资制度从福利型实物型向货币型的转换，又会出现货币工资的增加。还有消费构成和消费质量在发生变化，工农业产品的劳动生产率和比价关系在发生变化，尤其是食品类商品的相对价格在发生变化，这些变化也会影响和促成工资物价螺旋上涨，故而，在改革过程中出现成本推动和结构调整的物价上涨并且倒逼增发货币。出现工资物价螺旋上涨，都是可以理解的。

但是，要使这种不可逆的趋势为广大职工所承认和容忍，却是不容易的。尽管中国正处于广泛的市场化过程之中，但城市居民仍旧认为国家应当对他们的生活水平在任何意义上的下降和收入贬值负完全责任。与此相似，农民会责怪农副产品收购价格低和责怪农业生产资料供应价格高，会把工农业劳动者比较收益高低完全归结为工农产品比价不合理。这样，当劳动力市场推动过程中很自然地出现失业现象以及工资物价螺旋倒逼的通货膨胀现象时，政府就会从政治后果的利弊得失考虑，放慢市场化的步伐，保留对物价和工资的某种程度的集中控制。这也就是说，当引入市场机制使效益提高的作用不明显不稳定，而在此过程中失业和通货膨胀的威胁则明显出现时，面对职工群众的不理解，不愿冒险的决策者和执行者便会倾向于保持原有方式，而不会去承担改革的痛苦和不稳定。故而，工资市场化的推进本身会产生出阻滞工资市场化的因素，工资改革的难度大于其他改革，这是在双轨过渡中可能出现的倾向，较之其在微观的样本调查中所反映的种种迹象而言，也许是更加值得重视的。

（原载《经济学动态》1995 年第 10 期）

利用资本市场发展国有经济[*]

一 国民收入分配格局变化创造了资本市场兴起的条件

（一）传统体制下不存在形成资本市场的条件

在旧中国是存在着资本和资本市场的，当然，那时候主宰中国经济的是外国资本和官僚资本，它们操纵中国经济，也操纵资本市场。文艺大师茅盾在他 30 年代的巨著《子夜》中，对那时候的股市和债市，作了生动具体的形象描绘。

中华人民共和国建立以后，没收了官僚资本，关闭了资本市场，对私改造完成以后，逐渐建成社会主义计划经济的传统体制。那时候的收入分配是以国家作为分配主体，实行平均主义的低工资制，经济增长速度虽快而人民得到的实惠不多，20 年没有涨工资，人们很少余钱，故而在那时候——即在改革开放之前，不存在形成资本市场和个人资本的基础，这不仅是理论意识和政策的必然，也是当时条件下的最佳选择：在收入水平低的穷国，运用政府部门的高行政动员力与高强制力，使收入分配向政府部门倾斜，然后才能实现高积累和高增长。勒紧裤带搞建设，不可能靠个人自动勒紧。由此付出的代价则是单纯依靠政治动员的动力机制效能递减。

---

* 本文系作者提交给 1997 年 5 月 26 日在北京召开的"国民收入分配格局变化与国有经济融资渠道选择研讨会"的论文。

（二）国民收入分配格局变化才出现资本市场的发展契机

改革开放之后，理论界很早就有人提出社会主义市场经济和市场经济中包括要素市场的命题，认为我国经济发展中需要开拓企业直接向社会融资的渠道，并且设想了可能采取的若干种形式。但问题的提出不等于已经具备现实的可能。在改革之初的 1979 年，全国城乡居民储蓄存款年末余额为 281 亿元，这就是说从 1949 年到 1979 年这 30 年里，平均年递增不到 10 亿元，它的性质基本上属于待支配使用的延期消费，不可能成为发展资本市场的基础。储蓄增长之所以缓慢，是因为我国作为人口众多的大国和人均收入低下的穷国，国民收入增长总量极为有限，而收入分配则明显地向政府部门倾斜，1978 年时财政收入占国民收入的比例达到 37.2%，个人（家庭部门）收入分配所占比例还不到 60%，个人求温饱都很艰难，很少有余钱去储蓄，更谈不上储蓄转化为资本。只是到后来逐渐地从放权让利、强化激励机制入手，调动各方面的积极性，在经济发展、国民收入总量增长的同时，国民收入分配格局以渐变的趋势，向个人（家庭部门）倾斜，其状况可见下表。

1980—1990 年国民收入分配的变化情况　　　　　单位:%

项目 \ 年份	1980	1982	1984	1986	1988	1990
国民收入分配	100	100	100	100	100	100
政府部门	28.3	25.5	26.0	21.8	21.2	17.8
家庭部门	65.3	68.8	68.4	73.6	73.6	75.2

资料来源:《中国统计年鉴（1990）》，其中政府部门收入不包括外债收入。

个人收入的迅猛增长，一方面使家庭部门的生活满足程度大幅度提高，劳动积极性高涨，劳动者体力和智力的发展也由此而改善，同时也引起了与家庭部门相对应的产业部门的迅速扩张；另一方面，由收入的大幅度增长而在个人手中积累了大量的闲置资金，从而使居民的储蓄额大幅度增长。1978—1983 年年均递增 136.5 亿元，到 1983 年年末居民储蓄存款余额为 892 亿元；1984—1988 年年均递增 417.3 亿元，到 1988 年年末居民储蓄存款余额为 3801 亿元；1989—1990 年年均递增 1616 亿元，到 1990 年年末居民储蓄存款余额为 7034 亿元，相当于 1979 年年末储蓄存款余额的 25 倍。

对于国民收入分配格局的这种变化，政府曾经试图加以扭转。[①] 但由于利益刚性的约束，以放权让利起步的改革，转而收回利益是非常困难的；而且利益激励引发利益攀比机制，形成"工资侵蚀利润"，又必须持续追加激励才能保持动力。这样，要增加财政收入摆脱困境很不容易，20 世纪 80 年代出现"大财政、小银行"和"大银行、小财政"的争论，正反映随着国民收入分配格局的变化和财政动员力的削弱，我国从储蓄到投资的转换的重担，压到了银行肩上，银行成了"二财政"。银行本来是资金存贷的中介，不可能承担资本投入的任务，但"二财政"的弊端，必须累积到一定程度才会引起人们警觉，这个过渡阶段也就无法避免了。

（三）资本市场从无到有、从"试验"阶段转入发展阶段

（1）资本市场的出现使居民有了在多种金融资产形式中进行选择的可能

我国在 1990 年，推出了被海外观察家称作"袖珍式"的证券市场，在上海和深圳先后成立了两个证券交易所，但规模很小，一直称作"试验"。到 1996 年才在领导人讲话以及"九五"计划文件中明确了证券市场的地位，加大了国债发售力度和加速新股上市。

有了资本市场，居民才有可能对多种金融资产形式进行选择，才会出现家庭理财的新观念。

在我国的货币流通理论研究中，通常把储蓄动机解释为"延

---

①　十多年前，包括笔者在内的理论界不止一次呼吁改变财政收入占国民收入比例下降和中央财政占财政收入比例下降的状况，而且也曾为决策层采纳，写进有关文件。实际执行结果则表明此趋势不可能逆转。

期消费""储币待购"。"储币待购" 又被分为两类，一类是被动式的"储币待购"，这在商品供应不足情况下，确有因某些紧俏商品短缺脱销而不得不把钱储存起来，等供应增加时再去购买，此类状况已经越来越少。另一类是主动式的"储币待购"，也就是把零钱储存下来，积少成多，然后再去"买大件"、支付大笔消费开支。这在居民余钱不多时确是如此。当余钱多了之后，属于"吃、穿、用"的消费品，已经是想买就有力量购买，用不着攒钱再买。由于激励机制和收入分配向个人倾斜是渐进的和长期的，由此使储蓄增长呈稳定上升的态势，居民可支配收入剩余具有相对稳定性；居民储蓄逐渐转向定期储蓄，20 世纪 80 年代后期平均定期储蓄倾向达到 81%，储蓄已经从延期消费转向趋利动机。

从发展的角度观察，在不同时间段里人们的储蓄动机也有差别，在同一时间段收入水平不等的人们的储蓄动机也有差别。这样，可以把储蓄动机划分成饥寒型储蓄动机、温饱型储蓄动机、小康型储蓄动机、富裕型储蓄动机。延期消费理论大体上适用于温饱型和小康型的工薪族的储蓄和消费的配置。而对于先富裕起来的一部分人，他们的收入迅速增长，消费支出却增长缓慢（因为在他们的消费支出中有相当部分属于可报销的公款消费），消费函数呈逐年递减的趋势。对这部分人来说余钱甚多，没有必要为了延期消费而进行储蓄。然而，他们不会把余钱放在罐内窖藏，他们需要以钱生钱，通过对多种金融资产的选择，由此体现自己对社会发展的参与，如对投资的理解与选择，而社会的发展、投资的形式则是综合了众多投资者的意见的产物。可以说，他们是通过选择理财方式、选择资产种类，参与了对于投资的选择。家庭理财安排和多种金融资产选择的理论意义，已经超越了生命周期内消费安排的狭隘时空。

当然，先富起来的一部分人，在中国仍是少数。根据中国人民银行最近进行的一项问卷调查，有 82.4% 的城乡居民仍视储蓄为投资首选，而对于广大的农村居民来说，最近一段时间储蓄更是唯一的选择。但在富裕型居民较多的城市里，呈现的是另一番风光。

北京市自 1996 年 4 月以来储蓄增幅逐月下降，1997 年 2 月储蓄增长幅度比上年同期水平低 12.9 个百分点，这主要是居民选择了储蓄以外的资产形式。寻找最适合自己的家庭理财组合，已经是城市居民的新时尚。这样，有了资本市场才有可能选择，而选择又推进了资本市场的发展。

（2）政策面支持融资渠道分流

资本市场从"试验"转向"发展"，还在于决策当局的态度有了变化。原来政策面强调间接融资，既把融来的资金用于流动资金贷款，又把融来的资金用于固定资产贷款。许多国有企业都是靠贷款建设起来的，利息负担重。当市场出现变化、销售不畅、利润不高时，偿付债务便出现困难，银行的不良债权便日益增多。这时候，以储蓄方式间接融资，不再是银行的利益反而成为压力，成为银行改善贷款结构与消除不良债务的负担。

从 1991 年到 1995 年，个人储蓄当年增长额以 20%—40% 的增幅上升，如果不通过直接融资分流，到 20 世纪末，居民储蓄总量余额有可能达到 10 万亿元的天量，因而推进与发展直接融资，以多种金融工具分流储蓄存款，已经成为金融改革的客观需要。故而在 1996 年加大了国债发售力度，加速新股上市。到当年年末，居民储蓄达到了 3.8 万亿元，当年增长 8858 亿元，年增幅有较大下降。全年向直接融资分流的资金，在 2000 亿元左右，在整个筹融资体系中，所占份额并不大。但是 1996 年上半年和下半年变化较大。

当储蓄以每年近万亿元的巨额进入银行，银行再把它作为贷款投出去时，酝酿着未来的极大的信用风险。决策当局防范风险的重大措施便是明确固定资产投资必须建立资本金制度，切断完全运用银行信贷资金来进行投资的渠道。由此提高了直接融资在我国资本形成中的地位，促进了间接和直接两条筹融资渠道的分流。1996年向债市和股市融资分流的资金，大约有 2000 亿元。1997 年新股发行规模 100 亿元，较 1996 年规模翻了一番，相当于历年发行总量的 30%。各地的新上市公司经过精心选择，进行了较为精细的资产重组，能够保持良好的市场形象，每股税后利润有望保持在0.4—0.5 元，个别可能超过 1 元。上市发行价将主要集中在 6—10元的区间，整个 100 亿元的额度的发行市值可能在 700 亿—900 亿元，上市后的流通市值不会低于 1400 亿元。再加上 1997 年的配股约有 100 亿元，流通市值大约要增加 1500 亿元。有步骤地逐年推进股市扩容，正是中国股市跻身于世界股市之林必然要经历的过程。通过证券市场直接融资之所以受到重视，是因为间接融资体系把风险集中于银行的弊端，近年来逐渐暴露，终于认识到筹融资渠道多元化和金融工具多样化，既可以减轻银行压力，限制不良债务上升；又便于城乡居民自我选择不同形式的金融资产。再加上股市活跃，先入市的股民获得丰厚回报的示范效应，使储蓄流向股市的资金日益增多。

（3）储蓄分流的杠杆是利率

过去实行保值补贴对于抑制通货膨胀产生了巨大的作用，但给银行的经营带来沉重的压力，巨额保值补贴支出仅靠银行自身难以承受和消化，保值补贴长期保持下去也不利于财政收支状况的好转。此外，过高的储蓄存款利率水平和保值贴补也不利于降低国债的发行成本。因此，当通货膨胀率不断降低，使实际利率重新变为正利率之后，便有着不少问题需要重新考虑：居民储蓄存款持续大量流入银行，银行却不敢放手贷款，怕由此增加不良债务，由此导致银行保有过高的备付金率，增加了银行经营成本；国有工业企业在 1996 年上半年出现前所未有的利润大幅度下降，大约有 34000家国家预算内工业企业的净销售利润率降到历史最低点，每元销售利润仅为 0.009 元。

1996 年实行的取消保值贴补和两次降低银行的利息率，正是从减轻财政负担，减轻银行经营成本，减轻国有企业利息负担着眼的。措施出台之后，使借款人一年少支出利息 1000 亿元，国有企业少负担 700 亿元；1996 年下半年，34000 家国家预算内工业企业的每元销售利润回升到 0.25 元。定期存款利率下调较多，使相当部分定期存款转为活期，增强了货币流动性；改善了商业银行经营，增加了财政收入。降息后，企业支付能力增强，商品零售总额增加；目前一年期存款利息为 7.4%，高于通胀率，实际利率是正利率。

调息促使居民资金从存款储蓄流向投资股市，既是原来的预期而又估计不足。因为原来储蓄存款利率连同保值补贴率合并计算，储蓄存款回报在 20% 以上，使得股市中 5 倍市盈率股价的回报也低于存款，股市的投资价值被淹没了。调息后储蓄与 15 倍的市盈率股票回报相等，15—30 倍市盈率也属于投资股市的理性可容纳区间。居民资金陆续从银行流向股市。深沪股市在年初的最低点陆续上升，入市资金都有赚无赔。9 月以前，股价持续上升有其道理，但回报远大于储蓄存款，作出的示范效应又鼓励了资金从银行转入股市，居民储蓄存款的增长从 3 月底的 38.7% 降至 11 月底的 31.5%，储蓄存款向股市分流呈现加速递增则是预计不足的。

我国原来对于利率功能的理论解释，并不包括利率对于储蓄和投资的选择的调节，而 1996 年，实践和今后发展趋势所显示的这方面的调节将越来越重要。因此，今后中央银行制定一年及其以上的定期存款利率政策时，理应更多地从调节资本市场的角度着眼（例如 1997 年不考虑第三次降息）。至于一年以下的短期利率，则可由商业银行根据货币市场的供求和具体情况自行确定。这样才能有效地调控资本市场和货币市场，并且更有效地发挥利率杠杆的功能。

二　利用资本市场发展国有经济

（一）股份制改革与组建上市公司是国有企业制度创新

1. 国有企业改革的目标与方针

传统的国有制以高度集中的计划经济体制作为自己运行和实现的机制是一种行政的占有和运行方式。产权按行政系统高度集中，主体单一，不能流动，资产和资源都陷入呆滞状态。产权处在行政条块分割的框架中，难以对之调节，难以实现结构的不断优化调整重组，致使产业、产品、企业组织等方面结构僵硬落后。企业成为行政机关的附属物，缺乏自我发展和自我更新的动力和能力。这样的占有和运行方式，当大机器生产力一旦形成，在社会分工体系和人民的需求结构日趋复杂的情况下，运行效率低下，内在潜力难以挖掘，尤其是当非国有经济发展起来之后，竞争力相差颇大。这样，改革国有企业的要求日益迫切。

国有企业改革的目标与方针是明确的，这就是"产权明晰、责权明确、政企分开、管理科学"的十六字方针。至于如何明确产权，完全可以采取不同形式和不同做法。所谓"抓大放小"，是讲政府要抓大企业的改革，至于小企业，通过承包、租赁、出让以及股份合作制等多种形式，改变政企关系，使小企业活起来。大企业的改革如何抓？在现代化发达国家里，其国营企业就有多种不同的形式，有的是政府直接经营管理并采取独资公司形式；有的是国有财产委托各种社会公共机构占有和经营；有的是国家占有较大部分股权，并且按照股份公司的规则来运作。这样，股份制改革将是国有企业改革的多种形式中的一种。

至于国有企业效益下降与国有企业改革是有联系又有区别的。国有企业效益差既有体制原因，又有债务负担重、冗员多、企业老化、社会保障制度未建立等外部因素，还有价格扭曲、低水平重复建设等因素。在改革过程中把改革与卸企业包袱有机地结合起来，促使企业效益的提高，是重要的研究课题。

2. 上市公司拥有一般企业所不具有的资本扩张力

上市公司不同于一般的国有企业的地方，在于改造为上市公司获得向市场直接融资的权利，是鱼跃龙门的良机。许多企业千方百计争取列入上市公司的排队名单，上市被称作"唐僧肉"，是经济生活中多种矛盾的客观反映，我们国家财力有限，国家财政只能对极少数国有企业投入资本金，对多数国有企业爱莫能助。我国银行曾经一度成为"二财政"，用"拨改贷"的方式发展国有企业，但实践证明这条路走不通，企业必须有自己的资本金，以此为担保向银行借钱，银行风险才能减轻，不良债权债务才能逐渐压缩消化。在筹资环境紧、筹资渠道窄的状况下，国有企业改造为公众公司可以发行股票募股，上市以后可以配股，获得了非常难能可贵的资本扩张权。

但应该指出，列入上市公司名单募股上市只是上市公司万里长征的开始，而不是结束。上市公司以此为契机，转换机制，由资产经营转向资本经营，继续保持这个"难能可贵的资本扩张权"，使企业不断成长，是上市公司不容推卸的责任。要认识到股民们购买股票是要求回报，不仅当年业绩好，而且要求未来的成长性强。这就会形成压力，促使企业按资本机制的内在要求来进行资本经营，企业才能不断强化激励机制与约束机制，并且产生对不合理的行政命令的抗逆机制。资本经营不同于传统国有企业的资产经营，原来国有企业只是把国家投入企业的土地、厂房、设备等国有资产管好用好，发挥效益，缺少进行存量调整的机制，发展慢；企业较快成长的要求是多方向的，关键要按照市场经济运行和规模经济的要求来进行存量调整，使企业的资本获得最佳使用与最佳回报。这样的上市公司才能在我国现有制度下一次又一次地进行送股和配股，拥有持续的资本扩张力。

3. 发展少数与带动多数

采取向公众募股的上市公司形式，虽然它最符合十六字方针的改革要求，但在国有企业改革中毕竟是少数。经过 6 年的努力在深沪两个交易所挂牌的上市公司只有 530 多家；1996 年发展非常之快，也只新增上市公司 207 家。1997 年使用的新股发行额度比上一年增加近一倍，而且在操作上"限报家数，不限额度"，重点支持大公司、大企业集团的发展，预计可以再增加二三百家上市公司。再经过几年的努力，深、沪两个证券交易所挂牌的上市公司有望达到 2000 家左右，深、沪股市"家族"成员多了；而且逐步增加真正具有市场竞争力的大企业、大集团的上市，改变股市发展初期因受发行额度限制而使各省市、各行业选择一些小公司、小盘股上市的状况，股市中上市公司的结构也会有所改变。到那时，证券市场在国民经济中的地位，证券市场在推进国有企业改革中所起的作用，也会更加明显。

再进一步看，在交易所中挂牌的上市公司虽然是少数，但每一个企业的前向关联和后向关联企业几倍、几十倍乃至上百倍于上市公司。因此，由上市公司带动的国有企业机制转换和效益提高，远超过改制本身在国有企业改革中所起的作用，不应该低估。

（二）上市公司最有条件进行收购兼并壮大企业

1. 上市公司具有并购的实力

企业资本经营在于把扩张进来的资本作最有效的使用。这样，与传统方式的铺摊子搞粗放式的新建相比，收购兼并既节省资本，又节省时间，从全社会讲又没有扩大投入。所以，企业兼并实现资源优化配置是现代资本市场重要功能之一，可以实现企业高效率扩张，形成强大企业集团达到规模经济。收购兼并与破产相比，社会冲击面较小，为濒临破产的企业提供了现实出路。在市场前景不明的情况下，越是扩大投入包袱越重，困难越大，唯一可行的办法，就是实现"两个根本性转变"，实行经济结构调整，走企业兼并、破产和职工再就业的路子。

进行企业并购，资产重组，目前是最佳时机。仅就需要盘活的存量资产而言，全国大约有 1 万亿元，占国有经营性资产总额的1/3，任务十分艰巨。其中最困难的问题是资金问题。兼并企业需要有资金来支付被兼并企业的产权价值，并为企业的重新启动追加注入资金；被兼并企业在出让产权后，需要有资金来安置自己的职工，清偿一部分债务，并且为保证国有资产的保值增值，还要将剩余部分上缴国家。从目前的状况看，要求被兼并的企业和资本量大，有愿望进行兼并并且拥有兼并的资本实力的企业少。对于有经济实力的上市公司来说，正是廉价扩张的难得机遇。

2. 收购兼并需要中介机构

我国为发展产权交易，已建立了多个有形市场。现有产权交易机构多达200家，数目可谓不少，但真正在市场机制下运作的产权交易行为并不多，由于卖者多，买者少，使得产权交易中买卖双方处于不对称地位，是典型的买方市场。大部分交易不得不由政府出面进行干预和撮合，以达到企业兼并和产权转让的目的。然而，企业的产权交易完全不同于普通商品的买卖，不能简单地通过有形市场，更不能采取行政手段划拨，而必须依靠专家去完成目标企业的前期调查、市场评估、方案设计、条件谈判、协议执行以及配套的融资安排、重组规划等高度专业化的工作。这种高度专业化的特殊服务，在全新的产权交易领域里，非常有助于企业准确地选择目标企业，有效地实施并购计划和各方面的协调配合。

在西方国家，并没有专门的产权交易市场，企业的并购都是通过投资银行来完成的。投资银行一方面通过融资向收购方提供足够的资金，另一方面又雇用了一些受委托人员，专事寻找可能收购的对象。到了20世纪80年代，美国华尔街迅速崛起了如德雷塞尔银行、第一波士顿银行等投资银行，他们发明的高利风险债券等金融工具，在企业并购活动中发挥了极为重要的作用。可以说，华尔街的企业并购有十分之九是在投资银行参与下完成的。近几年，随着西方企业越来越频繁地利用产权交易寻求企业的超常规发展，更多的投资银行已不再局限于从事传统的证券承销发行业务，而是及时拓展了企业合并、收购、重组等策略性业务。当前中国的产权交易中真正起协调和主导作用的应该是投资银行的策略性服务机构，并需要律师、会计师事务所等中介机构的协调和配合。

中国的产权交易中介机构不同于西方之处，还表现在西方的投资银行是为投资者寻找合适的投资对象，进行收购兼并；中国则主要是为卖者寻找买者。这固然由于中国是个资本资源极其短缺的国家，但也应该看到潜力还是有的。目前中国证券市场上500多家上市公司通过募股、配股筹集资金，资本金相对宽裕，有可能通过收购兼并实行扩张战略。而随着基金、债券等筹融资形式的兴起，投资银行作为多个基金的管理者、经纪人，作为银团贷款的中介，也有可能在收购兼并中大显身手。随着并购资金来源的拓展，买方市场的色彩也将逐渐淡化。

3. 根据发展战略，进行并购策划

通过并购可以迅速壮大企业，但无目标地跟着感觉走的并购会导致失败。因此，企业要明确自己的发展战略目标，是为了扩大市场份额？还是为了降低成本？抑或是为了扩大经营领域？战略思路清楚了，才有利于选择并购目标，进行并购策划，使上市公司由"小巨人"成为本行业中的"大哥大"。当然，兼并进来的企业要让它融入"母公司"，仍旧要做艰苦的工作，要转换机制、改进管理，要卸掉原来留下的债务包袱。工作千头万绪，其中最为关键的是提高科技开发能力。世界科技的迅猛发展，使一批又一批新技术、新产品问世，国际经济竞争越来越和科技开发能力紧密相关。衡量兼并后的企业是否有生命力，要看兼并后企业的科技创新能力是否得到加强，技术开发的主体地位是否真正确立。这是一条必不可少的标准。高成长性的上市公司不能只顾扩大规模，忽视作为"第一生产力"的科技开发。不断推出具有市场竞争力的新产品，才能使上市公司实现资本经营和资本扩张的良性循环。到那时，不断向股民"圈钱"的上市公司，将成为最受欢迎的公司。

三 直接融资的股票市场进入发展新阶段

（一）资本二级市场的活跃是一级市场扩容与壮大的基础

作为直接融资重要形式的股票市场的发展，有着一级市场与二级市场协调的难题。我国从深圳、上海两个证券交易所成立时算起，虽然已有六年多历史，但 1992 年以前是典型的地区性市场，上市公司是深圳、上海两地的小企业，股民队伍由深、沪两地居民所构成。最初因需求量大供给量小，股价飙升，但不断扩容之后，新入市资金因宏观调控而相对不足。如 1993 年股票发行增速较快，二级市场跟不上，导致股市人气不足，股价越调越低，于是，1994年 7 月出台了暂停新股发行上市的政策。停止扩容政策出台，深、沪两地股市价格飙升，由此使人们认为股市资金供给与扩容相矛盾，要保股票二级市场的"牛气"和股价，股市不能够扩容。1995 年 5 月 18 日暂停国债期货市场试点的措施公布以后，股市价格猛涨，成交量成倍、数倍放大。有关部门仅仅是作出准备恢复新股上市的姿态，股价迅即大跌，股市出现仅仅持续 3 天的"井喷"行情。1995 年下半年恢复新股扩容，但二级市场持续低迷，到年底粤金曼股票发行时，投资认购者与发行额度大体相近，粤金曼上市后的股价一度还低于发行价，被认为是股市扩容已到顶点的信号。以后二级市场由低迷转向活跃，新股认购才日趋活跃，粤金曼作为绩优股的股价也才逐步攀升。由于股票具有"只需付息不必还本"的特点，持有股票的风险大于储蓄和债券。这就要求股票不仅具有较好的增值性，而且要有较好的流通性与变现性，然后才能对投资者有吸引力。目前我国二级股市有 A 股市场、B 股市场、法人股的 NET 与 STAQ 市场，还有最初按定向募股方式组建股份公司的股票流通（称作柜台交易、店头交易、自动报价系统）的一级半市场，相比之下，由于 A 股市场入市者多、流通性好、变现方便，股价相对较高。这正表明一级市场是要二级市场支撑的，这种支撑在于发挥二级市场积聚与鼓舞人气的功能。投资者如果仅仅获取上市公司给予的投资回报即取得股息红利，股市对于投资者并无多大吸引力，股市中的股民更加关注的是股价的起落。一级市场认购者众多，是因为新股上市后股价飙升，认购新股一旦中签，便获得一次发小财的机会。由此才拓宽了一级市场融资之路，并且证明了二级市场对于一级市场的重要性。

（二）股市投资不排斥投机，有点泡沫与泡沫经济不能画等号

在经济运行中，尤其是在新兴的金融工具及其衍生品的市场中，完全没有投机是活跃不起来的。尤其是在市场发育初期，人们对市场不了解，只有少数敢于"吃螃蟹"的人士的投入与获利，才能吸引更多的人进入市场。以股票市场来说，股票的本质是投资，但投资是发生在一级市场；当进入二级市场流通时，其运行的机制却是投机。股市运行的一个基本特点，便是通过持续的无特定对象的买卖活动，从中攫取股票价格变动的利益。风险和利益并存，股价的起伏波动，赢利和被套的现象时时刻刻都在发生，这才使得股市成为充满机会的动态过程，股市才会有吸引力。

仅仅从投资价值和投资回报的角度来探讨股票价格的形成机制，并且以此作为判断股价合理与否的标志，认为价格高了便是有了泡沫，而泡沫有害无益，这种见解是脱离中国股市实际。但是，泡沫经济又确有危害性。在金融衍生工具交易越来越活跃、交易总额达到骇人的"天量"时，美国的强调实物运作的经济学家林顿·拉鲁什认为金融创新所创造的只是"虚幻的金融价值，造成泡沫经济的虚假繁荣，泡沫一旦破灭会带来金融危机"，并且发布了世界金融市场濒临崩溃的所谓"第九次经济预测"。诚然，金融工具流通的并不是实物资本，例如股票只有在一级市场上发行时才是真正的筹资，以后在二级市场流通买卖的都是对"虚拟资本"的交易，即交易的是对资本的所有权而不是实际资本，至于股票指数期货交易更是连股票都没有，是纯粹的空头资本交易。当炒得火热之后，不切实际的高盈利预期和普遍的投机狂热，会导致以"虚拟资本"的价格超常规上涨为基本特征的虚假繁荣。股票证券、期货合同等作为可以重复交易，可以通过货币表现它的收益的"虚拟资本"，会繁衍成为不可数的无限膨胀的"泡沫"，只要货币持有者相信在这些"虚拟资本"的交易中隐含着他们所预期的收益，无论这种预期多么充满幻想，他们都会迫不及待地入市交易去吹胀泡沫。故而股市应当允许股价有点"泡沫"，又要防止股价疯涨形成"泡沫经济"，以免"泡沫破灭"给股民带来灾难。

（三）股市重业绩，更重视成长性

股市作为上市公司股票流通的市场，上市公司经营业绩的好坏，投资回报的多寡，发展成长前景的优劣，是股市新阶段能否巩固、能否发展的基石。由于上市公司是公众公司，一年两次公开披露经营业绩，公众股东的监督对上市公司形成强大压力，使上市公司一扫国有企业通常具有的"安于守成"的惰性，股民们既可以在股东大会"用手投票"，又可以在股市上"用脚投票"。尤其是1996年年底拉开了一、二、三线股价的差异，更迫使上市公司改善经营管理，提高经营业绩。

股市中不同股票价格差距的拉开，既取决于企业经营业绩的好坏，更重视企业的成长性。同处于市盈率15—20倍的区间，经营业绩优异，回报率高的上市公司，其股价当然高于经营业绩相对较差的上市公司。但在股市里也会出现高于平均市盈率几倍的股价，则是由于企业的成长性。成长性是和企业未来的发展前景、经营业绩、投资回报联系着的，在世界股市中有些优质上市公司的股价其市盈率为50倍乃至80倍，就是因为公司的成长性特别好。四川长虹在1996年12月13日时股价为27.29元，后来股价下跌，1997年1月股价在23元左右徘徊，后来公布1996年业绩为每股收益2.07元，股价重新攀升，而市盈率仍未到30倍，股价还有上升空间。股民继续看好长虹而且拉抬其价格，是非常自然的。与世界股市相比较，我国股市仍处于市场发育初期，人们对市场不了解，只有少数敢于"吃螃蟹"的人士的投入与获利，才能吸引更多的人进入市场。

（四）股市"圈钱"为企业扩展提供财力基础

在股市中，人们常常把上市公司配股称作圈钱，尤其股市处于调整期时，配股就成为利空消息。其实，企业通过配股筹资才为企业的扩展成长提供财力基础。深圳康佳集团收购黑龙江牡丹江电视机厂和陕西如意电视机厂组成牡康和陕康，通过A股和B股市场配股筹资5亿多元，使企业有足够财力对牡康、陕康注入资金进行技术改造达到规模经济，从而使康佳彩电的市场占有率朝20%的目标迈进。上市公司通过筹股、配股在股市中筹集到资金，扩张能力相对较强。过去注重将募集资金用于外延扩张，收购兼并又因上级部门要求其以强带弱，致使企业扩张后业绩下降。那么，近年来尤其是 1996 年下半年以来经常把产权重组作为上市公司运用资产经营、走内涵发展的重大举措。除了康佳之外，上海的延中实业、英雄股份等都有资产重组的大动作，通过产权重组增优、汰劣。这就是把业绩优异、发展前景好、扩张能力强的未上市的公司兼并进入上市公司，为其创造加速发展的条件；同时剥离不产生效益的企业办社会的附属企业，进行人员调整，以达到"消肿"的效果。这样，伴随着宏观形势的转变，预期上市公司的经营业绩将会有较大改善，对于上市公司的今后发展前景是可以乐观的。

综上所述，发展证券市场与推进国有企业改革，是个充满诱惑力的相互促进、相互推动的过程，又是个渐进的动态过程。储蓄向直接融资的资本市场分流，国有企业改组为股份制上市公司，股市的扩容，都是逐年、逐月、逐周在进行，既不宜停步不前，又不宜操之过急。若假以时日，再过几年，便会看到我国融资渠道的大变化，看到反映改革成果的国有企业中一批质优的高成长企业的兴起，看到资本市场的发展与功能的显现。到那时，若是股市中质优的高成长企业越来越多，则二级市场股价指数较现在有大幅度增长，流通市值较现在有大幅度增长，都是合理和正常的。那时，将有更多的股民选择持有股票作为自己持有多种金融资产中的重要形式，中国资本市场点燃的青春热焰，将以它的活力，迎接美好的明天。

（原载《经济研究》1997 年第 7 期）

"投资乘数失灵"带来的困惑与思索

一　扩张性财政政策未能起到原来设想的作用

1998 年和 1999 年，我国针对经济增长速度下滑的状况，调整了宏观经济政策，从前几年的财政政策和货币政策的"双紧"，转而实行"积极的财政政策"和"适度的货币政策"。

本来在 1998 年 3 月提交全国人民代表大会的财政预算报告还强调要缩小财政赤字。到了当年 7 月经人大常委会通过，增发1000 亿元的国债用于基础设施投资，其中 500 亿元列入当年预算，这样就从原来着眼于紧缩的缩小财政赤字的设想转变为扩大财政赤字刺激经济增长；1999 年财政预算赤字 1503 亿元，更是中华人民人和国成立以来历史上财政赤字最大的一年。所谓"积极"的财政政策的提法，表明了对财政赤字态度的转变。不过用"积极"一词来描述财政政策的转变似乎意味着过去强调紧缩的财政政策是消极的，从词义学角度来说，容易引起误解。看来还是称作扩张性财政政策比较合适。扩张性财政政策出台以后，经济理论界进行了热烈的讨论，报刊上发表了不少文章，寄予了很大的希望。

扩张性财政政策运行接近一年，在初期确实是扩大了需求，使供给过剩、库存增加的状况有所缓解，在 1998 年第四季度和 1999年第一季度出现过某些好的迹象，使得有些同志更起劲地鼓吹"积极"的成效，对前景非常乐观。然而，到 1999 年第二季度也就是扩张性财政政策运作未满一年的时候，便出现了固定资产投资增速回落、工业增长速度回落、社会消费品零售额增速回落的状况。这样，原来设想通过扩张性财政政策刺激经济增长的期望值很大，而实际表现平平。出现上述状况，究竟是怎么一回事呢？为什么别的国家采用扩张性财政政策效应很强而我国却未能奏效呢？在宏观经济运行中的机理又如何解释与认识呢？大量的新问题提到了经济理论工作者面前。

二　投资乘数失灵

人们之所以认为扩张性财政投资能够刺激经济增长，是因为由投资拉动的需求具有乘数效应。宏观经济理论认为，当总投资增加时，可以使总收入的增加若干倍于增加的投资。因为增加了投资，就要增加投资所需的生产资料的生产，从而可以增加就业，增加企业和工人的收入；企业和工人把这一收入再用于生产和生活的消费，又转化为另一些企业的工人收入。如此循环往复，投资的增加可以导致收入的成倍增加和消费需求的成倍增加，刺激生产，增加就业。然而，这一循环往复的过程长短、投资乘数的大小，是和人们取得收入后把多少钱用于消费、多少钱用于储蓄联系着的。乘数 K 的计算公式是：

$$K = \Delta y / \Delta I = \Delta y / (\Delta y - \Delta c) = \frac{1}{1 - \dfrac{\Delta c}{\Delta y}}$$

式中 $\Delta c / \Delta y$ 是边际消费倾向，而乘数 K 则等于"1 减边际消费倾向的倒数"。边际消费倾向愈高，投资乘数就愈大。如果边际消费倾向为 0.9，那么乘数 K 就为 1/（1 − 0.9）＝ 10，即社会增加 1000 亿元投资，将增加 1 万亿元的需求。如果人们增收 100 元而只消费 50 元（边际消费倾向为 0.5），那么乘数 K 只有 2，社会增加 1000 亿元投资，只不过增加 2000 亿元需求。

笔者按上述公式作了简略的计算。1999 年第一季度累计社会消费品零售总额为 7604 亿元，比上年同期增长 7.4％，其中城市消费品零售总额为 4673 亿元，增长 7.6％。3 月城市商业景气指数比上月下降 0.8 个百分点。农村消费品零售总额为 2931 亿元，增长 7.1％，3 月农村商业景气继续下降 0.3 个百分点。而城乡居民的储蓄倾向进一步增强，3 月城乡居民储蓄存款月末余额 57815 亿元，增长 18.8％，比 1998 年年底高出 1.8 个百分点。第一季度储蓄存款累计增加 4446 亿元，比上年同期多增 1551 亿元。按第一季度储蓄额和消费额计算，其比例为 37∶63，平均消费倾向为 0.63；储蓄比上年同期的增长额为 1551 亿元，消费品零售总额比上年同期增长 562.7 亿元，两者比例为 73.1∶26.9，边际消费倾向只有 0.27。故而按平均消费倾向计算投资乘数在 3 左右；按边际消费倾向计算，投资乘数只有 1.51。这也就是说，通过扩张性财政政策增加 1000 亿元投资，只形成 1510 亿元需求。投资乘数之小，远远达不到人们原来乐观的设想。当增加的投资逐渐用掉之后，又出现了经济增幅的回落。这不能不使人们发生困惑：投资乘数在中国失灵了！

三　引致投资未达到原来的设想

我国在改革开放以前，财政收入占国民收入的比例高，财政分配是国民收入分配的主渠道，是投资的主要来源。如今情况发生了相当大的变化，财政收入占国民收入的比例只有原来的 1/3 左右，在安排"吃饭财政"之后能够用于经济建设的投资极其有限。1998 年发行特别国债用于增加基础设施投资，本不想包打天下，而是以此引致社会投资，刺激经济回升。但实施结果也不理想。

引致投资涉及面比较宽，通常讲的是在产业经济学理论中讲到的投资波及效应。波及效应大小取决于产业链的长短。这也就是在已定的投资规模基础上再增加新的投资，不仅会因投资拉动收入增长和消费增长而形成投资乘数，还有可能因投资于某一产业而引起关联投资。在这方面需要指出的是影响投资波及效应的产业关联度不仅取决于行业本身的特点，而且新产品和传统产品又有区别。某些传统产品的产业关联度虽然比较大，但已有的关联产业的生产能力可以利用，动态的投资波及效应并不会像模型计算的那么大；而过去没有或者很少的新兴产品，它的相关产品中的绝大多数同样也要通过投资方能形成供给能力，所以新兴的耐用消费品如彩色电视机、电冰箱、微波炉、空调机等最初用进口零部件组装生产，然后提高国产零部件自给率，产业关联度大小的投资波及效应便会反映得十分明显，从而出现经济学上说的"加速"过程。由于投资在不同的项目，它们的产业链长短是不一样的。投资于产业链长的项目，虽然形成有效供给的时间跨度大，但在一定时间内，由投资波及效应所激发起的投资需求乘数也相对较大，对于国民经济增长的刺激也相对较大。而投资于产业链短的项目，则波及效应相对较小，就不可能激发起更大的投资乘数。

　　1998 年和 1999 年实行扩张性财政政策的投资，主要用于粮食仓库建设、水利工程设施建设、交通特别是公路交通等基础设施。这些投资的产业链短，产业关联度小，所需要的投资品主要是钢材、木材、水泥，投入使用需要的相关零部件、配套件极其有限。因此，它就不可能引起像前几年在发展轻纺工业、家电工业、汽车摩托车工业时所出现的波及效应。

四　对引致投资还要考察是起到"带动效应"还是"挤出效应"

　　引致投资还表现为一种产品的兴起、一个项目的成功，会带动其他投资者的仿效，形成重复建设的投资热潮。过去在传统体制下，投资波动主要基于中央财政性拨款投资的波动，重复建设问题不突出。改革开放以后，实行财政"分灶吃饭"体制，形成了中央、地方财政和国有企业共同分担国家投资的格局，传统的计划集中分配投资的模式转到地方分权化的投资模式，国家投资的每一次扩张和收缩，不是由中央计划者单独决定，而是由地方政府和具有"软预算"的国有企业共同决定，中央每一次松动投资管制，都会起到强烈的带动效应并且出现地方投资过度扩张，形成投资的"倒逼机制"和"棘轮效应"。地方政府和国有企业之间相互攀比形成过强的带动效应引起"经济过热"。

前些年地方政府的投资积极性异常高昂，这是因为投资建立企业加快本地经济发展，可以显示自己的政绩；而且企业办多了，开拓了财源，在财政分灶吃饭体制下，也正是地方的利益所在；加以当时实行"拨改贷"，地方政府即使无力投资，仍可以让银行贷款来兴办企业。当时的"带动效应"，主要表现为东部多方筹资快速发展之后，中部、西部也紧紧跟上。但大量的低水平重复建设，使得市场逐渐从供不应求转向供过于求，地方的中小企业有的先盈利后亏损，有的动作慢，上马迟，经营者又不懂得市场竞争，投产后连续亏损。不少亏损企业成为地方政府的包袱，巨额的债务链和不良债务使银行反思，风险意识增强，贷款极其审慎。地方国有企业，虽然看到技术改造也许能扭转局面，仍是投资欲望不高，"不改造等死，要改造找死"的说法反映了企业的心态。1998 年和1999 年正处于这样的远不同于前几年的新环境条件之中。中央政府实行扩张性财政政策，虽然也带动了地方政府对基础设施的投资，但并未引发出对企业的再投资，投资的"带动效应"远不如过去那样强烈。

考察投资的"带动效应"，还应当考察对非国有经济的投资带动。1998 年国有部门投资增长 28%，而非国有部门投资只增长4%，两者差距非常之大。这是因为非国有部门更加注重投资有没有效益，能不能取得回报，投资增幅大小与他们对经济景气的预期呈现明显的正相关关系。从过去几年的状况看，1991 年下半年，国家重新启动经济，国有投资增长加快，率先启动，非国有投资存在着滞后反应；到 1992 年，国有投资仍在大幅增长，增长率比非国有部门高 10 个百分点。由于市场预期的拉动，1993 年非国有投资大幅增长，实际增长率高达 72%。是年 7 月，国家通过减少国有投资开始宏观紧缩，国有投资增速明显回落，但经济景气还没有结束，非国有部门的投资依然较为旺盛。随着国有投资的一步步收缩，导致了非国有部门的收缩，当经济景气预期结束时，非国有投资比国有投资的下降还快，1997 年非国有投资已经低于国有投资。从目前的市场状况看，经济景气预期尚未形成，非国有经济的投资积极性自然不会高涨。

在考察投资的"带动效应"时，还应当考察是否产生了"挤出效应"。从 1998 年和 1999 年的状况看，非国有经济原来准备对某一项目进行投资，后来因国家投资同样的项目，非国有经济的投资被"挤出"，这在中央加大公共交通建设和基础投资之后，地方项目准备不足，但又不愿放弃中央给的无偿投资，便把原来与外资和私人投资者合作的项目改为中央财政投资项目。这时候，财政投资只是取代了原来的非国有投资，形成"挤出效应"，从而无"乘数效应""波及效应""带动效应"可言了。

五　加大刺激力度的呼吁

将近一年扩张性财政政策的运行，虽然没有达到原来的设想，但是它毕竟扩大了需求，保持了经济持续增长的势头，缓和了失业和下岗压力，仍属于得当的宏观调控措施。如今经济增幅下降的苗头再度显露，要求继续实行扩张性财政政策的呼声再度响起便是很自然的事情。从债务负担率和国债占 GDP 比重的国际比较来论证我国增发国债的空间还相当大的文章，论证"积极"财政政策如何更加积极的文章，不断见于报刊。

我认为，要使扩张性财政政策起刺激经济回升的作用，确有必要加大刺激力度。因为：

（1）目前我国商品库存达到 3 万亿元，其中有的属于管道职能库存，有的则是缓冲存量库存。如果投资增量达不到足够力度，消耗一部分缓冲存量库存之后，再刺激增产的力量便有限了。目前实行的扩张性财政的投资量还没有达到刺激经济景气预期所需要的力度。

（2）某些发达国家如美国的经济景气靠消费拉动，中国的经济景气则是靠投资拉动。投资增减一直是经济波动的最主要原因。根据中国的国民经济核算数据，总投资与经济增长高度相关，1979年到1997年间，总投资增长率与国内生产总值实际增长率之间的相关系数为 0.68，与国内生产总值名义增长率之间的相关系数则高达 0.85。固定资产投资增长率与国内生产总值实际增长率之间的相关系数高达 0.77[①]。当然，投资最终要转化为消费，投资和消费不能截然分开，但启动经济景气还是要通过投资，形成经济景气预期之后，消费会继续增长，形成反复推动的良性循环，这就要求投资增长能够达到足够的力度。

（3）形成经济景气预期，是使扩张性财政政策取得最佳需求效应的关键。景气预期会使人们增强消费欲望，降低储蓄倾向，从而提高投资的乘数；景气预期会使投资带动投资并且不至于形成挤出效应；而投资领域的扩展又会使产业链长的项目投资增多，使波及面扩大。而刺激力度小，不足以形成经济景气预期。这就像一辆陷入泥泞道路上的汽车，用 500 公斤的力量去推 5 次、10 次，可能只挪动短短一段；用 5000 公斤的力量去推 1 次，却能推出泥泞驶向康庄大道。日本多次运用财政政策与货币政策刺激经济，但延续 10 年未能走出低增长的阴影，主要是每次刺激的力度均不够。所以，加大力度以形成经济景气预期，看来是使扩张性财政政策起到足够刺激作用的要点了。

加大刺激力度，需要财政政策和货币政策的协同动作。从我国

---

① 中国社会科学院经济所宏观经济课题组：《大调整：一个共同的主题和必然的选择》，《经济研究》1998 年第 8 期。

的实践看，1998 年实行扩张性财政政策时，银行提供了数额相等的配套贷款，在调控方针的提法上也从"适度从紧"改为"适度"，但实际执行结果却因为货币的流动性陷阱扩大，货币流通速度减慢等缘故，反映为通货持续紧缩。这固然有财政政策发挥作用的时滞短，货币政策发挥作用的时滞长的原因，但也反映出对货币政策的配合运用尚嫌不够。人们逐渐认识到这一点，并且于 1999 年 6 月再次推出降低利息的措施，降息幅度比较大，如通常作为主要考察指标的一年期存款利息率降幅达到 40.5%，从而改进了货币政策与财政政策的协同动作。

六　致力于改变公众的前景"不确定""不安全"预期

加大财政政策和货币政策协同动作的刺激力度，有人担心由此是否会导致公众的通货膨胀预期，导致高达 5 万多亿元储蓄存款的"笼中虎"的出笼，形成通货膨胀回潮。笔者认为此类担心，属于杞人忧天性质的过虑。

事实上，现在存在的是与物价下跌相联系的通货紧缩预期，若不改变公众预期，财政政策和货币政策的协同动作，仍将是费力大而收效小。研究者曾以美国在经济衰退时期财政政策作用的乘数要小于复苏时期的数据作为例证，说两者差距能达到 2 至 6.6 倍，也就是在不存在其他因素作用的情况下，繁荣时期 100 亿元财政支出通过乘数作用实现的国民生产总值，在衰退时期可能需要 200 亿—660 亿元的财政支出才能实现。[①] 而衰退时期的投资乘数变小，主要是公众因预期不确定而缩小了边际消费倾向。我国目前出现的乘数变小或乘数失灵，理论界通常的解释是人们看到失业人数增多和国企部分职工下岗，对于收入增长的预期减弱，而老年人要考虑医

---

① 北京大学中国经济研究中心宏观组：《寻求多重经济目标下的有效政策组合》，《经济研究》1998 年第 4 期。

疗改革后疾病医治会增加个人负担，中青年人没有分到福利房的要买商品房，要考虑今后子女的教育费用，使支出增长预期显著增强。这样，储蓄倾向增强，消费倾向减弱，成为制约需求增长的重要因素。这一解释当然是符合实际的。但这一解释并不能说明为什么边际消费倾向竟处于只有 0.26 的低点。因为从消费欲望满足的角度来说，消费者还有许许多多欲望并未得到满足，如果未来的支出可以计算和安排，他们完全可以生活得更潇洒些。

　　目前困扰人们的不是一般的可计量的支出预期增加，而是对未来在医疗、住房、失业、子女教育等方面究竟要增加多少支出，心里没底；对于未来收入是增是减，心里更没底。对于未来的收入和支出的不确定性大大增强，形成了"不安全预期"。当前边际储蓄倾向之所以远比过去为大，正是"不安全预期"下的自我保险对策。过去几次降低利息率之所以收效不大，并不是公众对于利息率麻木无感觉，而是因有不安全感而不得不储蓄。此番大幅度降息能否启动消费，仍取决于预期有无变化。否则，只不过刺激了股市，却未必能刺激消费。因而，改变公众预期的焦点是增强公众对未来的安全感。美国罗斯福新政时期推出的社会保障制度改革，使得失业者和在业者都增强了对未来的安全感，由不敢消费转为敢于消费，正是在这方面的成功范例。所以，在继续实行扩张性财政政策的使用方向上，除了基础设施投资之外，还可以考虑对社会保障基金的建立给予足够强度的扶持，从而使社会保障制度发挥积极作用，增强公众的安全感，使消费倾向能逐渐转向正常。

　　总之，继续实行扩张性财政政策以刺激经济，需要调整人们的支出预期，形成消费支出增加→经济增长加快→居民收入增加→消费需求增长的良性循环。否则，扩张性财政政策将因为乘数偏小而达不到人们所期望和宣扬的效果。

（原载《经济研究》1999 年第 8 期）

民营中小企业筹资融资问题

目前，我国大多数私人企业还处于小生产阶段。而市场竞争是非常激烈的，即使企业有了一定知名度，如果不迅速扩大生产量，就会失去占有市场的机会。可是，民营企业维持日常生产资金已经很紧张，再要扩大生产就必须通过资本市场筹资融资，如果主要依靠自我积累的话，在短时期内扩大生产规模很困难，其发展也是一个缓慢的过程。企业主和当地政府领导都看到了问题所在，都在探索解决问题的出路。

一 民营企业贷款难

民营企业的发展不仅有着来自意识形态方面的观念束缚和认识歧视，还有着在生产经营活动中的种种限制。从资本运作来说，民营企业难以获得贷款的支持早已是司空见惯的了。民营企业在国民经济中享有"非国民待遇"与它们在中国经济中承担的义务、作出的贡献、产生的作用是不平等的。

在发达的市场经济国家和多数发展中国家里，为发展中小企业而服务的金融服务体系近年来不断加强。在间接融资方面，那里有为中小企业服务的金融机构和准金融机构，在直接融资的资本市场上，有专为中小企业开设的特殊板块。而在我国，间接融资的信贷资金绝大部分集中在国有商业银行，为民营中小企业服务的中小金融机构不发达。在国有企业资金从财政拨款改为银行贷款以来，国有商业银行系统一直在扶持国有企业发展、保持国有企业在国民经济中主导地位的战略思想指导下发挥着所谓"二财政"的作用。最终的结果就是国有企业占用了全社会近3/4的信贷资源，国有商业银行系统也因经营不善的国有企业高负债而积累了庞大的不良资产。银行为了防范金融风险，对民营中小企业的贷款采取了更为审慎的态度。雪上加霜的是，银行对于贷款担保的要求较以往更为严格，而在整个社会信用体系不健全的状况下，民营中小企业要获得贷款担保却异常困难，本来有望的贷款项目往往因为找不到担保而夭折。

如果不解决民营中小企业贷款难的问题，民营中小企业便难以发挥潜力顺利发展，难以更好地发挥提供就业岗位、吸收社会闲置劳动力的功能，难以更好地发挥为社会提供产品和服务以满足市场需求的功能。

二　民营企业利用资本市场拓宽筹资融资渠道

现代企业的筹融资数量大，频率高，要求不断进行资本扩张，而个人资本的最大特征是其占有主体的单一性，这使其无法容纳更多的占有主体。其资本的扩张只能主要通过间接融资。而间接融资又往往受其信用能力的限制，有很大的局限性。这样就势必会产生社会化生产与资本个人占有之间的矛盾。

但是，金融市场的发育，各种融资渠道的形成，使资本来源日益多元化。这不但适应了个人资本扩张的需要，而且会提高资本使用的社会化程度，同时金融市场的形成也会解决资本经营能力与承担风险能力的矛盾，从而促使物质资源的经营效率和人力资源的配置合理化程度提高，最终会实现物质产品、生产要素和人力资源的市场化。股份制改革的发展和确立过程为上述观点提供了实证。

不过，民营企业的股份制改革和公司上市的渠道也并不通畅。作为直接融资重要渠道的证券市场，A股、B股、H股为民营企业开的门极少；即使地方政府推荐出符合产业政策、为地方经济发展作出贡献又守法经营，达到上市条件的民营企业也难以拿到上市额度。

虽然存在不利于民营企业开展直接融资的环境，但民营企业群体仍然要在各自所在地，凭自身业绩积极争取上市指标，政府在重点支持国有大中型企业上市的同时，应考虑给民营企业一定的上市机会；全国工商联和各地工商联应当积极为民营企业呼吁，在安排企业上市指标时，给民营企业保留适当的比例，并向民营企业开放B股、H股发行市场。至于民营企业，则要充分估计利用A股、B股、H股发行上市的难度，不局限于上市这一狭窄通道，要尽可能利用自身灵活的机制和捕捉机会的能力，寻求更为广阔的利用资本市场发展的途径和手段。

目前，上市公司亏损企业比例逐年增加，一些企业连续两年亏损又后继乏力，资产质量不断恶化、面临停牌危险、受到"ST"处理（即特别处理股票）。因此，收购上市公司的"壳"，实现低成本控股上市公司已成为民营企业进入资本市场的一条重要途径、民营企业有人才优势，有机制优势，特别是那些有发展前景的产业，控股上市公司后，完全有可能通过资产重组，调整资产构成，提高管理水平，使上市公司恢复活力。同时，民营企业还可以将一些优质资产通过借"壳"上市的机会与国有资产控股的企业合并上市。虽然自己不能拥有上市公司的控股权，但借"壳"上市可以将资产证券化。使资产增值，增强资本流动性；可以利用现代公司制度使民营企业入股部分资产的经营权与上市公司保持一个相对独立又有法律保障的资产关系和经营关系，仍然有利于民营企业自身的发展。

国企改革实施的"抓大放小"战略和开放竞争性行业让民营企业进入，这本身就是民营企业利用资本市场，开展资本经营，获得扩张的机会。一些长期亏损、负债累累、濒临破产的国有企业将有可能成为民营企业资本扩张的对象。民营企业可以利用承债收购等多种资产重组的方式兼并国有企业，资本经营具有多种多样的手段，民营企业要充分利用资本经营技术，针对不同企业状况、产业状况采用不同的操作手段：可以收购、兼并、合并，可以承包租赁、托管、改组。国有资产战略性调整并在产业结构上进行重组，对一般竞争性行业、亏损企业将会采用多种方式通过资本市场转让退出。这对民营企业来说是利用资本经营求发展的难得的机会。

三　克服民营企业的弱点

中国的民营企业大多由家族式企业发展而来，投资主体与经营主体重叠，企业规模扩大了也仍然没有摆脱家族企业、家族管理的模式。很多民营企业不能利用资本的有限责任制来确立资本结构，维护资本所有的权利，明确资本经营者的责任、权利、义务，没有按公司法进行改造。

大多数民营企业都是独资企业，不具备资本的社会性、公众性。一方面不能利用资本作为纽带，采用资本的股份化原理实施资本的扩张战略来扩大企业的经营规模；另一方面不能通过扩股、合并、承债收购、股权置换等资本经营手段来达到发展的目的。同时也不能形成由多个投资主体构成的企业法人治理结构，使企业缺乏来自不同方面的监督、约束机制。

不少民营企业没有自然人与法人的严格法律界限，使用、处置法人资产与自然人资产时含混不清。其实只要民营企业将出资作为企业的实收资本、进行注册登记，自然人财产就形成了不同的法律主体，不同的民事责任主体。而此时作为法人代表的企业领导人和经营者必须按公司章程和公司法行使对企业财产的权利，而不能仍然像处置自己的财产一样可以有随意性。

在资本市场的运作中，规范的财务制度是获得融资筹资支持的必要条件。如果企业的财务状况不符合会计准则的要求，甚至使债权人和投资人的合法权益得不到保护，就谈不上正常的资本运作。可是我国目前有相当一部分民营企业，企业管理往往有很浓厚的情感色彩与人缘色彩。上下级关系常常被亲情、友情取代。一些关键的工作岗位，如供应、销售、采购、财务都用自己的亲属。管理上虽也制定各种财务制度，但大多是用来约束企业其他人的，老板不受约束，可以随时支取，甚至用于家庭、用于个人生活等非经营性支出。企业不注重保留财务单据，财务上往往都是两本账，一本是对老板的实账，一本是对工商、税务的虚账。

因此，如何改进民营企业的产权组织形式，使其符合现代企业制度的要求，提高资本的社会性、公众性；如何规范民营企业的行为，减少随意性，增强作为企业法人的责任感和行为规范化；如何建立符合现代企业要求的财务制度等，都是迫切需要解决的问题。只有克服了民营企业自身的弱点，方有利于民营企业利用资本市场进行融资和资本经营。

（原载《浙江经济》1999 年第 1 期）

民营企业发展中的家族制问题

近两年来，我国经济理论界有一些同志发表文章批评民营企业中的家族制，指责其弊端，认为它妨碍了民营企业的进一步发展。许多民营企业家对此不理解，有疑问。有关单位把这些问题转给了我，要我谈谈。我的看法是应全面看待家族制的功过得失，不要盲目宣传"走出家族制"，更不要刮风。

一　为什么中国民营企业普遍是家族制企业

中国民营企业的历史既长又短。说其长，五千年的中国文化经济历史中，始终有民营企业的活动舞台；说其短，民营企业从被改造被消灭后复苏，发展不过 20 多年。中国民营企业在创业之初，不仅资本有限，而且技术、管理、信息等资源匮乏。在这种情况下，家族内部资源正好可弥补这一不足。家族成员的参与常常是创业需要的低成本组织资源；家族成员更易建立共同利益和目标，更易进行合作；家族企业的性质更能保证家长在企业领导中的权威；与其他企业相比，家族企业的凝聚力更强。企业在创业时期发生财务困难可能性很大，这时只有企业家亲属有可能在不发工资的情况下坚持义务工作。从经济学角度分析，家族企业在创业阶段的优势在于企业内部资源成本的最小化，尤其在于企业内部资源之间整合成本最小化。

从特殊原因的层次看，中国的民营企业有着特有的经营环境，在很多政策领域，它们面临着不公平的待遇，许多事公事公办根本行不通。因此，不少企业家托熟人、找关系，把这些认为是他们在创业初期生存所必需的事交给自己人去办，风险会小、效果较好。从更深的层次分析，家族企业的盛行还与中国文化甚至东方文化的传统有关。从世界范围看，东方企业（日、韩、东南亚等国的企业）的家族管理比例要高于欧美的企业；海外华人控制的企业实行家族化管理的比例要高于非华人控制的企业。

二　"走出家族制"问题的提出

民营企业实行家族制管理有客观基础，但近几年来又出现"走出家族制"的呼声。我认为，要不要"走出家族制"需作具体分析：

其一，企业规模的发展是否受到家族制的束缚。一般来说，中小企业的投资规模较小，所有权不需要向家族之外扩散。在当今世界上，绝大多数中小企业是家族企业。

从国际国内可比较的经验看，只有当企业发展需要吸收更多股本以扩大规模和提高技术水平的时候，才会在所有权上要求家族以外的投资者入股，在股权结构上打破家族制，然后才会产生吸引家族以外人士参加管理的要求和压力，在企业治理结构上打破家族垄断。因此，是否"走出家族制"只是在少数大型民营企业中出现的新问题。

其二，提出民营企业"走出家族制"涉及接班人选择问题，因为民营企业中也存在着和国有企业相同的处理好所有者和经营者关系、健全法人治理结构问题。因为，当今世界企业竞争的核心是人才竞争，而资本所有者不一定是天然的企业家，能干的企业家不一定拥有资本。民营企业要发展需要选拔人、用好人，实现资本和人才的结合，最关紧要的是任用企业的高层管理人员。不过，我国民营企业存在时间不长，经营者基本上仍是创业者，并未面临领导权在家族内传递或向家族外转移的选择，而且绝大多数企业的生命周期也未必长到需要解决领导权转移的程度。从长远来看，迟早还是会有经营接班人问题，在家族内传递的要害是通过教育、培训和实践锻炼使家族继承人成为称职的经营者，但假如接班人不称职，还是要向家族外选聘。所以，交班问题虽然从目前看是提得早了，从长远看是确实存在的。至于批评者举出的一些企业失败的事例，则这些企业的创业者都很年轻，失败并不是因为目前没有交班。

三　企业经营者的选拔与使用

随着企业规模扩大和技术水平的提高，管理和技术人才的作用日益突出，而管理和技术人才作用的发挥较之普通员工更多地需要自身的积极性和责任心；同时，企业间吸引管理和技术人才的竞争也日趋激烈，从而产生了使管理和技术人才及部分职工中的骨干参与资本的必然性，以强化这部分人的自我激励机制和减少其流动性。家族企业的内部关系以血缘、亲情这一天然的人际关系为依托。靠家庭观念这一初级的社会规范来维系。家族企业的封闭性和不规范性，使得这种企业对人力资源的引进具有排他性，不利于从外部吸引人才。这种不利在人力资源作用突出的大公司表现得最为明显。

（一）"家族制"在企业人力资源使用上的局限性

首先，当企业发展壮大后，需要从社会上招聘一批水平高的专业化人员进行管理，这些人很难与原企业的领导人员平等相处，在企业的实际运作中，他们之间的磨合要花费大量的成本。部分家族管理人员还经常排挤外来人员，以高傲姿态来表现自己是企业的元老和功臣，享有特权。其次，在家族管理的企业中，企业内部的激励和约束机制受到了强劲的挑战。作为企业家的亲属，他们的贡献与收入是不成比例的。又由于他们的天然特殊性，企业的规章制度对他们形同虚设；他们往往在工作中我行我素，即使出现了重大失误，也大多能凭借裙带关系逃避责任。企业的内部制度因而成为

"双轨形式"、"双重标准"。再次，家族的管理体制使得企业的用人科学性得不到保证。由于家族成员占据了公司的各个要职，他们在职工的眼中，干好干坏都是特权阶层，而普通职工即使再有才华也没有升职的希望，因此，大量的优秀人才从企业中流失。

（二）民营企业对家族外经营人才的延聘选拔

建立法人治理结构，实现所有者和经营者的分离，选拔称职的经营者，这是民营企业和国有企业相同的难题。

首先，是从哪里找到称职的经营人才。从理论上说，是到企业家市场寻找选拔人才，可是，中国并不存在职业经理人市场，没有国际上通行的人才自由流动和竞争机制。因此，即使民营企业的老板想"走出家族制"，有的企业利用人才市场依据"学历资历"延聘人才，有的企业找猎头公司寻找称职人才，有的企业在企业内部选拔人才，可是很难找到合适的经营管理人才。

企业管理层接班人的选拔，不外乎从内部产生还是从外部招聘。20世纪80年代，美国90%以上的新任CEO都是从公司内部提拔，现在，已有近1/3的CEO来自公司以外。这个变化反映了公司内部性和外部性的问题。一般的，继承问题的出现其实分两大类，如果企业处于健康发展期，那么，一个好的继承人一定要保持公司战略的连续性、基本管理风格的一致性和新任领导人的忠诚度，这时便需要从公司内部选择。

近20年来，企业的经营环境变化非常快，竞争越来越激烈，要求企业要有很强的创新能力和应变能力，而在老企业培养出的CEO却很难具备这些素质。如果企业经营状况不佳，股东们对现任总经理不满意，那么，这时就需要一个全新的领导，最好从外部产生，并且与前任风格完全不同。而一旦从外部选择，将同时向社会传递一个信号：企业即将进行大的变革了。俗话说，外来的和尚好念经。外来人不容易陷入企业过去日久生成的盘根错节的关系网，可以大刀阔斧地改革。相对的，原来的人在这一组织中的棱角已磨损殆尽，若让他们领导企业，不容易出现大的变革。所以，一个企业处于强烈的变革中时，可能眼睛不光要盯着内部，还要盯着外界，寻求领导变革的新力量。

当然，外部选人会压制企业内部人的工作积极性，对于企业也有负面影响。如何有效调动内部人的积极性是外部选取人才时要考虑的重要问题。

还有一个相关的重要问题，企业在选择接班人时一定要保持相对的透明度，要让更多的人参与评价，让被选择的人暴露在竞争者面前、供应商面前、客户面前，让他在公开的经理人市场中接受评判。

选人的程序一定要制度化，在合法的制度下产生的人选较容易被大家认可。人才选拔制度之中的一项重要内容是要有一个接班培养计划，就像党政机关中第二梯队、第三梯队的培养计划那样，未雨绸缪。因为继承问题并不能完全事先预测，常常由于突发事件的出现使总经理突然缺位，所以要事先有所准备。

事先准备也就是可以采取渐进的权力交替。美国公司的领导结构普遍实行控制权与管理权合一与分离交替的形式。在这种形式下，往往先是董事长、首席执行官和总经理（总裁）三位一体；然后由于年龄或其他原因，保留董事长（首席执行官）而将总经理传递给接班人；新任总经理胜任，则进而将董事长（首席执行官）传递给他，不胜任的话则重新选择总经理。例如英特尔公司，先是罗伯特·诺伊斯，然后是诺伊斯和戈登·穆尔；继而是穆尔，然后是穆尔和安迪·格罗夫；再继而是格罗夫，然后是格罗夫和克雷格·巴雷特……微软公司也是这样，比尔·盖茨在经历了与保罗·艾伦等人的合作之后，起先也是身兼三职，1998年起用他在哈佛大学的同学、微软负责市场销售和技术支持的副总裁史蒂夫·鲍尔默为总裁。比尔·盖茨还表示，他将在10年左右以后，从微软的最高领导职位上退下来。看来，这种合一与分离交替的"传递官仗"的方式，有可能成为那些不能在家族内部选择合适接班人的大公司可供选择的方式，由于这种方式在选择不当的情况下可以再选择，不至于造成无可挽救的后果。

（三）所有者对家族成员之外的经营管理人选如何建立真正的认同

对待家族内部成员，或是由于相处日久，或是由于家族内长者的训导，所有者往往能够对之进行从经营能力到道德水平的大致判断，且能够接受由于其能力方面的问题导致经营失误而给企业造成的损失。而对来自家族外部的人员则有一种本能的戒备和求全的心态。从心理上既担心能力较差的人选不能胜任工作，又担心能力较强的人选不好驾驭；在选择和考核方面更缺乏相应的方法。由于从所有者利益角度观察多，从企业规范化发展角度考虑少，缺少向规范的企业内部治理结构发展的紧迫感，实际工作中不肯完全放开其手脚，还要求其必须对经营失败承担本不应由其承担的责任。这种权责不对应的做法，使有能力的经理人员对企业的邀请只能望而却步，而其关键是对外聘人员的忠诚度如何测度与如何保证。所有者能否按照整体经营目标和经理人员进行考核和奖惩是决定企业内部治理结构能否有效发挥作用的关键行为。当前私营企业所有者多数来自个体经济或专业技术人员队伍，虽然具有一定的行业经验，但企业经营管理素质相对欠缺，因而无法做到对来自外部的高级管理人员进行有效的监督与合理评价。民营企业做大了，上了一定规模，终究要引进一定数量的外部管理人员，特别是有实践经验的、高层次的企业管理人才承担企业主要管理岗位的职责，改变目前主要是家庭成员或家族成员的经营管理者队伍构成。引进外部真正的高级人才，有利于在企业内部创造群策群力的氛围，向所有者展示更大的思维空间和更多的可行性方案。这是克服家族经营决策思维惯性和行为惯性的有效办法。

（四）经理人员不甘心"为人作嫁"

民营企业引进外部人才时，最担心的是外部人才的忠诚度，而事实上也确实存在忠诚度差的现象，使得"走出家族制"成为理论家谈论的内容，而在实践中很不容易做到。在中国历来有着

"宁为鸡口，勿为牛后"的思想影响，缺少职业经理人的传统。更何况中国现在那些具有实力的资本金超亿元的民营企业主，原来也都是靠几百元、几千元的有限投资起家的，发家史都很短。这又形成示范效应，使得不甘心居于人后的经理人才在受聘用之后，积累了经营知识和社会关系、客户资源，便想跳槽自己单干。

其实，"宁当鸡口"的思想不仅在家族外的经理人员中存在，在投资者家族人员中也同样存在。希望集团发达之后，刘家四兄弟友好分家各谋自己的发展就是证明。在许多民营企业中家族成员都有自己创业的冲动，因此，在民营企业中家族凝聚力强的主要是父母—子女型，尤其是在一家只生一个子女的状况下，子女作为企业产权的天生的接班人，才会压抑自己另外创业的冲动。因此，不能因为高层管理人员可能跳槽自行创业而不敢聘用外来人士。

四　民营企业的激励与约束机制

非家族的经理人员是留在企业为企业发展出力，还是脱离企业自己创业，是事关本人发展前途的重大选择。在选择中，需要对自行创业的成本和收益进行比较，而脱离企业所损失的本可从企业获得的报酬是创业机会成本中的最大一项。这就涉及民营企业如何建立有效的激励约束机制以增强企业凝聚力的问题。

根据经济发达国家的经验，企业高级管理人员通常会受到商品市场竞争、资本市场竞争和经理市场竞争的三重约束，其中最重要的是经理市场的竞争，即通过经理市场人员人力资本价值的升降来约束并激励高级管理人员努力工作，提高企业效益。但国内因长期盛行平均主义的分配方式和低水平薪酬待遇，高级经理人员实际收入大大低于应有收入，经理市场尚未真正形成。国有企业提高经理人员薪酬待遇阻力重重，是因为监管国有企业的政府行政人员的货币待遇偏低，他们收入的含金量不完全表现在货币工资上，但是对企业人员的货币工资与自己收入差距过大会产生心理不平衡，不容易获得通过。而民营企业本来没有这方面的束缚，自由度比较大，可是有的企业所有者通常希望按略高于社会低水平薪酬的待遇标准付出，却要求经理人达到现代企业管理的高标准绩效要求，这对应聘企业高级管理职位的人来讲，明显存在着其能力投入与收益的不对等问题，他们自然难以屈就或尽心尽力地工作。职业经理人的薪酬待遇是在企业之间相互"挖人"的竞争中逐渐提高和逐渐形成相应的制度的。

（一）年薪制和年薪奖励制

年薪制是以年度为周期，根据经营管理业绩、难度和风险确定年薪收入的分配制度。

目前我国上市公司一般都是国有控股，其年薪受到国有企业种种条款的限制，相比之下，民营企业经理人员的名义年薪要比国有企业高得多。从报刊上看到广东的经理人员年薪有在百万元以上的，不过据笔者与民营企业经理人员的接触中了解到的，广州、深圳、珠三角的较具规模的民营企业高级管理人员年薪一般为30万—50万元，超过50万元甚至超过100万元年薪的为数极少。而且年薪制呈现南高北低、东高西低，上海和江浙的年薪低于广州、深圳，北京、天津的年薪低于上海，沈阳、长春、哈尔滨、呼和浩特、西安、兰州、贵阳的年薪又低一筹。这种薪酬级差大体上正反映了不同地区的观念差异。

实行年薪制的企业一般又辅之以奖励制，从而使年薪具有弹性。奖励与经营成果挂钩，使卓有成效的经理人员能够得到相应的激励。

（二）经理人员持股、期股制和期权制在收入分配制度的改革中，目前有吸引力的是期股期权制，使之和企业产权占有联系起来

它包括使经营者的经营管理知识拥有股权，使科技人员的贡献包括创造发明、科技成果占有股权，它并不是对全体员工实行，而只是对高级管理人员和科技人员实行的制度。其中又有两种形式，一种是期股，就是按照商定价格购买一定数量的股权；先是干股，即先取得按照所允许购买股份的分红权益，然后用分红所得价款支付购股款项；经过一定年限，干股就成了实股。这种做法把企业经营者的个人利益和投资者利益"捆绑"起来，激励经营者提高资产经营利润。

另一种形式是期权制或者叫做股票期权制。也就是让经营者可以按照约定的日期、约定的价格、约定的条件购买一定数量的股票。这是委托代理关系中所有者和经营者之间关系处理的一种方式，所有者通过出售股票让渡利益，激励经营者提高企业资产经营效益和资产质量。这是一种权利，同时又有风险约束。它主要适用于上市公司。1994年美国有10%的上市公司采用了股票期权计划，1997年有45%的上市公司采取了这种做法。

近年来，在北京、上海、广州、深圳、武汉、杭州等地进行了期股制和期权制的试验。在期股制和期权制的试验中，最受媒体关注的是"四通"和"联想"的改革。"四通"是1984年5月由中科院7名职工辞职后办的公司，挂靠在四季青乡，开办费借了2万元，早已归还。是一个没有国家投资、没有上级单位的集体所有制企业，产权一直未明确。此次改革是在原四通集团之外成立了"四通投资有限公司"（新四通）。注册资本金1亿元，其中四通职工持股会占5100万元，四通集团占4900万元。操作过程是由"新四通"以香港股市缩水期的股价向四通集团购买了在香港的全部股份，四通集团拿到现金后，又以股东名义无息贷款给"新四通"，从而使"新四通"取代了"老四通"。"新四通"的大股东是职工持股会，其中总裁和董事长各占7%，14个新老核心成员共占43%，还有一小半为一般职工持有。所以"四通"的改革其实是把原来不明确的企业产权用经理层融资购股的方式明确下来。"联想"是1984年由中科院计算所12名职工带着计算所的20万元，注册资本100万元开办的公司，是一个由国家投资但主要靠科技人员自己干起来的国有民营企业。1993年"联想"从所办公司升格为院办公司，董事会决定按院20%、所45%、企业35%的比例分红，"联想"员工有 35% 的分红权，为此成立了相应的员工持股会。此次改革是把分红权置换为认股权。主要思路是，"联想"拥有分红权的员工追加一笔钱后将自己的分红权变为股权，不足部分由过去的公积金、公益金支付。由于过去公积金、公益金积累量很大，所以员工并不真的需要"购"股份，而只需要"领"就行了。据说，在置换认股权方案中，自 1998 年 9 月开始后的 10 年中，"联想"的 6 位董事可以以每股 1.112 港元的价格购买联想集团的流通股，也就是说，公司回购流通股再卖给他们。这实际上是一种期权制，但由持股会操作。"四通"和"联想"的改革使企业里上百名中高级人员成为"百万富翁"，引起了媒体特别关注。

现在对期股期权制最热心的，是国有企业的上层人士。因为原来在国有企业里分配制度僵化，激励不足，进行分配制度改革要求很迫切。但不等于非国有企业不存在这种需要。在市场经济国家里，期股期权制就是在私营企业里开始的，它是用股权把经营者和所有者紧密联系起来，捆在一起的一种有效的制度。所以，它适用于国有企业也适用于私营企业。私营企业所有者让出一些股份，可以得到更大的实惠，也就是从长远看，他的资本增长要比不实行这种办法更快，所有者明乎此理就会主动让出股权，实行期股期权制。有人认为期股期权制只适用于上市公司，不适用于一般企业，这也是一种误解。诚然，国外实行股票期权制度，是以完善的资本市场、健全的企业家市场、良好的融资条件和个人信用为条件的。如今在中国，上市公司占企业的比重小，对公司资本增值难以进行准确评估，股票升值无法体现，而且多数企业又无资本退出机制，这种情况很难推广股票期权制。但是，非上市公司可以实行期股制或者股权分红制，仍旧可以做到用股权把所有者和经营者捆绑起来。

有人认为期股期权制只适用于高科技行业，不适用于一般行业。这又是一种误解，是媒体炒作，把期股期权制定位于造就多少个百万富翁所造成的误解。如果着眼于它的功能，那么在利润一般的行业里，经营者的经营好坏仍然会对盈利状况产生相当大的影响，因此实行期股制或者期权制仍会起到它的积极作用。

（三）其他方式的激励

不论是采取年薪制还是期股期权制，都是要使企业和它的经理人员结成利益共同体。在当前激烈的人才竞争中，要留住人才，需要事业留人，感情留人，待遇留人，这对于国有企业适用，对于民营企业也适用。因此，与培育企业文化相结合，采取其他一些增加企业凝聚力的措施，仍旧是非常重要不可缺少的。温州经营服装的美特斯邦威公司为了激励和留住技术骨干，曾经让他们入股，但他们钱不多，不愿意投资入股，董事长周成建曾经想到送股，但后来改由公司购买高档住宅送给骨干，骨干非常高兴。因为住房看得见、摸得着，掌握在自己手中，比受赠股份来得实在。

（四）在激励的同时需要健全约束机制

民营企业在建立激励机制的同时，需要建立约束机制。应该说这有相当大的难度，也是民营企业离不开家族制的一个重要原因。经营者有可能在经营中失败，但需要分析这种失败是由于客观条件的变化还是由于主观原因。因此，绩效考核的标准如何确定，财务监督、财务制度以及财务制衡机制如何建立？等等，都需要根据企业的具体状况一一制定。曾经听到过一位企业老总抱怨，说资金支付不能由他一人签字，还要与老板有亲戚关系的企业财务总监也签字才算数。但其实这种连署制是正常的制衡约束机制。现在民营企业对于不称职乃至失职者的最严厉处分手段只是炒鱿鱼，但又不能随便炒鱿鱼。特别是经理人员侵占了企业财产并不按贪污论处，而是作为民事财产纠纷处理。因此，企业所有者最关心的是对企业的忠诚度，既要用人才，又要防止用非其人，而且不能够等双方关系发展到炒鱿鱼的程度才处理，所以经常性的约束和制衡是必要的、不能忽视的。

五　正视从家族企业向现代企业的转变

前面说了对当前理论界提出的"走出家族制"要有正确认识，不能够刮风。它的根本在于改变企业从小到大在创业过程中形成的随机决策、随机管理的"人治"，转向以制度管理的"法治"。并不是从外面找来管理人才就是"走出家族制"。

改变家族制的要求，是由产权扩展到家族以外提出的。资本的革命必然带来公司组织的革命。在中国，如何将公司制度化、规范化和法治化的难度不亚于治理国家的法治化。以往，中国人制定法律治人，而制定法律者自己却置身于法治范围之外，或凌驾于自己制定的法律规范之上，在许多公司中也有这种现象。家族制的问题是企业家亲属凭借自己的特殊关系，随机管理，想咋干就咋干，我行我素。企业面临的改革任务，就是要完善法人治理结构，严格依照既定的秩序和规范动作，任何人，特别是高级管理人员，不得处于不被管理状态。好的公司应当是一部汽车，谁都能开，而不能像一驾马车，只有一个车老板能赶它。组织革命的另一个任务就是使企业具有内在而持久的创新活力。规范不是僵死，制度不是枷锁，一个良好的公司治理结构应当使公司内部具有公平竞争、优胜劣汰。

再一个问题是企业如何科学决策。我国很多民营企业是在"短缺经济"时发展起来，那时候生产什么都有市场，都有销路，企业是在市场无阻力状况下由小到大快速成长。但如今的环境已经和过去完全不同，这就需要从科学决策、长期发展的观念出发构建企业经营管理模式，扩大经营视野。企业要从发展战略方面考虑制订规划，明确企业在近期与远期的目标所需聚合的资源，特别是人力资源。确定合理分配与使用资源的方案，逐步实现企业要达到的阶段目标，进而实现企业总体目标。对有条件的中、大型私营企业，提倡自外部聘请有关专家，对重大经营决策按科学合理的程序进行评估；定期审视企业经营活动，评价决策效果。这样做既可以扩大经营视野和提升管理理念，又可以相对降低管理成本并尽量规避决策失误的风险，有利于逐步改变完全依赖创业者个人独断或家族内家长决策的做法，避免由于个人和家族成员的素质局限导致的经营决策失误给企业造成重大损失，逐渐形成依靠外部可利用的资源和企业内部整体力量明确企业的前景，推动企业长期健康发展的良好机制。

其实，从世界范围来看，华人民营企业包括中国香港、中国台湾、新加坡的许多非常成功的企业，例如李嘉诚、王永庆等人的企业，无不具有强烈的家族色彩。显然，这种情况与中国传统文化的影响特别是民主与法制传统的缺乏有一定关系。股份制作为"资本的民主制"，在股东会上采取一股一票、少数服从多数的形式。这种民主制往往与华人习惯的家长制难以"亲和"。因此，在华人办的企业里，缺乏血缘关系的出资人之间的不同意见，很难在"资本民主制"的基础上得到统一，容易出现因意见不一而内讧以致散伙的现象。而家族制企业基于在股权上一股独大，有充分的发言权，不仅满足了企业经营所要求的决策的统一性和行为的一致性，而且由于家族成员之间天然存在自我约束、自我牺牲精神，使家族制较之依靠法律约束和"资本民主制"更能节约管理费用和给企业带来使用博弈的利益。当然，海外成功的华人企业并不放弃广泛地同社会资本融合，不排斥灵活运用现代资本的运作方式，扩大资本的控制范围，并且大力推动组织创新，包括建立现代的法人治理结构与相应的管理制度。

（原载《南方经济》2001 年第 1 期）

民营企业发展关键在人才战略

一 面对人才短缺的挑战

经济全球化使得国际经济对国内经济影响越来越大，近几年东南亚金融危机的冲击证明，一个国家不可能独善其身。在经济全球化的发展过程中，国际市场与国内市场紧密相连，国内市场竞争正逐渐成为国际市场竞争的一部分，市场变化，尤其是科技进步的变化将成为新一轮竞争高潮的动力源。

中国加入 WTO 将会加快中国融入经济全球化的进程。对于这一变化，有人忧心忡忡。不过，对于民营企业来说，过去并未得到国家多少保护，它与备受呵护的国有企业不一样，所以对于入世后的畏惧也少一些，敢于迎接面对面的竞争，把入世的压力变成拓宽世界市场的动力。那些发展势头好的民营企业要做好打出去的准备，充分利用加入 WTO 后带来的新机遇。

然而民营企业进一步发展所面对的新的挑战毕竟是严峻的，其中最大的挑战是人才短缺的挑战，也就是家族制企业如何用好外部人才的挑战。

二 人才挑战也正是对家族制企业的挑战

中国民营企业在创业之初，不仅资本有限，而且技术、管理、信息等资源匮乏。在这种情况下，家庭内部资源正好弥补这一不足。家庭成员的参与常常是创业需要的低成本组织资源；家庭成员更易建立共同利益和目标，更易进行合作；家族企业的性质更能保证家长在企业领导中的权威。与其他企业相比，家族企业的凝聚力更强，企业在创业时期发生财务困难可能性很大，这时只有企业家亲属有可能在不发工资的情况下坚持工作。因此，从经济学角度分析，家族企业在创业阶段的优势在于企业内部的资源成本最小化，尤其在于企业内部资源之间整合的成本最小化。

当一个家族制企业的规模较小时，不会出现太多问题，而当它发展壮大之后，一系列的问题便接踵而来。首先是家族制企业在人力资源使用上的局限性，即任人唯亲，在企业要害部门的领导职位通常是企业家的亲属。在激励约束机制的公正性和执行制度的严肃性问题上，家族制企业容易出现企业家亲属激励大约束小的情况，产生赏罚因人而异，内部人不受企业制度约束的问题。因此，家族制企业面对的人才问题挑战，也正是对家族制经营机制的挑战。

中国民营企业早期的迅速发展，是恰逢短缺经济特殊环境下提供的特殊机会，当时不少企业抓住一两个好的产品，瞅准市场空当，全力促销，便迅速获得了成功。但如今宏观经济环境已经发生大的变化而且今后还将加深变化，全社会已经在一个较低层次上告别短缺，工业经济时代的收益递减规律在目前的买方市场下发起了严峻的挑战。应该看到不论是国有企业还是民营企业都进入微利时代而且市场竞争比过去剧烈，稍有懈怠便会在竞争中失败。此时此刻，科学管理的重要性凸显了出来。现在的民营企业中，资本所有者与管理者往往是同一个人，或者是有着各种血缘亲缘的家族成员。然而，资本所有者未必有适应现代竞争的管理才能，或者仅有一般的管理才能而未必有适应现代竞争的管理才能。在这种情况下能否礼贤下士，任用外部人才充当职业经理，正是当前现实对民营企业的考验。

三 认识职业经理人的职业特征

很多人士和许多文章认为中国民营企业需要职业经理，主张培育职业经理人队伍和形成职业经理人市场，可是，对职业经理究竟需要什么样的教育背景、职业素养、管理技能却并不清楚。因此，界定职业经理人的职业特征是必要的。所谓职业经理，是指在一个所有权、法人财产权和经营权分离的企业中承担法人财产的保值增值责任，全面负责企业经营管理，对法人财产拥有绝对经营权和管理权，由企业在职业经理人市场（包括社会职业经理人市场和企业内部职业经理人市场）中聘任，而其自身以受薪、股票期权等为获得报酬主要方式的职业化企业经营管理专家。

职业经理是将不是帅。必须清楚，在企业治理结构中，董事会行使对企业的领导职能，职业经理分布于经理层各个岗位行使经营管理职能，二者关系不能混淆。

职业经理以打造和规范企业管理秩序为使命，从经营理念、管理技术、制度建设、团队培养等方面入手，把企业经营管理秩序打造成一座准确的时钟。职业经理不会随意偏离企业的战略航向。

职业经理以实现股东利益最大化为奋斗目标。在工作中职业经理绝不会拿利润去交换"一团和气"。对职业经理而言，维持企业生存是基本的，碌碌无为更是致命的，而发展才是唯一永恒的主题。职业经理以其学识、技能和经验管理企业，但并不包医百病。对那些目光短浅和患有思想"癌症"的企业，职业经理只有选择分手，另外择主而事了。

从我国民营企业还只是处于发展初期的状况来看，职业经理人的主要任务是为企业建立一套经营管理的制度，把原来的随机管理改变为制度管理。我曾经打过一个比喻，家族制企业好比是一辆马车，企业主是马夫，马只听马夫的使唤，换一个人便无法驾驭这架马车。现代企业制度则好比一辆汽车，任何一个驾驶员都能开动汽车。这也就是说制度管理可以使企业有序有效地运作，同时也说明，职业经理是打工者但绝不是一般的打工者，他们肩负着打造企业经营管理秩序的重任。

四　提高职业经理人的忠诚度

民营企业做大做强需要使用外部人才，但是，经过多次和同多位企业主接触，得知他们最放心不下的是职业经理人的忠诚。

现在我国民营企业在管理形式上有三种，一是家族管理者和职业经理人并行，大权仍由家族的人掌握；二是尚未引入职业经理人制；三是家族交班，完全由职业经理人来打理企业的事务。由于中国职业经理人制还很稚嫩，所以前两种情况较多，第三种情况不仅比重小，成功的更少，失败的居多。

既然市场上对职业经理人有需求，但为什么我国职业经理人的生命力并不强，成者少败者多？究其原因，最大的制约因素在于家族对职业经理人的不信任。本来家族企业主就非常排外，他们认为职业经理人不是自家人，自然对其忠心和可靠性产生怀疑。更何况一些职业经理人的行为更加深了企业主对职业经理人的防备，经常可以听到这样的消息，有职业经理人对家族企业釜底抽薪，拉走了企业原有客户资源，自立门户，成为原企业的竞争对手。这样，民营企业权益得不到很好保障。产生这种现象的原因，首先是我国职业经理人的伦理道德制度欠缺，市场经济国家中通常的道德约束在我国非常薄弱。许多外贸企业的客户资源和销售渠道是生命线，可有些职业经理人掌握后，便会倒戈，与雇主反目成仇，以致影响原企业的运营，甚至置原企业于死地。这种职业经理人的操守，在国外会遭到同行唾弃和一致的抵制。可见，职业经理人的忠诚度与能力相比，忠诚度是首要的。其次是相关的法律制度不完善，法律对职业经理人的约束过松，比如采用种种手段坑了老板肥了自己不算贪污，不予定罪，只算是财产纠纷。对国有企业来说，其法律条文和规章制度较为完备，关键是制度怎样执行的问题，而民营企业是缺少制度的问题。目前企业内部对于职业经理人的许多约束制度也都不健全，大多仅靠口头承诺建立合作关系，没有成文的协议固定下来，这也成为日后产生分歧和分手的隐患。

外部人才忠诚度问题是建立职业经理人制度最难解决的问题。国有企业对经营层有关于革命事业的理想道德教育，有组织部门的考察考核和党纪国法约束，不少职业经理人他们从戴上红领巾起到进入工作岗位便接受献身精神的教育和熏陶，然而即便这样，穷庙富方丈的事件仍时有所闻。相比之下，民营企业在用人方面的环境和条件要差得多，因此要解决外部人才忠诚度问题显然会更加困难。

在这里还要讨论的是，忠诚和不忠诚的界定。我们不能把职业经理人的辞职定性为不忠诚。职业经理在人力资本市场上的不断流动是他们能够保持活力和不断进取的重要途径。因此，要求一位职业经理永远服务于一家企业是不现实的。天下没有不散的宴席，民营企业应该默许甚至支持职业经理在全社会的合理流动。职业经理对企业是否忠诚并不以服务期限长短来评判。其实，民营企业的职业经理忠实和严格地履行契约即是对企业的忠诚。

五　对职业经理人的激励和约束

职业经理是打工者但不是一般的打工者，他行使的是管理职能，是把企业内部各种生产要素组织起来并使之发挥最大效益。这种人才在民营企业中是短缺的，或者用经济学语言表述就是，职业经理是一种相对稀缺的资源。特别是加入 WTO 之后，信息共享与人才共用，已从区域化走向了国际化，人才争夺已从局部转向更为广阔的范围。高层次的技术专家和管理人才的引入、培养显得更加重要。

民营企业做好使用能人留住人才的工作，需要有相应措施，其主要内容是事业留人、环境留人、制度留人、待遇留人、感情留人，缺少其中任何一项都会造成人才伤害。尽管民营企业不像国有企业那样在薪酬待遇上有条条框框的约束，一般舍得花大价钱聘用人才，可是在民营企业里一般都没有形成企业间可比较可考核的激励制度，老板悄悄给员工塞红包，彼此间不知道谁拿了多少，随意性很大。这在中小企业里也许适用，而在现代企业中仅此则无法形成激励目标，因此，需要建立科学的绩效测评制度，使薪酬激励与绩效挂钩。

与薪酬激励相联系的，还有股权激励，以此促使职业经理层关心企业的经营效益。国外流行的期权制曾对我国国有企业和民营企业经理有着相当大的吸引力，我也曾认为这是把所有者利益和经营者利益结合起来的好办法。但是最近美国接连发生安然等著名企业的假账事件，据美国《财富》杂志与汤姆逊金融研究中心及芝加哥大学证券定价中心联合调查，1035 家公司中有 466 位高级管理人员抬高股价抛售股票期权获得 660 亿美元，造成股票价格狂跌，使投资者蒙受巨大损失。这又使我萌生了新的认识，CEO 集中了所有者和经营者的权利，削弱了企业内部的制约；期股期权制促使 CEO 追逐当前利益，甚至不惜制造虚假利润。因此要看到 CEO 制度和期股期权制的两面性，在利用它的激励功能时，还要重视建立相应的约束机制。

如上所述，民营企业主使用职业经理人最放心不下的就是职业经理人的忠诚度，而破解这个难题，除了道德伦理建设和法制建设之外，重要的一环是约束。约束并不是对职业经理人不放心、不放手，它恰恰是为放心、放手地使用创造必要的条件。不论在什么岗位上，没有约束的过分自由是要出问题的，对于职业经理人的权利界定、业绩评估、财务审计等，并不是限制职业经理人的才能发挥，而是更有助于他们和企业所有者之间的融合。

中国民营企业中人才是短缺资源，但最短缺的资源则是用好人才的制度环境。职业经理人的忠诚度不是从天上掉下来的，而是在一定的制度环境下形成的，它反映一定的社会文化和社会共同遵循的道德规范、行为准则及共律。这里需要强调的是，职业经理的市场化是形成职业经理人制度环境的核心内容。只有在职业经理市场化过程中，短缺的职业经理人才资源方可得到合理使用。对于民营企业来说，通过职业经理人才市场聘用职业经理是最佳途径，也是提高职业经理人忠诚度的重要约束条件。职业经理的市场化，包括充分认识职业经理社会地位的舆论环境，从社会荣誉和物质生活各个方面满足他们自我实现的需求渠道和环节，激发他们经营好企业的使命感、成就感的激励和约束机制。同时，人才的制度环境还包括对人力资本后天性的充分认识，从而把知识培训包括对职业经理人的继续教育作为企业人力资本开发的一项重要内容，以此把企业的今天和明天连接起来，也为职业经理人阶层的形成提供永不枯竭的后续源泉。

（原载《宏观经济研究》2002 年第 1 期）

注重公平有利于提高效率、走向共同富裕

党的十六届五中全会提出：要"完善按劳分配为主体，多种分配方式并存的制度，坚持各种生产要素按贡献参与分配，更加注重社会公平，加大调节收入分配的力度，努力缓解地区之间和部分社会成员收入分配差距扩大的趋势。"在这一整段文字中，没有使用过去在收入分配中"效率优先，兼顾公平"的提法。于是引起了经济理论界的很大反响，赞成拥护者有之，指责反对者亦有之。

那么，在分配中不提"效率优先"，是不是不要效率了呢？笔者以为效率本来并不属于分配问题。还记得20世纪80年代初在农田和树木包围着的回龙观饭店开会，忽然接到一个文件，强调要重视社会经济效益，没有使用传统的"效率"两字。大家捉摸半天，领会的是讲效率有可能只强调多快不注意好省，改为效益包含着讲效率要有收益的意思。我为此还写了篇《提高经济效益的几条途径》，发表在《经济研究参考资料》上，在列举的几条途径中都没有涉及分配。后来大家又是把效率和效益混在一起使用了。后来提出通过经济增长方式转变提高效率，概括得更加简明和精确了。

根据生产要素的密集程度及其中内含技术参数的多寡，传统上认为主要靠效率增加就是集约（或内涵）型增长。提出增长方式转变之后，当然取得了一些成果，但总起来看是号召没有落实到实际。这个事情就因为经济增长方式转变，在具体落实中遇到很多阻力，接受不了。我们到一些地方参加城市发展战略研究，在发展战略研究上一直强调经济增长方式转变，主张引进外资要筛选，不能够引进落后的技术，要引进先进的技术，都提过这个意见，可是这

个事情实行起来非常难。这个地方把污染的企业、落后的企业筛选了不要了，他跑到别的地方，别的地方把招商引资作为考核指标，你不要，别的地方要。所以落实增长方式的转变非常困难。

由于 GDP 增长是考核政绩的重要指标，而走高投入的外延型扩张是使 GDP 快速增长的最简捷途径。于是，我们虽自诩"世界工厂"，然而却是高投入、高消耗、低效率的"世界工厂"。我国第二产业劳动生产率只相当于美国的 1/30、日本的 1/18、法国的 1/16、德国的 1/12。以单位 GDP 产出能耗表征的能源利用效率大大低于国际先进水平。以日本为 1，则意大利为 1.33，法国、德国为 1.5，英国为 2.17，美国为 2.67，而我国却高达 11.5。每吨标准煤的产出效率，我国相当于美国的 28.6%，欧盟的 16.8%，日本的 10.3%。我国人多地少，矛盾十分突出，但一些地方却盲目兴办各类开发区，省级以下开发区征地后的土地闲置率高达 40% 以上。

在经济增长中重政绩轻效率的事例，不胜枚举。汽车工业本来是需要不断创新不断改进增长方式的部门，可是我国的汽车业却走了与国外合资引进国外技术和国外品牌的路子，汽车工业发展虽然快却是替洋人打工赚点加工费。迟迟才拿到牌照的奇瑞和吉利，自主开发有了自己的专利，不需要支付巨额的专利费，自我设计有了自己的品牌，不受"同一品牌自我竞争"而不允许出品的约束，从而走上了一条不同增长方式的新路。只不过现在的奇瑞和吉利规模尚小，从整个汽车工业来说还谈不上是通过增长方式转变提高了效率，但毕竟是找到了一条提高效率的路子。

考察在经济增长中是否提高了效率，可以从产出和投入的角度考察经济增长水平的有效性；可以从增强规模经济意识提高规模效率；可以加快技术进步，提高其对经济增长的贡献率；可以发挥现有技术潜力以提高效率；可以优化资源配置提高效率；可以通过生产流程创新来提高效率；可以通过产品功能创新来获取创新利润提高效率；可以通过企业制度创新和改进营销路子来提高效率；当然也可以像奇瑞和吉利那样靠创造自主品牌来提高效率。

那么，怎样看待过去倡导的在收入分配中"效率优先，兼顾公平"的提法呢？笔者当年也写过主张收入分配"效率优先，兼顾公平"的文章，那是当年在分配中平均主义极其严重，是主要矛盾，为了拉开收入差距而提出的。后来情况变了，虽然全国人民的生活较过去都有不同程度的改善，但是收入差距拉大的矛盾日渐突出。1999年国家倡导扩大内需，可是收入差距拉大后，一部分人收入增长很快，而消费倾向增长慢，边际消费倾向递减；另一部分人的边际消费倾向虽高，但收入增长慢乃至是零增长或负增长，他们的消费欲望虽然强，但没有能力消费。为此我曾在《中国经济时报》上发表文章，指出收入分配不公是抑制内需造成通缩的重要原因。2002年在讨论政府工作报告时我用"举双手反对"的措辞反对第三次给公务员加薪。这些强调收入分配要重视社会公正的言论，正是为了缓解收入差距拉得过大的矛盾。我和与我持有相同观点的人，都不曾主张回到平均主义去，都不曾主张穷过渡，更不希望大家都饿肚子。还有腐败，据商务部的一份调查报告披露，外逃官员大约为4000人，携走资金500亿美元。如果再加上并未外逃的腐败官员的非法收入，其数额更加惊人。为什么在讨论收入分配不公时，要将它们排除在外呢？对于这种逻辑只能埋怨我自己的愚蠢而弄不明白了。

据我亲自调查，不少地方的打工仔、打工妹，10多年来收入没有增长。也就是GDP增长虽然快，到2006年我国人均GDP将达到1600美元，然而这与占全国人口40%到50%的人不相干，他们的收入没有增加。在有的地方，效率优先成为推行泰罗工作法和血汗工资制度的借口。在发达的市场经济国家里，工会尚且出面和资本家进行集体谈判，保护职工利益，甚至组织罢工。在我们国家里许多理应由工会出面来为工人争权利、讨公道的场合，却看不到他们的影子，这也是使我们纳闷的。其实，有没有将工资压到最低工资标准之下？有没有加了班不付给加班工资？有没有使用童工、包身工？矿山开发中有没有安全隐患？这些都是要工会代表职工作为一种有组织的力量来行使职责监督落实，我对工会组织在维护职工权益中发挥作用寄予厚望。

还要指出的是，经济增长方式转变和整个社会经济效益的提高还和人力资本的投入相联系。发达国家的经济之所以发达，是因为他们的劳动者群体的知识水平远远高于发展中国家，创新能力强。所以，我们主张通过发展义务教育，延长义务教育年限，创造城乡居民平等受教育的机会，来提高中国劳动者的综合素质，由此来推动我国经济的发展，这才是真正的讲效率。我国目前以廉价劳动力为基础的"世界工厂"是不值得骄傲的，也是长不了的。必须抓紧时间改变这种状况，这也就是人力资本投入才是真正的讲效率。

最近世界银行发表了以"公平和发展"为主题的《2006年世界发展报告》。报告依据阿玛蒂亚·森提出功效和能力的思想，也就是越加注意公民的教育和健康的机会均等，越是有利于整个社会的发展，也就是更加重视公平，改变机会不均等的不公平状况，将有利于社会更快地发展。这也意味着，过去经济学界认为公平和效率有矛盾、相对立的观点，已经由公平有利于发展、有利于整个社会效率提高的观点所取代。我当然同意世界银行报告的观点。因为这一观点早在我的专著和论文中阐述过。

最后，还是要回到争论的主题上来。我赞成党的十六届五中全会的新提法，对于某些人士强调的让富有者更富有，让贫困者更贫困的"效率"的主张表示坚决的反对。提出"更加注重社会公平"，并不是要求"均贫富""穷过渡"；"努力缓解"并不是一下子就要求把收入差距扩大的趋势扭转过来。可贵之处在于指出了努力的方向，因为让最广大群众分享到改革和发展的成果，弥合贫富差距，正是构建和谐社会的重要内容之一。至于原来强调的收入分配中效率优先，在新的条件下，已经变质为维护银行、电信、烟草等少数垄断产业和少数人的理论挡箭牌。在分配领域不再提效率优先，不是不要效率，而是把效率问题放到该讲的地方去讲。

　　把效率问题放到应该讲的地方去讲，也就是要更加重视自主创新，实现经济增长方式的根本转变，从而切实有效地加快发展我国的生产力。发达的生产力是实现共同富裕的基础。

　　早在公元以前，中国思想界就有着对于社会美好境界的憧憬，这便是《礼记》在《礼运篇》中关于"大同世界"的描绘。虽然只有短短的 108 个字，却表达了中国古代政治文化传统中关于社会政治理想境界的最高愿望。

　　这个大同梦很让人动心。也许正因为政治首先是动人心，中国伟大的政治家们不会不将自己的梦与这个古远的梦相连。孙中山倡导"天下为公"，就是想实现这个梦。康有为的《大同书》，把 108 字的描述做了大量扩充、展开了对未来世界的构想，虽然它与当时的变法维新并无直接关系，而且也缺少系统的政治、经济和社会的分析，但仍表明了他对未来世界的憧憬。在李炳炎的《共同富裕经济学》中，还对欧洲的从柏拉图到欧文、圣西门、傅立叶的共同富裕思想作了介绍。也论述了马克思、列宁、斯大林以及毛泽东的共同富裕思想。这些思想都提出了共同的目标。我相信只要有效地促进生产力的发展，我们便有条件、有力量在分配上更加注意公平，逐步解决目前困扰人的贫富差距扩大问题。

［原载《江苏科技大学学报》（社会科学版）2016 年第 4 期］

编选者手记

  戴园晨先生是非常高产的经济学家，论文近 300 篇，著作数十部。从如此丰富的成果中编选一本 20 多万字的文集，可谓是一种"幸福的烦恼"。通过搜集资料和阅读，对戴先生的研究有了大致的了解之后，思之再三，决定遵循如下四个原则进行编选。

  1. 由于戴先生的作品数量庞大，光论文就有将近 300 篇，所以这本文集只编选论文，是一个论文集，不考虑专著。

  2. 中国社会科学出版社 2006 年出版了《戴园晨集》，这是戴先生的自选集，收集论文和文章 37 篇，还有戴先生自己做的前言和后记。2006 年版《戴园晨集》的内容大致是戴先生全部研究成果的十分之一，很多成果都未能录入。因此，本文集完全有条件做成 2006 年版《戴园晨集》的补集，即只收录 2006 年版《戴园晨集》未曾收录的论文。

  3. 论文的选择除了学术价值和代表性之外，还注重各个研究阶段的均衡分配。主要篇幅当然是给鼎盛时期的研究，但是也兼顾了青年时期和老年时期。本文集的内容严格按照发表时间排序。2006 年版《戴园晨集》分三篇，各篇中论文排序相当自由，并非按时间严格排序，这种安排只有作者本人或者对作者作品非常熟稔者方能为之。

  4. 戴先生青年时期的几篇论文，批判意识较为浓厚，有较强的时代烙印，从当下视角看也颇富争议。这样的论文能否录入？首先需要考量的是所谓"为尊者讳"，录入这样的文章会不会影响戴先生的学术声誉？其次需要考量的是读者的反应，读者能否接受这些作品？任何作品都是时代的产物，都不能脱离其时代背景，以当下的标准和眼光去评判当时的作品，难免苛求。我们认为，这些作品真实反映了写作时期的经济和社会现实，也是了解戴先生经济思想变化的重要证据，具有很高的价值。因此，我们选择录入，我们相信这既无损于戴先生，也有益于读者。

　　由于时间紧迫，编者无力通读戴先生的全部作品，因此在编选上难免有疏漏和不足，敬请读者原谅。

汤铎铎

2018 年 10 月

《经济所人文库》第一辑总目(40 种)

（按作者出生年月排序）

《陶孟和集》　　《戴园晨集》

《陈翰笙集》　　《董辅礽集》

《巫宝三集》　　《吴敬琏集》

《许涤新集》　　《孙尚清集》

《梁方仲集》　　《黄范章集》

《骆耕漠集》　　《乌家培集》

《孙冶方集》　　《经君健集》

《严中平集》　　《于祖尧集》

《李文治集》　　《陈廷煊集》

《狄超白集》　　《赵人伟集》

《杨坚白集》　　《张卓元集》

《朱绍文集》　　《桂世镛集》

《顾　准集》　　《冒天启集》

《吴承明集》　　《董志凯集》

《汪敬虞集》　　《刘树成集》

《聂宝璋集》　　《吴太昌集》

《刘国光集》　　《朱　玲集》

《宓汝成集》　　《樊　纲集》

《项启源集》　　《裴长洪集》

《何建章集》　　《高培勇集》